COLEÇÃO DAS OBRAS DE NIETZSCHE
Coordenação de Paulo César de Souza

Além do bem e do mal — Prelúdio a uma filosofia do futuro
O Anticristo — Maldição ao cristianismo e
Ditirambos de Dionísio
Assim falou Zaratustra — Um livro para todos e para ninguém
Aurora — Reflexões sobre os preconceitos morais
O caso Wagner — Um problema para músicos
e Nietzsche contra Wagner — Dossiê de um psicólogo
Crepúsculo dos ídolos — ou Como se filosofa com o martelo
Ecce homo — Como alguém se torna o que é
A gaia ciência
Genealogia da moral — Uma polêmica
Humano, demasiado humano — Um livro para espíritos livres
Humano, demasiado humano — Um livro para espíritos livres — volume II
O nascimento da tragédia — ou Os gregos e o pessimismo

FRIEDRICH NIETZSCHE

ASSIM FALOU ZARATUSTRA

Um livro para todos e para ninguém

Tradução, notas e posfácio
Paulo César de Souza

10ª reimpressão

COMPANHIA DE BOLSO

Grafia atualizada segundo o Acordo Ortográfico da Língua Portuguesa de 1990, que entrou em vigor no Brasil em 2009.

Título original
Also sprach Zarathustra

Capa
Jeff Fisher

Preparação
Márcia Copola

Índice remissivo
Luciano Marchiori
Verba Editorial

Revisão
Érica Borges Correa
Renato Potenza Rodrigues

Dados Internacionais de Catalogação na Publicação (CIP)
(Câmara Brasileira do Livro, SP, Brasil)

Nietzsche, Friedrich Wilhelm, 1844-1900.
Assim falou Zaratustra : um livro para todos e para ninguém / Friedrich Nietzsche ; tradução, notas e posfácio Paulo César de Souza. — 1ª ed. — São Paulo : Companhia de Bolso, 2018.

Título original: Also sprach Zarathustra.
ISBN 978-85-359-3048-1

1. Filosofia alemã I. Título.

17-11186 CDD-193

Índice para catálogo sistemático:
1. Nietzsche : Filosofia alemã 193

EDITORA SCHWARCZ S.A.
Rua Bandeira Paulista, 702, cj. 32
04532-002 — São Paulo — SP
Telefone: (11) 3707-3500
www.companhiadasletras.com.br
www.blogdacompanhia.com.br

SUMÁRIO

PRIMEIRA PARTE
Prólogo de Zaratustra *10*
Os discursos de Zaratustra *25*
Das três metamorfoses *25*
Das cátedras da virtude *27*
Dos trasmundanos *29*
Dos desprezadores do corpo *32*
Das paixões alegres e dolorosas *34*
Do criminoso pálido *36*
Do ler e escrever *38*
Da árvore na montanha *40*
Dos pregadores da morte *43*
Da guerra e dos guerreiros *44*
Do novo ídolo *46*
Das moscas do mercado *49*
Da castidade *52*
Do amigo *53*
Das mil metas e uma só meta *55*
Do amor ao próximo *58*
Do caminho do criador *59*
Das velhas e novas mulherezinhas *62*
Da picada da víbora *64*
Dos filhos e do matrimônio *66*
Da morte voluntária *68*
Da virtude dadivosa *71*

SEGUNDA PARTE
O menino com o espelho *78*

Nas ilhas bem-aventuradas *80*
Dos compassivos *83*
Dos sacerdotes *86*
Dos virtuosos *89*
Da gentalha *92*
Das tarântulas *94*
Dos sábios famosos *98*
O canto noturno *100*
O canto da dança *102*
O canto dos sepulcros *105*
Da superação de si mesmo *108*
Dos sublimes *112*
Do país da cultura *114*
Do imaculado conhecimento *117*
Dos eruditos *119*
Dos poetas *122*
Dos grandes acontecimentos *125*
O adivinho *128*
Da redenção *132*
Da prudência humana *137*
A hora mais quieta *140*

TERCEIRA PARTE
O andarilho *146*
Da visão e enigma *149*
Da bem-aventurança involuntária *154*
Antes do nascer do sol *157*
Da virtude que apequena *160*
No monte das oliveiras *166*
Do passar além *169*
Dos apóstatas *172*
O regresso *176*
Dos três males *179*
Do espírito de gravidade *184*
De velhas e novas tábuas *188*

O convalescente *206*
Do grande anseio *213*
O outro canto da dança *215*
Os sete selos *219*

QUARTA PARTE
A oferenda do mel *224*
O grito de socorro *227*
Conversa com os reis *231*
A sanguessuga *234*
O feiticeiro *238*
Aposentado *244*
O mais feio dos homens *249*
O mendigo voluntário *253*
A sombra *257*
No meio-dia *261*
A saudação *264*
A última ceia *269*
Do homem superior *271*
O canto da melancolia *280*
Da ciência *285*
Entre as filhas do deserto *288*
O despertar *293*
A festa do asno *296*
O canto ébrio *300*
O sinal *307*

Notas *311*
Posfácio *337*
Índice remissivo *347*
Sobre o autor e o tradutor *357*

PRIMEIRA PARTE

PRÓLOGO DE ZARATUSTRA

1. Aos trinta anos de idade, Zaratustra deixou sua pátria e o lago de sua pátria e foi para as montanhas.[1] Ali gozou do seu espírito e da sua solidão, e durante dez anos não se cansou. Mas enfim seu coração mudou — e um dia ele se levantou com a aurora, foi para diante do sol e assim lhe falou:

"Ó grande astro! Que seria de tua felicidade, se não tivesses aqueles que iluminas?

Há dez anos vens até minha caverna: já te terias saciado de tua luz e dessa jornada, sem mim, minha águia e minha serpente.

Mas nós sempre te esperamos a cada manhã, tomamos de ti teu excesso e por ele te abençoamos.

Olha! Estou farto de minha sabedoria, como a abelha que juntou demasiado mel; necessito de mãos que se estendam.

Quero doar e distribuir, até que os sábios entre os homens voltem a se alegrar de sua tolice e os pobres, de sua riqueza.

Para isso devo baixar à profundeza: como fazes à noite, quando vais para trás do oceano e levas a luz também ao mundo inferior, ó astro abundante!

Devo, assim como tu, *declinar*,[2] como dizem os homens aos quais desejo ir.

Então me abençoa, ó olho tranquilo, capaz de contemplar sem inveja até mesmo uma felicidade grande em demasia!

Abençoa a taça que quer transbordar, para que a água dela escorra dourada e por toda parte carregue o brilho do teu enlevo!

Olha! Esta taça quer novamente se esvaziar, e Zaratustra quer novamente se fazer homem."

— Assim começou o declínio de Zaratustra.

2. Zaratustra desceu sozinho pela montanha, sem deparar com ninguém. Chegando aos bosques, porém, viu subitamente um homem velho, que havia deixado sua cabana sagrada para colher raízes na floresta. E assim falou o velho a Zaratustra:

"Não me é estranho esse andarilho: por aqui passou há muitos anos. Chamava-se Zaratustra; mas está mudado.

Naquele tempo levavas tuas cinzas para os montes: queres agora levar teu fogo para os vales? Não temes o castigo para o incendiário?

Sim, reconheço Zaratustra. Puro é seu olhar, e sua boca não esconde nenhum nojo. Não caminha ele como um dançarino?

Mudado está Zaratustra; tornou-se uma criança Zaratustra, um despertado[3] é Zaratustra: que queres agora entre os que dormem?

Vivias na solidão como num mar, e o mar te carregava. Ai de ti, queres então subir à terra? Ai de ti, queres novamente arrastar tu mesmo o teu corpo?"

Respondeu Zaratustra: "Eu amo os homens".

"Por que", disse o santo, "fui para o ermo e a floresta? Não seria por amar demais os homens?

Agora amo a Deus: os homens já não amo. O homem é, para mim, uma coisa demasiado imperfeita. O amor aos homens me mataria."

Respondeu Zaratustra: "Que fiz eu, falando de amor? Trago aos homens uma dádiva".

"Não lhes dês nada", disse o santo. "Tira-lhes algo, isto sim, e carrega-o juntamente com eles — será o melhor para eles: se for bom para ti!

E, querendo lhes dar, não dês mais que uma esmola, deixando ainda que a mendiguem!"

"Não", respondeu Zaratustra, "não dou esmolas. Não sou pobre o bastante para isso."

O santo riu de Zaratustra, e falou assim: "Então cuida para que recebam teus tesouros! Eles desconfiam dos eremitas e não acreditam que viemos para presentear.

Para eles, nossos passos ecoam solitários demais pelas ruas. E quando, deitados à noite em suas camas, ouvem um homem a caminhar bem antes de nascer o sol, perguntam a si mesmos: aonde vai esse ladrão?

Não vás para junto dos homens, fica na floresta! Seria até melhor que fosses para junto dos animais! Por que não queres ser, como eu — um urso entre os ursos, um pássaro entre os pássaros?"

"E o que faz o santo na floresta?", perguntou Zaratustra.

Respondeu o santo: "Eu faço canções e as canto, e, quando faço canções, rio, choro e sussurro: assim louvo a Deus.

Cantando, chorando, rindo e sussurrando eu louvo ao deus que é meu Deus. Mas o que trazes de presente?"

Ao ouvir essas palavras, Zaratustra saudou o santo e falou: "Que poderia eu vos dar? Deixai-me partir, para que nada vos tire!" — E assim se despediram um do outro, o idoso e o homem, rindo como riem dois meninos.

Mas, quando Zaratustra se achou só, assim falou para seu coração:[4] "Como será possível? Este velho santo, na sua floresta, ainda não sabe que *Deus está morto*!".

3. Quando Zaratustra chegou à cidade mais próxima, na margem da floresta, ali encontrou muita gente reunida na praça; pois fora anunciado que um equilibrista[5] andaria na corda. E Zaratustra assim falou à gente:

Eu vos ensino o super-homem.[6] O homem é algo que deve ser superado. Que fizestes para superá-lo?

Todos os seres, até agora, criaram algo acima de si próprios: e vós quereis ser a vazante dessa grande maré, e antes retroceder ao animal do que superar o homem?

Que é o macaco para o homem? Uma risada, ou dolorosa vergonha. Exatamente isso deve o homem ser para o super-homem: uma risada, ou dolorosa vergonha.

Fizestes o caminho do verme ao homem, e muito, em vós, ainda é verme. Outrora fostes macacos, e ainda agora o homem é mais macaco do que qualquer macaco.[7]

O mais sábio entre vós é apenas discrepância e mistura de planta e fantasma. Mas digo eu que vos deveis tornar fantasmas ou plantas?

Vede, eu vos ensino o super-homem!

O super-homem é o sentido da terra. Que a vossa vontade diga: o super-homem *seja* o sentido da terra!

Eu vos imploro, irmãos, *permanecei fiéis à terra* e não acrediteis nos que vos falam de esperanças supraterrenas! São envenenadores, saibam eles ou não.

São desprezadores da vida, moribundos que a si mesmos envenenaram, e dos quais a terra está cansada: que partam, então!

Uma vez a ofensa a Deus era a maior das ofensas, mas Deus morreu, e com isso morreram também os ofensores. Ofender a terra é agora o que há de mais terrível, e considerar mais altamente as entranhas do inescrutável do que o sentido da terra!

Uma vez a alma olhava com desprezo para o corpo: e esse desdém era o que havia de maior: — ela o queria magro, horrível, faminto. Assim pensava ela escapar ao corpo e à terra.

Oh, essa alma mesma era ainda magra, horrível e faminta: e a crueldade era a volúpia dessa alma!

Mas também vós, irmãos, dizei-me: o que conta vosso corpo sobre vossa alma? Não é ela pobreza, imundície e lamentável satisfação?

Na verdade, um rio imundo é o homem. É preciso ser um oceano para acolher um rio imundo sem se tornar impuro.

Vede, eu vos ensino o super-homem: ele é este oceano, nele pode afundar o vosso grande desprezo.

Qual é a maior coisa que podeis experimentar? É a hora do grande desprezo. A hora em que também vossa felicidade se converte em nojo para vós, assim como vossa razão e vossa virtude.

A hora em que dizeis: "Que importa minha felicidade? Ela é pobreza, imundície e lamentável satisfação. Mas minha felicidade deveria justificar a própria existência!".

A hora em que dizeis: "Que importa minha razão? Procura ela o saber, como o leão seu alimento? Ela é pobreza, imundície e lamentável satisfação!".

A hora em que dizeis: "Que importa minha virtude? Ela ainda não me fez delirar. Como estou cansado de meu bem e meu mal! Tudo isso é pobreza, imundície e lamentável satisfação!".

A hora em que dizeis: "Que importa minha justiça? Não estou me vendo a ser brasa e carvão. Mas o justo é brasa e carvão!".

A hora em que dizeis: "Que importa minha compaixão? A compaixão não é a cruz em que pregam aquele que ama os homens? Mas minha compaixão não é crucificação".

Já falastes assim? Já gritastes assim? Ah, tivesse eu ouvido gritardes assim!

Não o vosso pecado — a vossa frugalidade brada aos céus, vossa avareza até no pecado brada aos céus!

Onde está o raio que venha lamber-vos com sua língua? Onde está a loucura com que deveríeis ser vacinados?

Vede, eu vos ensino o super-homem: ele é esse raio, ele é essa loucura! —

Depois de Zaratustra assim falar, alguém do povo gritou: "Já ouvimos bastante sobre o equilibrista; agora nos deixa vê-lo!". E todos riram de Zaratustra. Mas o equilibrista, que achava que as palavras se referiam a ele, pôs-se a trabalhar.

4. Mas Zaratustra olhou para o povo e se admirou. Então falou assim:

O homem é uma corda, atada entre o animal e o super-homem — uma corda sobre um abismo.

Um perigoso para-lá, um perigoso a-caminho, um perigoso olhar-para-trás, um perigoso estremecer e se deter.

Grande, no homem, é ser ele uma ponte e não um objetivo: o que pode ser amado, no homem, é ser ele uma *passagem* e um *declínio*.[8]

Amo aqueles que não sabem viver a não ser como quem declina, pois são os que passam.

Amo os grandes desprezadores, porque são os grandes reverenciadores, e flechas de anseio pela outra margem.

Amo aqueles que não buscam primeiramente atrás das estrelas uma razão para declinar e serem sacrificados: mas que se sacrificam à terra, para que um dia a terra venha a ser do super-homem.

Amo aquele que vive para vir a conhecer, e que quer conhecer para que um dia viva o super-homem. E assim quer o seu declínio.

Amo aquele que trabalha e inventa, para construir a casa para o super-homem e lhe preparar terra, bicho e planta: pois assim quer o seu declínio.

Amo aquele que ama a sua virtude: pois virtude é vontade de declínio e uma flecha de anseio.

Amo aquele que não guarda uma gota de espírito para si, mas quer ser inteiramente o espírito de sua virtude: assim anda ele como espírito sobre a ponte.

Amo aquele que faz, de sua virtude, seu pendor e sua fatalidade: assim quer ele, por causa de sua virtude, ainda viver e não mais viver.

Amo aquele que não quer ter virtudes demais. Uma virtude é mais virtude do que duas, pois significa mais laços em que a fatalidade pende.

Amo aquele cuja alma esbanja a si mesma, que não quer gratidão e não devolve: pois ele sempre doa e não quer se guardar.

Amo aquele que se envergonha quando o dado cai a seu favor, e que então pergunta: sou um jogador desleal? — pois ele quer perecer.[9]

Amo aquele que lança à frente dos seus atos palavras de ouro e faz sempre mais do que promete: pois ele quer o seu declínio.

Amo aquele que justifica os vindouros e redime os passados: pois quer perecer devido aos presentes.

Amo aquele que açoita seu deus porque ama seu deus:[10] pois tem de perecer da ira de seu deus.

Amo aquele cuja alma é profunda também no ferimento, e que pode perecer de uma pequena vivência: assim passa de bom grado sobre a ponte.

Amo aquele cuja alma transborda de cheia, de modo que esquece a si próprio e todas as coisas estão nele: assim, todas as coisas se tornam seu declínio.

Amo aquele de espírito livre e coração livre: assim, sua cabeça não passa de entranhas do seu coração, mas seu coração o impele ao declínio.

Amo todos aqueles que são como gotas pesadas, caindo uma a uma da negra nuvem que paira sobre os homens: eles anunciam a chegada do raio, e como arautos perecem.

Vede, eu sou um arauto do raio e uma pesada gota da nuvem: mas esse raio se chama super-homem. —

5. Depois de falar essas palavras, Zaratustra olhou novamente para o povo e calou. "Aí estão eles e riem", falou para seu coração, "não me compreendem, não sou a boca para esses ouvidos.

Será preciso antes partir-lhes as orelhas, para que aprendam a ouvir com os olhos? Será preciso estrondear como os timbales e os pregadores da penitência? Ou acreditarão apenas num homem que balbucia?

Eles possuem algo de que se orgulham. Como chamam mesmo o que os faz orgulhosos? Chamam de cultura,[11] é o que os distingue dos pastores de cabras.

Por isso não gostam de ouvir a palavra 'desprezo' quando se fala deles. Então falarei ao seu orgulho.

Então lhes falarei do que é mais desprezível: ou seja, do *último homem*."

E assim falou Zaratustra ao povo:

É tempo de o homem fixar sua meta. É tempo de o homem plantar o germe de sua mais alta esperança.

Seu solo ainda é rico o bastante para isso. Mas um dia este solo será pobre e manso,[12] e nenhuma árvore alta poderá nele crescer.

Ai de nós! Aproxima-se o tempo em que o homem já não lança a flecha de seu anseio por cima do homem, e em que a corda do seu arco desaprendeu de vibrar!

Eu vos digo: é preciso ter ainda caos dentro de si, para poder dar à luz uma estrela dançante. Eu vos digo: tendes ainda caos dentro de vós.

Ai de nós! Aproxima-se o tempo em que o homem já não

dará à luz nenhuma estrela. Ai de nós! Aproxima-se o tempo do homem mais desprezível, que já não sabe desprezar a si mesmo.

Vede! Eu vos mostro *o último homem.*

"Que é amor? Que é criação? Que é anseio? Que é estrela?" — assim pergunta o último homem, e pisca o olho.

A terra se tornou pequena, então, e nela saltita o último homem, que tudo apequena. Sua espécie é inextinguível como o pulgão; o último homem é o que tem vida mais longa.

"Nós inventamos a felicidade" — dizem os últimos homens, e piscam o olho.

Eles deixaram as regiões onde era duro viver: pois necessita-se de calor. Cada qual ainda ama o vizinho e nele se esfrega: pois necessita-se de calor.

Adoecer e desconfiar é visto como pecado por eles: anda-se com toda a atenção. Um tolo, quem ainda tropeça em pedras ou homens!

Um pouco de veneno de quando em quando: isso gera sonhos agradáveis. E muito veneno por fim, para um agradável morrer.

Ainda se trabalha, pois trabalho é distração. Mas cuida-se para que a distração não canse.

Ninguém mais se torna rico ou pobre: ambas as coisas são árduas. Quem deseja ainda governar? Quem deseja ainda obedecer? Ambas as coisas são árduas.

Nenhum pastor e um só rebanho! Cada um quer o mesmo, cada um é igual: quem sente de outro modo vai voluntariamente para o hospício.

"Outrora o mundo inteiro era doido" — dizem os mais refinados, e piscam o olho.

São inteligentes e sabem tudo o que ocorreu: então sua zombaria não tem fim. Ainda brigam, mas logo se reconciliam — de outro modo, estraga-se o estômago.

Têm seu pequeno prazer do dia e seu pequeno prazer da noite: mas respeitam a saúde.

"Nós inventamos a felicidade" — dizem os últimos homens, e piscam o olho. —

E aqui findou o primeiro discurso de Zaratustra, que é chamado de "prólogo":[13] pois nesse ponto interromperam-no os gritos e o júbilo da multidão. "Dá-nos esse último homem, ó Zaratustra" — clamavam as pessoas —, "torna-nos como esse último homem! E nós te presenteamos o super-homem!" E toda a gente exultava e estalava a língua. Zaratustra entristeceu-se, porém, e disse ao seu coração:

Eles não me compreendem: não sou a boca para esses ouvidos.

Vivi demasiado tempo nas montanhas, talvez, e demasiado escutei as árvores e os córregos: agora lhes falo como os pastores de cabras.

Plácida está minha alma, e clara como os montes na manhã. Mas eles acham que sou frio, e um zombador de terríveis pilhérias.

E agora eles olham para mim e riem: e, ao rir, também me odeiam. Há gelo no seu riso.

6. Mas então sucedeu algo que fez toda boca silenciar e todo olhar enrijecer. Nesse meio-tempo o equilibrista começara seu trabalho: surgira de uma pequena porta e andava sobre a corda que se achava estendida entre duas torres, acima da praça e do povo.[14] Quando estava no meio de seu caminho, abriu-se novamente a pequena porta e um rapaz de vestes coloridas, semelhante a um palhaço, pulou fora e seguiu o primeiro com passos rápidos. "Adiante, aleijado!", gritou com voz terrível, "adiante, preguiçoso, muambeiro, cara-pálida! Para eu não te fazer cócegas com meu calcanhar! Que fazes aqui entre as torres? Teu lugar é na torre, devias ser trancafiado, estorvas o caminho de alguém melhor do que tu!" — E a cada palavra lhe chegava mais próximo; porém, quando estava a somente um passo do equilibrista, sucedeu a coisa pavorosa que fez toda boca silenciar e todo olhar enrijecer: — lançou um grito de demônio e saltou sobre aquele que lhe estava no caminho. Mas esse, vendo seu rival assim triunfar, perdeu a cabeça e a corda; desfez-se de sua vara e mais rapidamente do que ela mergulhou na profundeza, como um redemoinho de braços e pernas. A praça e o povo semelhavam o mar quando chega a tempestade: todos corriam e se atropelavam, sobretudo no local onde se precipitava o corpo.

Zaratustra ficou imóvel, porém, e justamente ao seu lado caiu o corpo, bastante ferido e quebrado, mas ainda vivo. Após um instante, a consciência retornou ao homem destroçado, e ele viu Zaratustra ajoelhado junto a si. "Que fazes aqui?", disse ele afinal, "há muito tempo eu sabia que o demônio me passaria a perna. Agora ele me leva para o inferno; queres impedi-lo?"

"Por minha honra, amigo", respondeu Zaratustra, "nada do que falas existe: não existe demônio nem inferno. Tua alma morrerá antes ainda que teu corpo: nada temas, portanto!"

O homem ergueu os olhos, desconfiado. "Se falas a verdade, então nada perco, ao perder a vida. Não sou muito mais que um animal a que ensinaram a dançar, com golpes de bastão e pequenos nacos de comida."

"De maneira nenhuma", disse Zaratustra; "fizeste do perigo o teu ofício, não há o que desprezar nisso. Agora pereces no teu ofício: por causa disso, eu te sepultarei com minhas próprias mãos."

Depois que Zaratustra falou isso, o moribundo não respondeu mais; mas moveu a mão, como se buscasse a mão de Zaratustra para agradecer.

7. Nesse meio-tempo caiu a noite, e a praça se ocultou na escuridão: então a gente se dispersou, pois mesmo a curiosidade e o espanto se afadigam. Mas Zaratustra ficou sentado junto ao morto, no chão, envolvido em pensamentos, e assim se esqueceu do tempo. Enfim chegou a madrugada, porém, e um vento frio deslizou pelo solitário. Então Zaratustra se levantou e disse ao seu coração:

Na verdade, uma bela pescaria teve hoje Zaratustra! Nenhum homem pescou, e sim um cadáver.[15]

Inquietante é a existência humana, e ainda sem sentido algum: um palhaço pode lhe ser uma fatalidade.

Quero ensinar aos homens o sentido do seu ser: o qual é o super-homem, o raio vindo da negra nuvem homem.

Mas ainda me acho longe deles, e o meu sentido não fala aos seus sentidos. Ainda sou, para os homens, o ponto intermediário entre um tolo e um cadáver.

Escura é a noite, escuros são os caminhos de Zaratustra. Vem, rígido e frio companheiro! Levo-te para onde te sepultarei com minhas mãos.

8. Após dizer isso ao seu coração, Zaratustra levou às costas o cadáver e se pôs a caminho. Ainda não havia dado cem passos quando alguém se aproximou de mansinho e lhe sussurrou algo no ouvido — e vede! era o palhaço da torre. "Vai-te embora desta cidade, ó Zaratustra", falou ele; "muitos aqui te odeiam. Odeiam-te os bons e os justos, e te chamam de seu inimigo e desprezador; odeiam-te os crentes da verdadeira fé, e te chamam de perigo para a multidão. Tua sorte foi que riram de ti; e, na verdade, falaste à maneira de um palhaço. Tua sorte foi que te juntaste ao cachorro morto; ao te rebaixares assim, te salvaste por hoje. Mas deixa esta cidade — ou amanhã salto sobre ti, um vivo sobre um morto." Depois de dizer isso, o homem desapareceu; mas Zaratustra continuou pelas ruas escuras.

Na porta da cidade encontrou os coveiros: eles iluminaram seu rosto com as tochas, reconheceram Zaratustra e dele zombaram muito. "Zaratustra carrega o cachorro morto; que bom que Zaratustra se tornou um coveiro! Pois nossas mãos são limpas demais para esse assado. E será que Zaratustra vai roubar o pedaço ao demônio? Então muito bem! Boa sorte e bom apetite! Se o demônio não for um ladrão melhor que Zaratustra! — ele rouba dos dois, ele come os dois!" E eles riam entre si, juntando os rostos.

Zaratustra não disse palavra, e seguiu seu caminho. Após andar por duas horas, ao longo de florestas e pântanos, tinha ouvido bastante os uivos famintos dos lobos, e ele próprio sentiu fome. Então parou junto a uma casa solitária, onde havia uma luz acesa.

A fome me assalta como um bandoleiro, disse Zaratustra. Em florestas e pântanos e no fundo da noite me assalta minha fome.

Singulares caprichos tem minha fome. Muitas vezes me vem apenas após a refeição, e hoje não veio durante o dia inteiro: onde permanecia ela?

E nisso bateu Zaratustra à porta da casa. Um homem velho apareceu; carregava a luz e perguntou: "Quem me procura, a mim e a meu sono ruim?".

"Um vivo e um morto", disse Zaratustra. "Dai-me de comer e de beber, esqueci-me de fazê-lo durante o dia. Quem dá de comer ao faminto revigora sua própria alma: assim fala a sabedoria."

O velho se retirou, mas logo voltou e ofereceu pão e vinho a Zaratustra. "Esta é uma má região para os que têm fome", disse ele; "por isso moro aqui. Animais e homens vêm a mim, o eremita. Mas dize ao teu companheiro que também coma e beba, ele está mais cansado do que tu." Zaratustra respondeu: "Está morto o meu companheiro, será difícil convencê-lo". "Não tenho nada com isso", disse o velho, irritado; "quem bate em minha casa tem de aceitar o que ofereço. Comei, e passai bem!" —

Em seguida, Zaratustra andou por mais duas horas, confiando no caminho e na luz das estrelas: pois ele costumava andar à noite e gostava de olhar o rosto de tudo que dorme. Mas ao alvorecer Zaratustra se achou numa densa floresta, em que não enxergava mais nenhum caminho. Então colocou o morto numa árvore oca, à altura de sua cabeça — pois queria protegê-lo dos lobos —, e deitou-se no musgo do chão. E logo adormeceu, de corpo cansado, mas de alma serena.

9. Longamente dormiu Zaratustra, e não apenas a aurora passou sobre o seu rosto, mas também a manhã. Enfim seus olhos se abriram: admirado, Zaratustra enxergou a floresta e o silêncio, e admirado olhou dentro de si. Então se ergueu depressa, como um navegante que subitamente vê terra,[16] e exultou: pois viu uma nova verdade. E assim falou então ao seu coração:

Uma luz raiou para mim: de companheiros necessito, de vivos — não de mortos e cadáveres, que levo comigo para onde quero ir.

Mas de companheiros vivos necessito, que me sigam porque querem seguir a si mesmos — e para onde quero ir.

Uma luz raiou para mim: que Zaratustra não fale para o povo, mas para companheiros! Zaratustra não deve se tornar pastor e cão de um rebanho!

Para atrair muitos para fora do rebanho — vim para isso. Povo e rebanho se enfurecerão comigo: Zaratustra quer ser chamado de ladrão pelos pastores.

"Pastores" digo eu, mas eles se chamam os bons e justos. "Pastores" digo eu: mas eles se chamam os crentes da verdadeira fé.

Vede os bons e justos! A quem odeiam mais? Àquele que quebra suas tábuas de valores,[17] ao quebrador, infrator: — mas esse é o que cria.

Vede os crentes de todas as fés! A quem odeiam mais? Àquele que quebra suas tábuas de valores, ao quebrador, infrator: — mas esse é o que cria.

Companheiros é o que busca o criador, não cadáveres, e tampouco rebanhos e crentes. Aqueles que criem juntamente com ele busca o criador, que escrevam novos valores em novas tábuas.

Companheiros é o que busca o criador, e aqueles que colham juntamente com ele: pois tudo nele se acha maduro para a colheita. Mas faltam-lhe as cem foices:[18] então ele arranca as espigas e se aborrece.

Companheiros é o que busca o criador, e aqueles que saibam afiar suas foices. Destruidores serão eles chamados, e desprezadores de bem e mal. Mas são eles os que colhem e que festejam.

Aqueles que também criem busca Zaratustra, que também colham e festejem busca Zaratustra: que tem ele a fazer com rebanhos e pastores!

E tu, meu primeiro companheiro, repousa em paz! Bem te sepultei em tua árvore oca, bem te escondi dos lobos.

Mas me separo de ti, o tempo chegou. Entre duas auroras, uma nova verdade me chegou.

Não deverei ser pastor, nem coveiro. Jamais tornarei a me dirigir ao povo; pela última vez falei com um morto.

Quero juntar-me aos que criam, que colhem, que festejam: eu lhes mostrarei o arco-íris e todos os degraus até o super-homem.

Aos eremitas cantarei minha canção, e também aos eremitas a dois;[19] e quem tiver ainda ouvidos para coisas inauditas, esse ficará de coração oprimido com a minha felicidade.

Para minha meta me ponho a caminho; saltarei sobre os hesitantes e os vagarosos. Assim, que minha marcha seja o seu declínio!

10. Isso falou Zaratustra ao seu coração, quando o sol se achava no meio-dia: então olhou para o céu, indagador — pois ouvia no alto o grito agudo de um pássaro. E eis que uma águia fazia vastos círculos no ar, e dela pendia uma serpente, não como uma presa, mas como uma amiga: pois estava enrodilhada em seu pescoço.

"Estes são meus animais!", disse Zaratustra, e alegrou-se com todo o coração.

"O mais orgulhoso animal sob o sol e o mais prudente animal sob o sol — eles saíram em exploração.

Querem ver se Zaratustra ainda vive. Ainda vivo, em verdade?

Achei mais perigo entre os homens do que entre os animais, caminhos perigosos segue Zaratustra. Que meus animais me conduzam!"

Ao dizer isso, Zaratustra lembrou-se das palavras do santo na floresta, suspirou e assim falou ao seu coração:

Pudera eu ser mais prudente! Pudera eu ser prudente por natureza, como minha serpente!

Mas peço algo impossível, então peço a meu orgulho que sempre acompanhe minha prudência!

E, se algum dia minha prudência me abandonar: — oh, ela

gosta de bater asas! —, que meu orgulho, então, ainda voe juntamente com minha tolice!

Assim começou o declínio de Zaratustra.

OS DISCURSOS DE ZARATUSTRA

DAS TRÊS METAMORFOSES

Três metamorfoses do espírito menciono para vós: de como o espírito se torna camelo, o camelo se torna leão e o leão, por fim, criança.

Há muitas coisas pesadas para o espírito, para o forte, resistente espírito em que habita a reverência: sua força requer o pesado, o mais pesado.

O que é pesado? Assim pergunta o espírito resistente, e se ajoelha, como um camelo, e quer ser bem carregado.[20]

O que é o mais pesado, ó heróis?, pergunta o espírito resistente, para que eu o tome sobre mim e me alegre de minha força.

Não é isso: rebaixar-se, a fim de machucar sua altivez? Fazer brilhar sua tolice, para zombar de sua sabedoria?

Ou é isso: deixar nossa causa quando ela festeja seu triunfo? Subir a altos montes, a fim de tentar o tentador?

Ou é isso: alimentar-se das bolotas e da erva do conhecimento e pela verdade padecer fome na alma?

Ou é isso: estar doente e mandar para casa os consoladores e fazer amizade com os surdos, que nunca ouvem o que queres?

Ou é isso: entrar em água suja, se for a água da verdade, e não afastar de si as frias rãs e os quentes sapos?

Ou é isso: amar aqueles que nos desprezam e estender a mão ao fantasma, quando ele quer nos fazer sentir medo?

Todas essas coisas mais que pesadas o espírito resistente toma sobre si: semelhante ao camelo que ruma carregado para o deserto, assim ruma ele para seu deserto.

Mas no mais solitário deserto acontece a segunda metamorfose: o espírito se torna leão, quer capturar a liberdade e ser senhor em seu próprio deserto.

Ali procura o seu derradeiro senhor: quer se tornar seu inimigo e derradeiro deus, quer lutar e vencer o grande dragão.[21]

Qual é o grande dragão, que o espírito não deseja chamar de senhor e deus? "Não-farás" chama-se o grande dragão. Mas o espírito do leão diz "Eu quero".

"Não-farás" está no seu caminho, reluzindo em ouro, um animal de escamas, e em cada escama brilha um dourado "Não-farás!".

Valores milenares brilham nessas escamas, e assim fala o mais poderoso dos dragões: "Todo o valor das coisas brilha em mim".

"Todo o valor já foi criado, e todo o valor criado — sou eu. Em verdade, não deve mais haver 'Eu quero'!" Assim fala o dragão.

Meus irmãos, para que é necessário o leão no espírito? Por que não basta o animal de carga, que renuncia e é reverente?

Criar novos valores — tampouco o leão pode fazer isso; mas criar a liberdade para nova criação — isso está no poder do leão.

Criar liberdade para si e um sagrado Não também ante o dever: para isso, meus irmãos, é necessário o leão.

Adquirir o direito a novos valores — eis a mais terrível aquisição para um espírito resistente e reverente. Em verdade, é para ele uma rapina e coisa de um animal de rapina.

Ele amou outrora, como o que lhe era mais sagrado, o "Tu-deves"; agora tem de achar delírio e arbítrio até mesmo no mais sagrado, de modo a capturar a liberdade em relação a seu amor: é necessário o leão para essa captura.

Mas dizei-me, irmãos, que pode fazer a criança, que nem o leão pôde fazer? Por que o leão rapace ainda tem de se tornar criança?

Inocência é a criança, e esquecimento; um novo começo, um jogo, uma roda a girar por si mesma, um primeiro movimento, um sagrado dizer-sim.

Sim, para o jogo da criação, meus irmãos, é preciso um sagrado dizer-sim: o espírito quer agora *sua* vontade, o perdido para o mundo conquista *seu* mundo.

Três metamorfoses do espírito eu vos mencionei: como o espírito se tornou camelo, o camelo se tornou leão e o leão, por fim, criança. — —

Assim falou Zaratustra. E nesse tempo ele permanecia na cidade que se chama A Vaca Malhada.[22]

DAS CÁTEDRAS DA VIRTUDE

Louvaram para Zaratustra um sábio que falaria muito bem do sono e da virtude: por isso era bastante reverenciado e recompensado, diziam, e todos os jovens se sentavam perante sua cátedra. Foi até ele Zaratustra, e com todos os jovens se sentou perante sua cátedra. E assim falou o sábio:

Respeito e pudor ante o sono! Isso em primeiro lugar! E evitar todos os que dormem mal e passam a noite acordados!

Mesmo o ladrão tem pudor diante do sono: sempre anda furtivamente pela noite. Sem pudor, no entanto, é o guarda-noturno, que despudoradamente carrega sua corneta.

Não é arte pequena dormir: requer passar o dia inteiro acordado.

Dez vezes é preciso superar-se durante o dia: isso gera um bom cansaço e é papoula para a alma.

Dez vezes é preciso reconciliar-te contigo mesmo; pois superação é amargura, e dorme mal o não reconciliado.

Dez verdades tens de achar durante o dia: senão buscas ainda verdades durante a noite, tua alma permaneceu faminta.

Dez vezes tens de rir e ser jovial durante o dia: senão és incomodado à noite pelo estômago, esse pai das aflições.

Poucos o sabem, mas é preciso ter todas as virtudes para dormir bem. Darei falso testemunho? Cometerei adultério?

Cobiçarei a criada do meu próximo?[23] Tudo isso combinaria mal com o bom sono.

E, mesmo possuindo todas as virtudes, deve-se ainda saber uma coisa: mandar dormir também as virtudes no momento certo.

Para que não briguem umas com as outras, essas graciosas mulherezinhas! Por tua causa, infeliz!

Paz com Deus e com o vizinho: assim pede o bom sono. E paz até mesmo com o demônio do vizinho! Senão rondará tua casa durante a noite.

Respeito e obediência à autoridade, mesmo à autoridade torta! Assim pede o bom sono. Que fazer, se o poder gosta de caminhar sobre pernas tortas?

Sempre será o melhor pastor, para mim, aquele que leva suas ovelhas ao prado mais verde: isso condiz com o bom sono.

Muitas honras não desejo, nem grandes tesouros: isso inflama o baço. Mas dorme-se mal sem um bom nome e um pequeno tesouro.

Uma companhia escassa me é mais bem-vinda que uma má: mas tem de ir e vir no momento certo. Isso condiz com o bom sono.

Também muito me agradam os pobres de espírito: eles promovem o sono. Bem-aventurados são eles, sobretudo quando sempre lhes damos razão.

Assim transcorre o dia para o virtuoso. E, quando vem a noite, eu bem me guardo de chamar o sono! Pois o sono, que é o senhor das virtudes, não quer ser chamado!

Em vez disso, penso no que fiz e pensei durante o dia. Ruminando me pergunto, paciente como uma vaca: quais foram, afinal, tuas dez superações?

E quais foram as dez conciliações e as dez verdades, e as dez risadas com que se regalou meu coração?

Isso refletindo, e acalentado por quarenta pensamentos, assalta-me de repente o sono, o não chamado, o senhor das virtudes.

O sono bate em meus olhos: eles ficam pesados. O sono toca em minha boca: ela fica aberta.

Em verdade, com solas macias ele chega até mim, meu predileto entre os ladrões, e me rouba os pensamentos: e lá fico eu em pé, estúpido como essa cátedra.

Mas já não fico em pé por muito tempo: logo estou deitado. —

Quando Zaratustra ouviu assim falar o sábio, riu-se no coração: pois uma luz raiara nele. E assim falou ele para seu coração:

Um tolo me parece este sábio, com seus quarenta pensamentos: mas creio que ele entende de dormir

Feliz aquele que mora na vizinhança deste sábio! Um sono como esse contagia, mesmo através de uma grossa parede contagia.

Mesmo em sua cátedra habita um encanto. E não foi em vão que os jovens sentaram perante o pregador da virtude.

Sua verdade diz: ficar desperto para bem dormir. E, em verdade, se a vida carecesse de sentido e eu tivesse de escolher o sem-sentido, também para mim este seria o sem-sentido mais digno de escolha.

Agora vejo claramente o que antes buscavam as pessoas, ao buscar professores da virtude. Buscavam o bom sono, e virtudes opiáceas para ele!

Para todos esses louvados sábios de cátedras, a sabedoria era o sono sem sonhos: eles não conheciam sentido melhor para a vida.

Ainda hoje existem alguns como esse pregador da virtude, e nem sempre honestos: mas seu tempo acabou. E já não ficam em pé por muito tempo: logo estão deitados.

Bem-aventurados são esses que têm sono: pois em breve adormecerão. —

Assim falou Zaratustra.

DOS TRASMUNDANOS

Outrora, também Zaratustra lançou sua ilusão para além do homem, como todos os trasmundanos.[74] A obra de um deus sofredor e atormentado me parecia então o mundo.

Sonho me parecia então o mundo, e ficção de um deus; colorida fumaça ante os olhos de um divino insatisfeito. Bem e mal e prazer e dor e tu e eu — eram, para mim, colorida fumaça ante olhos criadores. O criador quis desviar o olhar de si mesmo — então criou o mundo.

É um ébrio prazer, para o sofredor, desviar o olhar do seu sofrer e perder a si próprio. Ébrio prazer e perda de si próprio me parecia o mundo outrora.

Este mundo, o eternamente imperfeito, imagem de uma eterna contradição, e imagem imperfeita — um ébrio prazer para seu imperfeito criador: — assim me parecia outrora o mundo.

Assim, também eu lancei, outrora, minha ilusão para além do homem, como todos os trasmundanos. Para além do homem, de verdade?

Oh, irmãos, esse deus que eu criei era obra e loucura de homens, como todos os deuses!

Homem era ele, somente uma pobre porção de homem e de Eu; de minhas próprias cinzas e brasas me veio ele, esse fantasma; na verdade, não me veio do além!

Que aconteceu, meus irmãos? Superei a mim mesmo, ao sofredor; carreguei minhas próprias cinzas para os montes, uma chama mais viva inventei para mim. E eis que o fantasma *fugiu* de mim!

Sofrimento seria agora para mim, e tormento para o convalescido, crer em tais fantasmas; sofrimento seria para mim, e humilhação. Assim falo aos trasmundanos.

Sofrimento e impotência — foi o que criaram todos os trasmundanos; e a breve loucura da felicidade, que apenas o ser mais sofredor experimenta.

Fadiga que de um salto quer alcançar o fim, com um salto-mortal, uma pobre, insciente fadiga, que nem mais deseja querer: ela criou todos os deuses e trasmundanos.

Acreditai-me, irmãos! Foi o corpo que desesperou do corpo — que tateou as paredes últimas com os dedos do espírito ludibriado.

Acreditai-me, irmãos! Foi o corpo que desesperou da terra — que ouviu o ventre do ser a lhe falar.

E então quis passar com a cabeça pelas últimas paredes,[25] e não apenas com a cabeça — para lá, para "aquele mundo".

Mas "aquele mundo" está bem escondido dos homens, aquele desumanado mundo inumano, que é um celestial Nada; e o ventre do ser não fala absolutamente ao homem, exceto como homem.

Em verdade, difícil de demonstrar é todo ser, e difícil é fazê-lo falar. Dizei-me, irmãos, a mais prodigiosa de todas as coisas não é a mais bem demonstrada?

Sim, esse Eu, e a contradição e confusão do Eu, é ainda quem mais honestamente fala do seu ser, esse Eu criador, querente, valorador, que é a medida e o valor das coisas.

E esse honestíssimo ser, o Eu —, fala do corpo e quer ainda o corpo, mesmo quando poetiza, sonha e esvoeja com asas partidas.

Cada vez mais honestamente aprende ele a falar, o Eu: e, quanto mais aprende, tanto mais palavras e homenagens encontra para o corpo e a terra.

Um novo orgulho me ensinou meu Eu, que ensino aos homens: não mais enfiar a cabeça na areia das coisas celestiais, mas levá-la livremente, uma cabeça terrena, que cria sentido na terra!

Uma nova vontade ensino aos homens: querer esse caminho que o homem percorreu cegamente, declará-lo bom e não mais se esgueirar para fora dele, como os doentes e moribundos!

Foram os doentes e moribundos que desprezaram corpo e terra e inventaram as coisas celestiais e as gotas de sangue redentoras: mas também esses doces, sombrios venenos tiraram eles do corpo e da terra!

Queriam escapar à sua miséria, e as estrelas lhes eram distantes demais. Então suspiraram: "Oh, se houvesse caminhos celestes, para nos esgueirarmos em outro ser e outra sorte!" — e inventaram suas artimanhas e sangrentas poções!

Imaginaram-se então arrebatados a seu corpo e a essa terra, os ingratos! Mas a quem deviam o espasmo e a volúpia desse arrebatamento? A seu corpo e a essa terra.

Tolerante é Zaratustra com os doentes. Não se irrita, em verdade, com suas formas de consolo e ingratidão. Que se tornem convalescentes e superadores e criem para si um corpo superior![26]

Tampouco se irrita Zaratustra com o convalescente, quando esse olha com ternura para sua ilusão e à meia-noite ronda pelo sepulcro de seu Deus: mas suas lágrimas continuam a ser, para mim, doença e corpo doente.

Sempre houve muito povo enfermo entre aqueles que poetam e têm ânsia de Deus; odeiam furiosamente aquele que busca o conhecimento e a mais jovem das virtudes, que se chama: honestidade.

Sempre olham para trás, para tempos obscuros: e, certamente, ilusão e fé eram outra coisa então; o delírio da razão era semelhança com Deus, e a dúvida, pecado.

Bem demais conheço tais semelhantes a Deus: eles querem que se creia neles e que a dúvida seja pecado. Bem demais sei, também, no que eles próprios mais acreditam.

Na verdade, não em trasmundos e gotas de sangue redentoras:[27] mas no corpo creem eles mais que tudo, e seu próprio corpo é, para eles, sua coisa em si.

Mas uma coisa doentia é para eles: e bem gostariam de sair de sua própria pele. Por isso escutam os pregadores da morte e pregam trasmundos eles mesmos.

Escutai antes a mim, irmãos, à voz do corpo sadio: é uma voz mais honesta e mais pura.

De modo mais honesto e mais puro fala o corpo sadio, o perfeito e quadrado:[28] e ele fala do sentido da terra.

Assim falou Zaratustra.

DOS DESPREZADORES DO CORPO

Aos desprezadores do corpo desejo falar. Eles não devem aprender e ensinar diferentemente, mas apenas dizer adeus a seu próprio corpo — e, assim, emudecer.

"Corpo sou eu e alma" — assim fala a criança. E por que não se deveria falar como as crianças?

Mas o desperto, o sabedor, diz: corpo sou eu inteiramente, e nada mais; e alma é apenas uma palavra para um algo no corpo.

O corpo é uma grande razão, uma multiplicidade com um só sentido, uma guerra e uma paz, um rebanho e um pastor.

Instrumento de teu corpo é também tua pequena razão que chamas de "espírito", meu irmão, um pequeno instrumento e brinquedo de tua grande razão.

"Eu", dizes tu, e tens orgulho dessa palavra. A coisa maior, porém, em que não queres crer — é teu corpo e sua grande razão: essa não diz Eu, mas faz Eu.

O que o sentido[29] sente, o que o espírito conhece, jamais tem fim em si mesmo. Mas sentido e espírito querem te convencer de que são o fim de todas as coisas: tão vaidosos são eles.

Instrumentos e brinquedos são sentidos e espírito: por trás deles está o Si-mesmo. O Si-mesmo também procura com os olhos do sentido, também escuta com os ouvidos do espírito.

O Si-mesmo sempre escuta e procura: compara, submete, conquista, destrói. Domina e é também o dominador do Eu.

Por trás dos teus pensamentos e sentimentos, irmão, há um poderoso soberano, um sábio desconhecido — ele se chama Si-mesmo. Em teu corpo habita ele, teu corpo é ele.

Há mais razão em teu corpo do que em tua melhor sabedoria. E quem sabe por que teu corpo necessita justamente de tua melhor sabedoria?

Teu Si-mesmo ri de teu Eu e de seus saltos orgulhosos. "Que são para mim esses saltos e voos do pensamento?", diz para si. "Um rodeio até minha meta. Eu sou a andadeira do Eu e o soprador dos seus conceitos."

O Si-mesmo diz para o Eu: "Sente dor aqui!". E esse sofre e reflete em como não mais sofrer — e justamente para isso *deve* pensar.

O Si-mesmo diz para o Eu: "Sente prazer aqui!". E esse se alegra e reflete em como se alegrar mais — e justamente para isso *deve* pensar.

Aos desprezadores do corpo tenho algo a dizer. O fato de desprezarem constitui o seu prezar. O que foi que criou o prezar e o desprezar, o valor e a vontade?

O Si-mesmo criador criou para si o prezar e o desprezar, criou para si o prazer e a dor. O corpo criador criou para si o espírito, como uma mão de sua vontade.

Ainda em vossa tolice e desprezo, vós, desprezadores do corpo, atendeis ao vosso Si-mesmo. Eu vos digo: vosso próprio Si-mesmo quer morrer e se afasta da vida.

Já não é capaz de fazer o que mais deseja: — criar para além de si. Isso é o que mais deseja, isso é todo o seu fervor.

Mas ficou tarde demais para isso: — então vosso Si-mesmo quer perecer, desprezadores do corpo!

Vosso Si-mesmo quer perecer, e por isso vos tornastes desprezadores do corpo! Pois não mais sois capazes de criar para além de vós.

E por isso vos irritais agora com a vida e a terra. Há uma inconsciente inveja no oblíquo olhar do vosso desprezo.

Não seguirei vosso caminho, desprezadores do corpo! Não sois, para mim, pontes para o super-homem! —

Assim falou Zaratustra.

DAS PAIXÕES ALEGRES E DOLOROSAS

Meu irmão, se tens uma virtude que seja tua, então não a tens em comum com ninguém.

Certamente queres chamá-la pelo nome e afagá-la; queres puxar sua orelha e entreter-te com ela.

E eis que agora tens o seu nome em comum com o povo e te tornaste povo e rebanho com tua virtude!

Farias melhor em dizer: "Inexprimível e inominável é o que

faz o tormento e a delícia de minha alma, e que é também a fome de minhas entranhas".

Que tua virtude seja demasiado alta para ter um nome familiar: e, se tiveres que falar dela, não te envergonhes de balbuciar.

Então fala e balbucia: "Este é *meu* bem, é o que amo, assim me agrada ele inteiramente, apenas assim quero *eu* o bem.

Não o quero como uma lei de Deus, não o quero como estatuto e necessidade humanos: que não seja, para mim, um indicador de mundos supraterrenos e paraísos.

Uma virtude terrena é a que eu amo: nela há pouca prudência e, menos que tudo, a razão de todos.

Mas esse pássaro construiu em mim seu ninho: por isso eu o amo e acaricio — agora ele cobre em mim seus ovos de ouro."

Assim deves balbuciar e louvar tua virtude.

Outrora tiveste paixões e as chamaste más. Mas agora tens apenas tuas virtudes: elas brotaram de tuas paixões.

Puseste tua meta suprema no centro dessas paixões: então elas se tornaram tuas virtudes e alegrias.

E, ainda que fosses da estirpe dos coléricos, ou dos voluptuosos, ou dos fanáticos religiosos, ou dos vingativos:

No final, todas as tuas paixões se tornaram virtudes, e todos os teus demônios, anjos.

Outrora tinhas cães selvagens em teu porão: mas enfim eles se transformaram em pássaros e graciosas cantoras.

De teus venenos extraíste um bálsamo; ordenhaste a tua vaca Aflição — e agora bebes o doce leite de seu úbere.

E nada de mau nascerá de ti doravante, exceto o mal que nascer da luta de tuas virtudes.

Meu irmão, se és afortunado, tens *uma* virtude, não mais: assim atravessas mais ligeiramente a ponte.

Ter muitas traz distinção, mas é um pesado destino; e muitos foram para o deserto e se mataram, pois estavam cansados de ser batalha e campo de batalha de virtudes.

Meu irmão, são um mal a guerra e a batalha? Mas necessário é este mal, necessárias são a inveja, a desconfiança e a calúnia entre as tuas virtudes.

Vê como cada uma das tuas virtudes anseia pelo que é mais elevado: quer todo o teu espírito, para que este seja *seu* arauto, quer toda a tua força na cólera, no ódio e no amor.

Cada virtude tem ciúmes da outra, e terrível coisa é o ciúme. Também as virtudes podem perecer de ciúme.

Quem é cercado pelas chamas do ciúme acaba, tal como o escorpião, voltando contra si mesmo o ferrão envenenado.

Ah, meu irmão, ainda não viste uma virtude caluniar e picar a si mesma?

O homem é algo que tem de ser superado: e por isso deves amar tuas virtudes —: porque delas perecerás. —

Assim falou Zaratustra.

DO CRIMINOSO PÁLIDO

Não quereis matar, ó juízes e sacrificantes, antes que o animal tenha inclinado a cabeça? Vede, o criminoso pálido inclinou a cabeça: em seus olhos fala o grande desprezo.

"Meu Eu é algo que deve ser superado: meu Eu é o grande desprezo do homem": assim falam esses olhos.

Julgar a si mesmo foi seu grande momento: não deixeis que o sublime retorne à sua baixeza!

Não há redenção para aquele que assim sofre consigo, a não ser uma morte rápida.

Quando matardes, ó juízes, que seja por compaixão, não por vingança. E, ao matar, cuidai vós mesmos de justificar a vida!

Não basta que vos reconcilieis com aquele que matais. Que vossa tristeza seja amor ao super-homem: assim justificais que continueis vivos.

"Inimigo" deveis dizer, mas não "malvado"; "doente" deveis dizer, mas não "patife"; "tolo", mas não "pecador".

E tu, juiz vermelho, se dissesses em voz alta o que já fizeste em pensamentos, todos gritariam: "Fora com esse imundo, com esse verme venenoso!".

Mas uma coisa é o pensamento, outra é o ato, e ainda outra, a imagem do ato. A roda da causalidade não gira entre eles.

Uma imagem fez empalidecer esse homem pálido. Ele era da mesma altura de seu ato, quando o realizou; mas não lhe suportou a imagem depois de realizado.

Desde então sempre se viu como autor de um único ato. A isso chamo de loucura: a exceção se converteu em essência para ele.

O traço no chão enfeitiça a galinha; o golpe que ele cometeu enfeitiçou sua pobre razão — a isso chamo de loucura *após* o ato.

Escutai, ó juízes! Há ainda uma outra loucura: aquela *antes* do ato. Ah, para mim não descestes fundo o bastante nessa alma!

Assim fala o juiz vermelho: "Por que, afinal, esse criminoso matou? Ele queria roubar". Mas eu vos digo: sua alma queria sangue, não roubo: ele ansiava pela felicidade da faca!

Mas sua pobre razão não compreendeu essa loucura e o persuadiu. "Que importa o sangue?", falou; "não queres ao menos praticar um roubo ao mesmo tempo? Tirar vingança?"

E ele deu ouvidos à sua pobre razão: as palavras desta lhe pesaram como chumbo — então ele roubou ao matar. Não queria se envergonhar de sua loucura.

Agora o chumbo de sua culpa volta a pesar sobre ele, e novamente sua pobre razão está rígida, paralisada, pesada.

Se apenas pudesse sacudir a cabeça, seu fardo rolaria abaixo: mas quem sacode essa cabeça?

O que é esse homem? Um amontoado de doenças, que através do espírito se voltam para o mundo: lá querem fazer sua presa.

O que é esse homem? Um emaranhado de serpentes selvagens, que raramente têm sossego estando juntas — então saem, cada qual por si, em busca de presas pelo mundo.

Vede esse pobre corpo! O que ele sofreu e desejou, essa pobre alma interpretou para si — interpretou como prazer assassino e anseio da felicidade da faca.

Quem agora adoece, é assaltado pelo mal que agora é mau: quer causar dor com aquilo que lhe causa dor. Mas houve outros tempos, e outro mal e outro bem.

Outrora era má a dúvida, e a vontade de Si-mesmo. Naquele tempo, o doente se tornou herege ou feiticeira: como herege ou feiticeira, sofreu e quis fazer sofrer.

Mas isso não entra em vossos ouvidos: prejudica os bons entre vós, dizeis. Mas que me importam os bons entre vós?

Muita coisa em vossos bons me causa nojo, e, verdadeiramente, não o seu mal. Quisera eu que tivessem uma loucura da qual perecessem, como esse pálido criminoso!

Quisera eu, verdadeiramente, que sua loucura se chamasse verdade, ou fidelidade, ou justiça: mas eles têm sua virtude para viver muito tempo, e numa miserável satisfação.

Eu sou um corrimão na beira da corrente: quem puder se agarrar a mim, que se agarre! Mas não sou vossa muleta. —

Assim falou Zaratustra.

DO LER E ESCREVER

De tudo escrito, amo apenas o que se escreve com o próprio sangue. Escreve com sangue: e verás que sangue é espírito.

Não é coisa fácil compreender o sangue alheio: eu detesto os que leem por passatempo.

Quem conhece o leitor nada mais faz pelo leitor. Mais um século de leitores — e até o espírito federá.

Que todo mundo possa aprender a ler, a longo prazo isso estraga não só a escrita, mas também o pensamento.

Outrora o espírito era Deus, depois se tornou homem, agora está se tornando plebe.

Quem escreve em sangue e em máximas não quer ser lido, quer ser aprendido de cor.

Nas montanhas, o mais curto caminho é aquele entre um cume e outro: mas para isso tens de ter pernas compridas. Máximas devem ser cumes: e aqueles a quem são ditas devem ser grandes e altos.

O ar fino e puro, o perigo próximo e o espírito pleno de alegre maldade: essas coisas combinam.

Quero ter duendes a meu redor, pois tenho coragem. A coragem que espanta os fantasmas cria seus próprios duendes — a coragem quer rir.

Já não sinto como vós: essa nuvem que vejo abaixo de mim, essa coisa negra e pesada da qual eu rio — justamente isso é vossa nuvem de tempestade.

Olhais para cima quando buscais a elevação. Eu olho para baixo, porque estou elevado.

Quem, entre vós, pode ao mesmo tempo rir e sentir-se elevado?

Quem sobe aos montes mais altos ri das tragédias do palco e da vida.

Corajosos, descuidados, zombeteiros, violentos — assim nos quer a sabedoria: ela é uma mulher, ela ama somente um guerreiro.

Vós me dizeis: "A vida é difícil de suportar". Mas por que teríeis vosso orgulho de manhã e vossa resignação de noite?

A vida é difícil de suportar: mas não sejais tão delicados! Todos nós somos belos asnos e asnas.

Que temos em comum com o botão de rosa, que estremece porque sobre o seu corpo há uma gota de orvalho?

É verdade: amamos a vida não por estarmos habituados à vida, mas ao amor.

Há sempre alguma loucura no amor. Mas também há sempre alguma razão na loucura.

E também a mim, que sou bem-disposto com a vida, parece-me que borboletas e bolhas de sabão, e o que há de sua espécie entre os homens, são quem mais entende de felicidade.

Ver esvoejar essas alminhas ligeiras, tolas, encantadoras e volúveis leva Zaratustra às lágrimas e ao canto.

Eu acreditaria somente num deus que soubesse dançar.

Quando vi meu diabo, achei-o sério, meticuloso, profundo

e solene: era o espírito de gravidade — ele faz todas as coisas caírem.

Não com a ira, mas com o riso é que se mata. Eia, vamos matar o espírito de gravidade!

Aprendi a andar: desde então corro. Aprendi a voar: desde então, não quero ser empurrado para sair do lugar.

Agora sou leve, agora voo, agora me vejo abaixo de mim, agora dança um deus através de mim.

Assim falou Zaratustra.

DA ÁRVORE NA MONTANHA

Zaratustra havia percebido que um jovem o evitava. E uma noite, quando ia pelos montes que rodeiam a cidade conhecida como A Vaca Malhada, eis que encontrou esse jovem, sentado no chão e encostado numa árvore, observando o vale com um olhar cansado. Zaratustra agarrou a árvore junto à qual o jovem estava sentado e assim falou:

"Se eu quisesse balançar essa árvore com as duas mãos, não conseguiria.

Mas o vento, que nós não vemos, pode atormentá-la e dobrá-la como quiser. É por mãos invisíveis que somos atormentados e dobrados da pior maneira."

Levantou-se então o jovem, assustado, e disse: "Ouço Zaratustra, e nesse momento pensava nele".

Respondeu Zaratustra: "E te espantas por causa disso? — Com o homem sucede o mesmo que com a árvore.

Quanto mais quer alcançar as alturas e a claridade, tanto mais suas raízes se inclinam para a terra, para baixo, penetram na escuridão, na profundeza — no mal."

"Sim, no mal!", exclamou o jovem. "Como foi possível que descobriste a minha alma?"

Zaratustra sorriu e falou: "Algumas almas jamais descobrimos, a não ser que antes as inventemos".

"Sim, no mal!", tornou a exclamar o jovem.

"Disseste a verdade, Zaratustra. Já não confio em mim mesmo, desde que quero alcançar as alturas, e ninguém mais confia em mim — como pode acontecer isso?

Eu me transformo depressa demais: meu hoje contraria meu ontem. Com frequência pulo degraus ao subir — isso nenhum degrau me perdoa.

Estando lá em cima, sempre me vejo só. Ninguém fala comigo, o gelo da solidão me faz tremer. Que quero eu nas alturas, afinal?

Meu desprezo e meu anseio crescem um com o outro; quanto mais subo, tanto mais desprezo aquele que sobe. Que quero eu nas alturas, afinal?

Como me envergonho do meu subir e tropeçar! Como escarneço do meu forte arquejar! Como odeio aquele que voa! Como estou cansado nas alturas!"

Nisso o jovem se calou. Zaratustra olhou a árvore junto à qual estavam e assim falou:

"Essa árvore está sozinha aqui na montanha; cresceu muito acima dos homens e dos animais.

E, se quisesse falar, não teria ninguém que a compreendesse: tão alto cresceu.

Agora ela espera e espera — mas pelo que espera? Ela habita perto demais das nuvens: será que espera pelo primeiro raio?"

Depois que Zaratustra falou isso, o jovem exclamou com gestos veementes: "Sim, Zaratustra, tu falas a verdade. Eu ansiava pelo meu declínio quando desejava subir às alturas, e tu és o raio pelo qual esperava! Olha: que sou eu ainda, depois que nos apareceste? Foi a inveja de ti que me destruiu!" — Assim falou o jovem, e chorou amargamente. Mas Zaratustra pôs o braço ao seu redor e o levou consigo.

E, quando haviam caminhado juntos por um momento, Zaratustra se pôs a falar assim:

Isso me parte o coração. Mais do que tuas palavras, teus olhos me falam do teu perigo.

Ainda não és livre, ainda *procuras* a liberdade. Tua procura te deixou tresnoitado e insone.

Queres chegar às livres alturas, tua alma anseia por estrelas. Mas também teus maus impulsos anseiam por liberdade.

Teus cães selvagens querem a liberdade; ladram de alegria em seu porão, quando teu espírito busca abrir todas as prisões.

Ainda és, para mim, um prisioneiro que contempla a liberdade: ah, em tais prisioneiros a alma se torna prudente, mas também ardilosa e ruim.

Também precisa ainda purificar-se o libertado do espírito. Nele ainda há muito de prisão e de mofo: seu olhar ainda precisa se tornar puro.

Sim, conheço o teu perigo. Por meu amor e por minha esperança, porém, eu te suplico: não jogues fora teu amor e tua esperança!

Ainda te sentes nobre, e nobre ainda te sentem os outros também, os que te guardam antipatia e te lançam olhares maus. Aprende que um nobre é um obstáculo no caminho de todos.

Também para os bons há um nobre em seu caminho: e, mesmo se o chamam de bom, querem com isso afastá-lo dali.

Coisas novas quer criar o nobre, e uma nova virtude. Coisas velhas quer o bom, e que o velho seja preservado.

Mas o perigo do homem nobre não é tornar-se um bom, e sim um impudente, um zombador, um destruidor.

Ah, eu conheci homens nobres que perderam sua mais alta esperança. E então caluniaram todas as altas esperanças.

Então passaram a viver de forma impudente, em breves prazeres, sem cultivar uma meta para além do dia.

"Espírito é também volúpia!" — diziam eles. Nisso quebraram-se as asas do seu espírito: agora ele rasteja por aí, sujando aquilo que rói.

Outrora pensavam em se tornar heróis: agora são libertinos. O herói é, para eles, um desgosto e um horror.

Mas por meu amor e minha esperança eu te suplico: não lances fora o herói que há em tua alma! Mantém sagrada a tua mais alta esperança! —

Assim falou Zaratustra.

DOS PREGADORES DA MORTE

Existem pregadores da morte; e a terra está cheia daqueles a quem se deve pregar o afastamento da vida.

A terra está cheia de supérfluos, a vida é estragada pelos demasiados. Que sejam atraídos para fora dessa vida com a "vida eterna"!

"Amarelos": assim são chamados os pregadores da morte, ou "negros". Mas eu os mostrarei a vós em outras cores.

Há os terríveis, que carregam em si o animal de rapina e não têm escolha senão entre os prazeres e a maceração. E também seus prazeres são ainda maceração.

Eles nem mesmo se tornaram homens ainda, esses terríveis: que preguem o afastamento da vida e eles próprios se vão!

Há os tuberculosos da alma: mal nasceram, já começam a morrer e anseiam por doutrinas do cansaço e da renúncia.

Queriam estar mortos, e nós deveríamos aprovar seu desejo! Guardemo-nos de despertar esses mortos e de ferir esses ataúdes vivos!

Deparam com um doente, ou um velho, ou um cadáver; e logo dizem: "A vida está refutada!".

Mas somente eles estão refutados, e seu olhar, que enxerga somente *uma* face da existência.

Envoltos em espessa melancolia, e ávidos dos pequenos acasos que trazem a morte: assim a esperam, com dentes cerrados.

Ou então pegam doces e, ao fazê-lo, zombam de sua criancice: apegam-se à palhinha de sua vida e zombam do fato de ainda se apegarem a uma palhinha.

Sua sabedoria diz: "Tolo é quem continua vivendo, mas tolos assim somos nós! E justamente isso é o mais tolo na vida" —

"A vida é só sofrimento" — assim dizem outros, e não mentem: cuidai, então, de cessar! Cuidai, então, de que cesse a vida que é só sofrimento!

E que esta seja a doutrina de vossa virtude: "Deves matar a ti mesmo! Deves escapar!" —

"Volúpia é pecado" — dizem os que pregam a morte —, "vamos nos apartar e não mais gerar filhos!"

"Dar à luz é trabalhoso" — dizem outros —, "por que ainda dar à luz? Nascem apenas infelizes!" E também eles são pregadores da morte.

"É preciso compaixão" — dizem outros ainda. "Tomai o que tenho! Tomai o que sou! Tanto menos estarei ligado à vida!"

Se fossem totalmente compassivos, tornariam intolerável a vida para o próximo. Ser mau — isto seria sua verdadeira bondade.

Mas querem soltar-se da vida: que lhes importa se, com suas cadeias e dádivas, prendem ainda mais fortemente os outros! —

E também vós, para quem a vida é furioso trabalho e desassossego: não estais muito cansados da vida? Não estais maduros para a pregação da morte?

Vós todos, que gostais do trabalho furioso e do que é veloz, novo, desconhecido — mal suportais a vós mesmos, vossa diligência é fuga e vontade de esquecer a vós próprios.

Se acreditásseis mais na vida, não vos lançaríeis tanto ao momento presente. Mas não tendes, em vós, conteúdo bastante para a espera — e nem mesmo para a preguiça!

Em toda parte ecoa a voz dos que pregam a morte: e a terra está cheia daqueles a quem a morte tem de ser pregada.

Ou a "vida eterna": para mim é o mesmo — desde que se vão rapidamente!

Assim falou Zaratustra.

DA GUERRA E DOS GUERREIROS

Não queremos ser poupados por nossos melhores inimigos, nem por aqueles que amamos profundamente. Então deixai que vos diga a verdade!

Meus irmãos de guerra! Eu vos amo profundamente, fui e sou vosso igual. E sou também vosso melhor inimigo. Então deixai que vos diga a verdade!

Sei do ódio e da inveja em vosso coração. Não sois grandes o bastante para não conhecer ódio e inveja. Então sede grandes o bastante para não vos envergonhar deles!

E, se não podeis ser santos do conhecimento, sede ao menos seus guerreiros. Estes são os companheiros e precursores de tal santidade.

Vejo muitos soldados: quisera ver muitos guerreiros! "Uniforme" chama-se aquilo que vestem: que não seja uniforme o que com ele escondem!

Deveis ser, para mim, aqueles cujos olhos sempre buscam um inimigo — o *vosso* inimigo. E em alguns de vós existe um ódio à primeira vista.

Vosso inimigo deveis procurar, vossa guerra deveis conduzir, por vossos pensamentos! E, se vosso pensamento sucumbir, vossa retidão deve ainda gritar vitória!

Deveis amar a paz como meio para novas guerras. E a paz breve, mais que a longa.

Não vos aconselho o trabalho, mas a luta. Não vos aconselho a paz, mas o triunfo. Vosso trabalho seja uma luta, vossa paz seja um triunfo!

Só podemos estar calados e tranquilos quando temos arco e flecha: do contrário, falamos e brigamos. Que vossa paz seja um triunfo!

Dizeis que a boa causa santifica até mesmo a guerra? Eu vos digo: é a boa guerra que santifica toda causa.

A guerra e a coragem fizeram mais coisas grandes do que o amor ao próximo. Não a vossa compaixão, mas a vossa bravura salvou até agora os desventurados.

"O que é bom?", perguntais. Ser bravo é bom. Deixai que as garotas pequenas digam: "Bom é o que é bonito e tocante ao mesmo tempo".

Diz-se que não tendes coração: mas vosso coração é genuíno, e eu amo o pudor da vossa cordialidade. Envergonhai-vos de vossa maré-cheia, enquanto outros se envergonham de sua vazante.

Sois feios? Pois muito bem, irmãos! Cercai-vos do sublime, o manto do feio!

E, quando vossa alma se torna grande, também se torna petulante,[30] e em vossa sublimidade existe maldade. Eu vos conheço.

Na maldade, o petulante e o fracote se encontram. Mas eles se entendem mal. Eu vos conheço.

Podeis ter apenas inimigos para odiar, não inimigos para desprezar. Deveis ter orgulho de vosso inimigo: então os sucessos de vosso inimigo serão também vossos.

Rebelião — esta é a nobreza do escravo. Que a vossa nobreza seja obediência! Que até o vosso mandar seja um obedecer!

Para um bom guerreiro, "tu deves" soa mais agradável do que "eu quero". E tudo de que gostais, deixai que primeiro vos seja ordenado.

Que o vosso amor à vida seja amor à vossa mais alta esperança: e vossa mais alta esperança seja o mais alto pensamento da vida!

O vosso mais alto pensamento, porém, deveis deixar que eu o ordene a vós — e ele diz: o homem é algo que deve ser superado.

Vivei, então, vossa vida de obediência e de guerra! Que importa viver muito tempo? Que guerreiro quer ser poupado?

Eu não vos poupo, eu vos amo profundamente, meus irmãos na guerra! —

Assim falou Zaratustra.

DO NOVO ÍDOLO

Em algum lugar ainda há povos e rebanhos, mas não entre nós, irmãos: aqui há Estados.

Estado? O que é isso? Pois bem! Abri vossos ouvidos, pois agora vos falarei sobre a morte dos povos.

Estado é o nome do mais frio de todos os monstros frios. E de modo frio ele também mente; e esta mentira rasteja de sua boca: "Eu, o Estado, sou o povo".

Isso é mentira! Criadores foram aqueles que criaram os povos e deixaram uma fé e um amor suspensos sobre eles: assim serviram à vida.

Destruidores são aqueles que preparam armadilhas para muitos e as chamam de Estado: deixam uma espada e cem desejos suspensos sobre eles.

Onde ainda existe povo, ele não entende o Estado e o odeia como mau-olhado e pecado contra os costumes e os direitos.

Este sinal eu vos dou: cada povo fala a sua língua do bem e do mal: o vizinho não a entende. Ele inventou para si sua língua, nos costumes e nos direitos.

Mas o Estado mente em todas as línguas do bem e do mal; e o que quer que diga, mente — e o que quer que tenha, roubou.

Tudo nele é falso; morde com dentes roubados, esse mordedor. Até suas entranhas são falsas.

Confusão de línguas do bem e do mal: este sinal eu vos dou, como marca do Estado. Na verdade, este sinal indica vontade de morte! Na verdade, ele acena para os pregadores da morte!

Nascem pessoas demais: para os supérfluos foi inventado o Estado!

Vede como ele atrai para si os demasiados! Como ele os devora, mastiga e rumina!

"Nada existe sobre a terra que seja maior do que eu: sou o dedo ordenador de Deus" — assim ruge o colosso. E não apenas aqueles de vista curta e orelhas compridas se ajoelham!

Ah, também para vós, ó almas grandes, ele sussurra suas sombrias mentiras! Ah, ele percebe[31] os corações ricos, que gostam de esbanjar a si mesmos!

Sim, também a vós ele percebe, ó vencedores do velho Deus! Ficastes cansados na luta, e agora vosso cansaço serve ao novo ídolo!

Heróis e homens honrados ele quer ao seu redor, o novo ídolo! Gosta de aquecer-se no sol das boas consciências — o frio monstro!

Tudo dará a *vós*, desde que o adoreis, o novo ídolo: assim

compra ele o brilho de vossa virtude e o olhar de vossos olhos altivos.

Ele quer usar-vos como isca para os demasiados! Sim, uma artimanha infernal foi aí inventada, um cavalo da morte, a retinir nos adornos das divinas honrarias!

Sim, uma morte para muitos foi aí inventada, que se gaba de ser vida: na verdade, um grande serviço para todos os pregadores da morte.

Estado chamo eu ao lugar onde todos bebem veneno, bons e ruins: Estado, onde todos perdem a si mesmos, bons e ruins: Estado, onde o lento suicídio de todos se chama — "vida".

Vede esses supérfluos! Roubam para si as obras dos inventores e os tesouros dos sábios: "cultura" chamam a seu roubo — e tudo, para eles, torna-se doença e desventura!

Vede esses supérfluos! Sempre estão doentes, vomitam seu fel e o chamam "jornal". Devoram uns aos outros e não conseguem digerir-se.

Vede esses supérfluos! Adquirem riquezas e com elas se tornam mais pobres. Querem o poder e, primeiro, a alavanca do poder, muito dinheiro — esses indigentes!

Vede como sobem trepando, esses ágeis macacos! Sobem trepando uns sobre os outros, e assim se empurram para a lama e a profundeza.

Todos querem chegar ao trono: esta é sua loucura — como se a felicidade estivesse no trono! Com frequência a lama se acha no trono — e, também com frequência, o trono se acha na lama.

Loucos me parecem todos eles, macacos trepadores e seres febris. Mau cheiro tem para mim seu ídolo, o frio monstro: mau cheiro têm todos eles para mim, esses idólatras.

Meus irmãos, quereis então sufocar na emanação de suas bocas e cobiças? Quebrai antes as janelas e pulai para fora!

Fugi do mau cheiro! Fugi da idolatria dos supérfluos!

Fugi do mau cheiro! Fugi da fumaça desses sacrifícios humanos!

Ainda agora a terra está livre para as almas grandes. Vazios estão ainda, para os solitários e os sozinhos a dois, muitos lugares em torno dos quais corre o cheiro dos mares quietos.

Ainda está livre, para as almas grandes, uma vida livre. Na verdade, quem pouco possui, tanto menos será possuído: louvada seja a pequena pobreza!

Ali onde cessa o Estado, apenas ali começa o homem que não é supérfluo: começa o canto do necessário, a única e insubstituível melodia.

Ali onde *cessa* o Estado — olhai para ali, meus irmãos! Não vedes o arco-íris e as pontes do super-homem? —

Assim falou Zaratustra.

DAS MOSCAS DO MERCADO

Foge para a tua solidão, meu amigo! Vejo-te atordoado pelo barulho dos grandes homens e picado pelos ferrões dos pequenos.

A floresta e o rochedo sabem calar-se dignamente contigo. Volta a semelhar-te à árvore que amas, a de amplos galhos: atenta e silenciosa pende ela sobre o mar.

Onde cessa a solidão, ali começa o mercado; e onde começa o mercado, ali também começa o barulho dos grandes atores e o zumbido das moscas venenosas.

Nada valem as melhores coisas, no mundo, sem alguém que primeiro as apresente: o povo chama "grandes homens" a esses apresentadores.

O povo pouco compreende a grandeza, isto é: a criação. Mas é sensível aos apresentadores e atores das grandes causas.

O mundo gira ao redor dos inventores de novos valores: — gira de modo invisível. Mas ao redor dos atores giram o povo e a fama: é esse o caminho do mundo.

Tem espírito o ator, mas um espírito de pouca consciência. Acredita sempre naquilo com que faz acreditar mais firmemente — acreditar *nele*!

Amanhã tem ele uma nova fé, e depois de amanhã, uma mais nova. Tem sentidos rápidos, como o povo, e faro caprichoso.

Derrubar — isto significa para ele: demonstrar. Enlouquecer — isto significa para ele: convencer. E o sangue é, para ele, o melhor dos argumentos.

Uma verdade que penetra apenas em ouvidos delicados ele chama de mentira e nada. Na verdade, acredita apenas em deuses que fazem grande ruído no mundo!

Cheio de solenes bufões está o mercado — e o povo se gaba de seus grandes homens: são, para ele, os senhores da hora.

Mas a hora urge para eles: então eles urgem contigo. E também de ti querem um sim ou um não. Ai de ti, queres pôr teu assento entre o a favor e o contra?

Não sintas inveja desses homens incondicionais e prementes, ó amante da verdade! Jamais a verdade andou de braço dado com um homem incondicional.

Por causa desses homens súbitos, volta para a sua segurança: apenas no mercado alguém é assaltado com "sim?" ou "não?".

Lento é o vivenciar de todas as fontes profundas: muito têm de esperar, até saberem o que caiu em seu fundo.

Longe do mercado e da fama se passa tudo que é grande: longe do mercado e da fama habitaram, desde sempre, os inventores de novos valores.

Foge, meu amigo, para a tua solidão: vejo-te picado por moscas venenosas. Foge para onde o ar é rude e forte!

Foge para a tua solidão! Viveste demasiadamente próximo aos pequenos e miseráveis. Foge da sua invisível vingança! Em relação a ti, eles não são outra coisa senão vingança.

Não mais levantes o braço contra eles! São inúmeros, e espantar moscas não é tua sina.

São inúmeros esses pequenos e miseráveis; e mais de um orgulhoso edifício já pereceu graças a gotas de chuva e ervas daninhas.

Não és uma pedra, mas já foste minado por muitas gotas. Ainda racharás e te despedaçarás com tantas gotas.

Vejo-te fatigado por causa das moscas venenosas, vejo-te arranhado e sangrando em cem lugares; e teu orgulho não deseja sequer se irritar.

Sangue desejam de ti, com toda a inocência. Sangue é o que anseiam suas almas exangues — e então picam, com toda a inocência.

Mas tu, ó profundo, sofres profundamente tambem das pequenas feridas; e, ainda antes que sarasses, o mesmo verme venenoso rastejava sobre tua mão.

Demasiado orgulhoso me pareces para matar esses gulosos. Mas cuida para que seja tua fatalidade suportar toda a sua venenosa injustiça!

Eles também zumbem ao teu redor com seu louvor: a importunação é seu louvor. Eles querem a proximidade de tua pele e de teu sangue.

Eles te adulam como a um deus ou um diabo; choramingam diante de ti, como diante de um deus ou de um diabo. Que importa? São aduladores e choramingueiros, nada mais.

Também costumam fazer-se de amáveis contigo. Mas esta sempre foi a esperteza dos covardes. Sim, os covardes são espertos!

Eles pensam muito em ti, com sua alma estreita — sempre és preocupante para eles! Tudo aquilo em que se pensa muito se torna preocupante.

Eles te castigam por todas as tuas virtudes. Perdoam-te completamente apenas — teus erros.

Por seres manso e de espírito justo, dizes: "Eles não têm culpa de sua pequena existência". Mas sua alma estreita pensa: "Culpada é toda grande existência".

Ainda que sejas manso com eles, sentem-se desprezados por ti; e pagam teu benefício com ocultos malefícios.

Teu lacônico orgulho sempre repugna ao seu gosto; eles se regozijam, se alguma vez és modesto o bastante para ser vaidoso.

Aquilo que notamos em alguém é também o que nele inflamamos. Por isso, guarda-te dos pequenos!

Diante de ti eles se sentem pequenos, e sua baixeza arde e incandesce contra ti, em invisível vingança.

Não percebeste como muitas vezes emudeciam ao te aproximares, e como sua força os abandonava, como a fumaça de um fogo que se extingue?

Sim, meu amigo, és a má consciência para teus próximos: pois eles são indignos de ti. Por isso te odeiam e bem gostariam de chupar teu sangue.

Teus próximos sempre serão moscas venenosas; o que é grande em ti — justamente isso deve torná-los mais venenosos e cada vez mais moscas.

Foge, meu amigo, para a tua solidão e para onde o ar é rude e forte! Não é tua sina espantar moscas. —

Assim falou Zaratustra.

DA CASTIDADE

Eu amo a floresta. É ruim viver nas cidades: ali são demasiados os que estão no cio.

Não é melhor cair nas mãos de um assassino do que nos sonhos de uma mulher no cio?

E observai esses homens: seu olhar já o diz — eles nada conhecem de melhor na terra do que deitar-se com uma mulher.

Há lama no fundo de suas almas; e que desgraça, se sua lama também tiver espírito!

Se ao menos fôsseis perfeitos como animais! Mas do animal é própria a inocência.

Aconselho-vos eu a matar vossos sentidos? Eu vos aconselho a inocência dos sentidos.

Aconselho-vos a castidade? A castidade é virtude em alguns, mas em muitos outros, quase um vício.

Esses podem se abster, mas a cadela sensualidade lança olhares invejosos de dentro de tudo que fazem.

Ainda nas alturas de sua virtude e no interior do frio espírito segue-os essa besta com sua inquietação.

E como sabe a cadela sensualidade mendigar uma porção de espírito, quando lhe é negada uma porção de carne!

Vós amais as tragédias e tudo o que parte o coração? Mas eu desconfio de vossa cadela.

Vossos olhares me parecem muito cruéis, e buscais avidamente por sofredores. Vossa volúpia não teria apenas se disfarçado e agora se chama compaixão?

E também esta parábola vos dou: muitos que queriam expulsar seus demônios entraram eles mesmos nos porcos.

Àquele para quem a castidade é difícil, ela deve ser desaconselhada: a fim de que não se torne o caminho para o inferno — isto é, para a lama e a lascívia da alma.

Falo de coisas sujas? Para mim isso não é o pior.

Não quando a verdade é suja, mas quando é rasa, o homem do conhecimento reluta em entrar nas suas águas.

Em verdade, existem os castos do fundo do ser: eles são mais mansos de coração, riem com mais gosto e mais frequentemente do que vós.

Riem também da castidade, e perguntam: "Que é a castidade?

Não é a castidade uma tolice? Mas essa tolice veio a nós, não fomos a ela.

Oferecemos abrigo e afeto a essa visitante: agora ela habita conosco — que permaneça o tempo que quiser!"

Assim falou Zaratustra.

DO AMIGO

"Sempre há um de mais comigo" — assim pensa o eremita. "Sempre um vezes um — com o tempo, isso faz dois!"

Eu e mim estamos sempre muito envolvidos numa conversa: como suportar isso, se não houver um amigo?

Para o eremita, o amigo é sempre o terceiro: o terceiro é a cortiça que não deixa que afunde a conversa dos dois.

Ah, existem profundezas demais para todos os eremitas. Por isso eles tanto anseiam por um amigo e suas alturas.

Nossa fé em outros denuncia o que gostaríamos de crer em nós mesmos. Nosso anseio por um amigo é nosso denunciante.

E muitas vezes queremos, com o amor, apenas passar por cima da inveja. E muitas vezes atacamos e fazemos um inimigo, a fim de ocultar que somos atacáveis.

"Sê ao menos meu inimigo!" — assim fala o verdadeiro respeito, que não ousa solicitar amizade.

Querendo-se ter um amigo, é preciso também querer guerrear por ele: e para guerrear é preciso *poder* ser inimigo.

No amigo devemos honrar também o inimigo. Podes aproximar-te bastante do teu amigo sem passar para o seu lado?

Devemos ter, no amigo, nosso melhor inimigo. Deves lhe ter o coração o mais próximo possível, quando a ele te opuseres.

Não queres usar nenhuma roupa diante do teu amigo? Deve ser uma honra, para teu amigo, que te mostres a ele tal como és? Mas por isso ele te mandará ao Diabo!

Quem não faz segredo de si, provoca irritação: tendes muita razão em recear a nudez! Se fôsseis deuses, então poderíeis vos envergonhar de vossa roupa!

Não podes te adornar bem o suficiente para teu amigo: pois deves ser, para ele, uma flecha e um anseio pelo super-homem.

Já viste teu amigo dormindo — para saber que aparência tem? Pois qual é, fora disso, o rosto do teu amigo? É o teu próprio rosto, num espelho tosco e imperfeito.

Já viste teu amigo dormindo? Não te espantaste com sua aparência? Oh, meu amigo, o homem é algo que tem de ser superado.

O amigo deve ser mestre no adivinhar e no silenciar: não deves querer ver tudo. Teu sonho deve te revelar o que teu amigo faz acordado.

Que a tua compaixão seja um adivinhar: para que saibas,

primeiro, se o teu amigo quer compaixão. Talvez ele ame em ti o olhar constante e a visão da eternidade.

Que a compaixão pelo amigo se esconda sob uma dura casca, e que percas um dente ao mordê-la. Assim ela terá delicadeza e doçura.

És puro ar e solidão e pão e remédio para o teu amigo? Há quem não pode se soltar dos próprios grilhões e, no entanto, é um salvador para o amigo.

És um escravo? Então não podes ser amigo. És um tirano? Então não podes ter amigos.

Por muito tempo houve um escravo e um tirano escondidos na mulher. Por isso ela ainda não é capaz de amizade: conhece apenas o amor.

No amor da mulher há injustiça e cegueira a tudo o que ela não ama. E mesmo no amor sapiente da mulher existe ainda ataque, noite e raio ao lado da luz.

A mulher ainda não é capaz de amizade: são ainda gatos as mulheres, e pássaros. Ou, no melhor dos casos, vacas.[32]

A mulher ainda não é capaz de amizade. Mas dizei-me, homens, qual de vós é capaz de amizade?

Oh, que pobreza a vossa, homens, e que avareza da alma! O quanto dais ao amigo, darei até ao meu inimigo, sem ficar mais pobre por isso.

Existe camaradagem: que exista amizade!

Assim falou Zaratustra.

DAS MIL METAS E UMA SÓ META[33]

Muitos países viu Zaratustra, e muitos povos: assim descobriu o bem e o mal de muitos povos. Zaratustra não achou maior poder na terra do que bem e mal.

Nenhum povo poderia viver sem antes avaliar; mas, querendo se manter, não pode avaliar como seu vizinho.

Muito do que esse povo considerava bom, outro considerava

infâmia e escárnio: eis o que achei. Muito achei que aqui era denominado mau, e ali era coberto de honras cor de púrpura.

Jamais um vizinho compreendeu o outro: sempre sua alma se admirou da loucura e da maldade do vizinho.

Uma tábua de valores[34] se acha suspensa sobre cada povo. Olha, é a tábua de suas superações; olha, é a voz de sua vontade de poder.

Louvável é o que ele julga difícil; o que é indispensável e difícil considera bom, e o que liberta da necessidade suprema, o raro, dificílimo — ele exalta como sagrado.

O que faz com que domine, vença e brilhe, para horror e inveja de seu vizinho: isso julga elevado, o primeiro de tudo, a medida, o sentido das coisas.

Em verdade, meu irmão, se conheces antes a necessidade, a terra, o céu e o vizinho de um povo, adivinharás a lei de suas superações e por que toma essa escada para alcançar sua esperança.

"Deves sempre ser o primeiro e sobrepujar os demais: tua alma ciumenta não deve amar ninguém, exceto o amigo" — isso fazia tremer a alma de um grego: com isso ele andava pela trilha de sua grandeza.

"Dizer a verdade e bem manejar arco e flecha" — isso era precioso e difícil ao mesmo tempo, para o povo do qual vem meu nome[35] — nome que me é precioso e difícil ao mesmo tempo.

"Honrar pai e mãe e lhes ser obediente até a raiz da alma" — essa foi a tábua de superação que outro povo manteve acima de si, com isso tornando-se poderoso e eterno.

"Praticar a lealdade e, em nome da lealdade, empenhar a honra e o sangue até mesmo em coisas más e perigosas": com esse ensinamento um povo se dominou, e assim se dominando tornou-se grávido e pesado de grandes esperanças.

Em verdade, os homens deram a si mesmos todo o seu bem e mal. Em verdade, eles não o tomaram e não o acharam; não lhes sobreveio como uma voz do céu.

Valores foi o homem que primeiramente pôs nas coisas, para se conservar — foi o primeiro a criar sentido para as coisas, um sentido humano! Por isso ele se chama "homem", isto é, o estimador.[36]

Estimar é criar: escutai isso, ó criadores! O próprio estimar é, de todas as coisas estimadas, o tesouro e a joia.

Apenas através do estimar existe valor: e sem o estimar seria oca a noz da existência. Escutai isso, ó criadores!

Mudança nos valores — isso é mudança nos criadores. Quem tem de ser um criador sempre destrói.

Criadores foram primeiramente os povos, somente depois os indivíduos; em verdade, o indivíduo mesmo é ainda a mais nova criação.

Outrora mantinham os povos uma tábua de valores acima de si. O amor que quer dominar e o amor que quer obedecer criaram juntos essas tábuas.

Mais antigo é o prazer no rebanho que o prazer no Eu: e, enquanto a boa consciência se chamar rebanho, apenas a má consciência dirá: Eu.

Em verdade, o esperto Eu, o sem amor, que procura o que lhe é útil no que é útil a muitos: esse não é a origem do rebanho, mas seu declínio.

Amantes e criadores sempre foram os que criaram bem e mal. O fogo do amor arde nos nomes de todas as virtudes, e o fogo da ira.

Muitos países viu Zaratustra, e muitos povos: nenhum maior poder viu Zaratustra na terra do que as obras dos amantes: "bom" e "mau" é seu nome.

Em verdade, um monstro é o poder desse louvar e repreender. Dizei, ó irmãos, quem o subjugará? Dizei, quem lançará as cadeias sobre as mil cervizes desse animal?

Mil metas houve até agora, pois mil povos existiram. Apenas as cadeias para as mil cervizes faltam ainda, falta uma só meta. A humanidade ainda não tem meta.

Mas dizei-me, irmãos: se à humanidade ainda falta uma meta, também não falta ainda — ela mesma? —

Assim falou Zaratustra.

DO AMOR AO PRÓXIMO

Vós vos amontoais junto ao próximo e tendes belas palavras para isso. Mas eu vos digo: vosso amor ao próximo é vosso mau amor por vós mesmos.

Fugis de vós mesmos em direção ao próximo, e desejaríeis fazer disso uma virtude: mas eu enxergo através de vosso "desinteresse".

O Tu é mais antigo que o Eu; o Tu foi santificado, mas o Eu ainda não: assim, o homem se apressa para junto do próximo.

Eu vos aconselho o amor ao próximo? Aconselho-vos antes a fuga ao próximo e o amor ao distante!

Mais alto que o amor ao próximo está o amor ao distante e futuro; ainda mais alto que o amor aos homens está o amor a coisas e fantasmas.

Esse fantasma que corre à tua frente, meu irmão, é mais belo do que tu; por que não lhe dás tua carne e teus ossos? Mas tens medo e corres para teu próximo.

Não suportais a vós mesmos e não vos amais o bastante: por isso quereis induzir o próximo a vos amar, dourando-vos com seu erro.

Eu quisera que não suportásseis qualquer tipo de próximo e seus vizinhos; então teríeis de criar, de dentro de vós mesmos, vosso amigo e seu coração transbordante.

Convidais uma testemunha quando quereis falar bem de vós mesmos; e, quando a haveis induzido a falar bem de vós, pensais vós mesmos bem de vós.

Não mente apenas aquele que fala contrariando o que sabe, mas sobretudo aquele que fala contrariando o que não sabe. E assim falais de vós mesmos aos outros, e mentis a vós e ao próximo.

Assim fala o louco: "O comércio com os homens estraga o caráter, principalmente quando não se tem caráter".

Esse vai ao próximo porque busca a si mesmo, e o outro, porque busca se perder. Vosso mau amor a vós mesmos transforma em prisão vossa solidão.

São os menos próximos que pagam pelo vosso amor ao próximo; e, quando cinco de vós vos reunis, há um sexto que tem de morrer.

Tampouco amo vossas festas: nelas encontrei atores demais, e também os espectadores se portavam frequentemente como atores.

Não vos ensino o próximo, mas o amigo. Que o amigo seja, para vós, a festa da terra e uma premonição do super-homem.

Eu vos ensino o amigo e seu coração mais que pleno. Mas há que saber ser uma esponja, quando se quer ser amado por um coração mais que pleno.

Eu vos ensino o amigo em que o mundo se acha pronto, um invólucro do bem — o amigo criador, que tem sempre um mundo pronto para oferecer.

E, assim como o mundo se desenrolou para ele, enrola-se novamente em círculos, como o devir do bem a partir do mal, como o devir das finalidades a partir do acaso.

Que o futuro e o mais distante sejam para ti a causa do teu hoje: no teu amigo deves amar o super-homem como tua causa.

Meus irmãos, não vos aconselho o amor ao próximo: aconselho-vos o amor ao mais distante.

Assim falou Zaratustra.

DO CAMINHO DO CRIADOR

Queres ir para a solidão, meu irmão? Queres buscar o caminho para ti mesmo? Detém-te um pouco mais e me escuta.

"Quem busca facilmente se perde. Todo isolamento é culpa": assim fala o rebanho. E durante muito tempo pertenceste ao rebanho.

A voz do rebanho ainda ressoará dentro de ti. E, quando disseres "Já não tenho a mesma consciência que vós", isso será um lamento e uma dor.

Vê, essa dor mesma foi gerada por tal consciência, e o último reluzir dessa consciência ainda arde na tua aflição.

Mas queres seguir o caminho da tua aflição, que é o caminho para ti mesmo? Então me mostra teu direito e tua força para isso!

És uma nova força e um novo direito? Um primeiro movimento? Uma roda que gira por si mesma? Podes também obrigar estrelas a girar ao teu redor?

Oh, há tanta avidez das alturas! Há tantas convulsões de ambiciosos! Mostra-me que não és um dos ávidos e ambiciosos!

Oh, há tantos pensamentos grandes que não fazem mais que um fole: enchem e tornam mais vazio.

Dizes ser livre? Teu pensamento dominante quero ouvir, e não que escapaste de um jugo.

És um desses a quem *foi permitido* escapar de um jugo? Há alguns que lançaram fora seu último valor, ao lançar fora sua obrigação de servir.

Livre de quê? Que importa isso a Zaratustra! Mas teus olhos me devem claramente dizer: livre *para quê*?

Podes dar a ti mesmo teu mal e teu bem e erguer tua vontade acima de ti como uma lei? Podes ser de ti mesmo juiz e o vingador de tua lei?

Terrível é estar a sós com o juiz e vingador de sua própria lei. Assim uma estrela é arremessada ao espaço vazio e ao gélido sopro do estar-só.

Hoje ainda sofres dos muitos, tu que és um: hoje ainda tens tua coragem inteira e tuas esperanças.

Mas um dia tua solidão te cansará, um dia teu orgulho se dobrará e tua coragem rangerá os dentes. Gritarás então um dia: “Estou só!”.

Um dia deixarás de ver tua alteza e verás perto demais tua baixeza; teu próprio sublime te amedrontará como um fantasma. Gritarás então um dia: “Tudo é falso!”.

Há sentimentos que buscam matar o solitário; se não o conseguem, eles próprios têm de morrer! Mas és capaz disso, de ser um assassino?

Já conheces a palavra “desprezo”, irmão? E o tormento da tua justiça, de ser justo com os que te desprezam?

Obrigas muitos a mudar de ideia acerca de ti; isso eles põem duramente em tua conta. Chegaste perto deles e passaste: isso jamais te perdoam.

Tu os ultrapassas: mas, quanto mais alto sobes, tanto menor te vê o olho da inveja. Mais que tudo, porém, é odiado aquele que voa.

"Como poderíeis ser justos comigo?" — tens que dizer — "escolho vossa injustiça como a parte que me coube."

Injustiça e sujeira arremessam eles no solitário: mas, se queres ser uma estrela, meu irmão, não deves, por causa disso, brilhar menos para eles!

E guarda-te dos bons e justos! Eles crucificam de bom grado aqueles que inventam sua própria virtude — eles odeiam o solitário.

Guarda-te também da santa simplicidade! É ímpio, para ela, tudo que não é simples; ela também brinca de bom grado com o fogo — das fogueiras.

E guarda-te também dos acessos de teu amor! Com demasiada rapidez o solitário estende a mão àquele que encontra.

Há pessoas a quem não deves dar a mão, mas apenas a pata: e desejo que tua pata tenha também garras.

Mas o pior inimigo que podes encontrar será sempre tu mesmo; espreitas a ti mesmo nas cavernas e florestas.

Ó solitário, tu percorres o caminho para ti mesmo! E teu caminho passa diante de ti mesmo e dos teus sete demônios!

Herege serás para ti mesmo, e feiticeira, vidente, tolo, ímpio e malvado.

Tens de querer queimar em tua própria chama: como te renovarias, se antes não te tornasses cinzas?

Ó solitário, tu percorres o caminho daquele que cria: queres criar para ti um deus, a partir dos teus sete demônios!

Ó solitário, tu percorres o caminho de quem ama: amas a ti mesmo, e por isso te desprezas, como apenas amantes desprezam.

Criar quer aquele que ama, porque despreza! Que sabe do amor quem não teve de desprezar justamente aquilo que amava?

Vai para tua solidão com teu amor, irmão, e com o teu criar; e somente depois a justiça te seguirá claudicando.

Vai para tua solidão com minhas lágrimas, irmão. Amo aquele que quer criar além de si e assim perece. —

Assim falou Zaratustra.

DAS VELHAS E NOVAS MULHEREZINHAS

"Por que deslizas sorrateiro no crepúsculo, Zaratustra? E o que escondes cuidadosamente debaixo do casaco?

É um tesouro que ganhaste? Ou um filho que te nasceu? Ou segues agora tu mesmo o caminho dos ladrões, ó amigo dos maus?" —

Na verdade, irmão — falou Zaratustra —, é um tesouro que me presentearam: uma pequena verdade que carrego.

Mas é irrequieta como uma criancinha; e, se não lhe tapo a boca, ela grita muito alto.

Hoje, quando eu andava pelo meu caminho, na hora em que o sol se põe, deparei com uma velhinha que assim falou para minha alma:

"Muita coisa disse Zaratustra também a nós, mulheres, mas nunca nos falou sobre a mulher."

E eu lhe respondi: "Sobre a mulher deve-se falar apenas aos homens".

"Fala também a mim sobre a mulher", disse ela; "sou velha o bastante para logo esquecer o que disseres."

Condescendi com a velha senhora, e assim lhe falei.

Tudo na mulher é um enigma, e tudo na mulher tem uma solução: que se chama gravidez.

O homem é, para a mulher, um meio: o fim é sempre o filho. Mas o que é a mulher para o homem?

Duas coisas quer o verdadeiro homem: perigo e brinquedo. Por isso quer a mulher, como o mais perigoso brinquedo.

O homem deve ser educado para a guerra e a mulher, para o descanso do guerreiro: tudo o mais é tolice.

O guerreiro não gosta de frutos demasiado doces. Por isso gosta da mulher; a mais doce das mulheres é ainda amarga.

Melhor do que o homem entende a mulher as crianças, mas o homem é mais infantil que a mulher.

No verdadeiro homem há uma criança escondida, que quer brincar. Ide, mulheres, descobrir a criança no homem!

Que a mulher seja um brinquedo, puro e delicado, semelhante à pedra preciosa, iluminada pelas virtudes de um mundo que ainda não existe.

Que o raio de luz de uma estrela brilhe no vosso amor! Que a vossa esperança seja: "Possa eu dar à luz o super-homem!".

Que haja valentia em vosso amor! Com vosso amor deveis investir contra aquele que vos inspira medo!

Que em vosso amor esteja vossa honra! No mais, pouco entende a mulher de honra. Mas que esta seja a vossa honra, amar sempre mais do que sois amadas e nunca ficar em segundo lugar.

Que o homem tema a mulher, quando ela ama: pois então ela faz todo sacrifício, e nenhuma outra coisa tem para ela valor.

Que o homem tema a mulher, quando ela odeia: pois o homem é, no fundo da alma, apenas mau, mas a mulher é ruim.

A quem odeia a mulher mais que tudo? — Assim falou o ferro ao ímã: "Eu te odeio mais que tudo, porque atrais, mas não és forte o bastante para arrastar-me para ti".

A felicidade do homem é: eu quero. A felicidade da mulher é: ele quer.

"Vê, agora mesmo o mundo se tornou perfeito!" — assim pensa toda mulher, quando obedece na plenitude do seu amor.

E obedecer deve a mulher, e achar uma profundeza para sua superfície. Superfície é o ânimo da mulher, uma pele movediça e tempestuosa sobre uma água rasa.

Mas o ânimo do homem é profundo, sua corrente ressoa em cavernas subterrâneas: a mulher intui-lhe a força, mas não a compreende. —

Nisso me respondeu a velhinha: "Muitas coisas gentis falou Zaratustra, especialmente para as que são jovens o bastante para elas.

É estranho, Zaratustra conhece pouco as mulheres, mas tem razão acerca delas! Será que isso ocorre porque nada é impossível com a mulher?

E agora recebe, como agradecimento, uma pequena verdade! Afinal, sou velha o bastante para ela!

Enrola-a bem e tapa-lhe a boca, senão ela gritará muito alto, essa pequena verdade."

"Dá-me, mulher, a tua pequena verdade!", disse eu. E assim falou a velhinha:

"Vais ter com as mulheres? Não esqueças o chicote!" —

Assim falou Zaratustra.

DA PICADA DA VÍBORA

Um dia, Zaratustra adormeceu sob uma figueira, pois fazia calor, e tinha os braços sobre o rosto. Então apareceu uma víbora e mordeu Zaratustra no pescoço, o que o fez gritar de dor. Ao tirar o braço do rosto, olhou para a víbora: então ela reconheceu os olhos de Zaratustra, voltou-se, sem jeito, e quis ir embora. "Não", falou Zaratustra, "ainda não te agradeci! Acordaste-me a tempo, meu caminho ainda é longo." "Teu caminho é curto", disse a víbora tristemente; "meu veneno mata." Zaratustra sorriu. "Alguma vez um dragão morreu do veneno de uma serpente?" — disse ele. "Mas toma teu veneno de volta! Não és rica o bastante para presenteá-lo a mim." Então a víbora se atirou novamente ao seu pescoço e lambeu-lhe a ferida.

Quando, certa vez, Zaratustra relatou isso aos seus discípulos, eles perguntaram: "E qual é, ó Zaratustra, a moral de tua história?". Ao que Zaratustra respondeu:

Destruidor da moral, assim me chamam os bons e justos: minha história é imoral.

Mas, se tendes um inimigo, não lhe pagueis o mal com o bem: pois isso o envergonharia. Mostrai, isto sim, que ele vos fez algo de bom.

É melhor que vos irriteis, em vez de causar vergonha! E, quando vos amaldiçoarem, não me agrada que desejeis abençoar. É melhor amaldiçoar também um pouco!

E, se vos aconteceu uma grande injustiça, rapidamente acrescentai cinco pequenas a ela! Terrível visão é aquele oprimido somente pela injustiça.

Já sabíeis isso? Injustiça partilhada é meia justiça. E que tome sobre si a injustiça aquele que pode carregá-la!

Uma pequena vingança é mais humana do que nenhuma vingança. E, se o castigo não é também um direito e uma honra para o transgressor, tampouco me agradam vossos castigos.

É mais nobre declarar-se errado do que pretender ter razão, sobretudo quando se tem razão. Mas é preciso ser bastante rico para isso.

Não gosto de vossa fria justiça; e no olhar de vossos juízes eu vejo sempre o carrasco e seu ferro frio.

Dizei, onde se acha a justiça que é amor com olhos que veem?

Inventai-me, então, o amor que carregue não apenas todo o castigo, mas também toda a culpa!

Inventai-me, então, a justiça que absolva a todos, exceto aquele que julga!

Quereis escutar também isso? Para aquele que quer ser justo no fundo do ser, também a mentira se torna amabilidade humana.

Mas como desejaria eu ser justo no fundo do ser? Como posso eu dar a cada um o que é seu? Que me baste isto: dou a cada um o que é meu.

Por fim, irmãos, guardai-vos de ser injustos com todos os eremitas! Como poderia um eremita esquecer? Como poderia ele retribuir?

Como um profundo poço é o eremita. Fácil é lançar uma pedra; chegando ela ao fundo, porém, dizei-me quem a tirará dali.

Guardai-vos de ofender o eremita! Mas, se assim fizestes, matai-o também!

Assim falou Zaratustra.

DOS FILHOS E DO MATRIMÔNIO

Eu tenho uma pergunta somente para ti, irmão: como um prumo eu a lanço em tua alma, para saber quão profunda ela é.

És jovem e desejas matrimônio e filhos. Mas eu te pergunto: és alguém que *pode* desejar um filho?

És o vitorioso, o vencedor de si próprio, o soberano dos sentidos, o senhor de tuas virtudes? Assim te pergunto eu.

Ou em teu desejo fala o animal e a necessidade? Ou o isolamento? Ou a discórdia contigo?

Quero que tua vitória e tua liberdade anseiem por um filho. Deves construir monumentos vivos à tua vitória e à tua libertação.

Deves construir para além de ti. Mas primeiro tens de construir a ti mesmo, quadrado de alma e de corpo.

Não deves apenas te propagar, mas te elevar na descendência! Que nisso te ajude o jardim do matrimônio!

Um corpo mais elevado deves criar, um primeiro movimento, uma roda que gire por si mesma — um criador deves tu criar.

Matrimônio: assim chamo à vontade a dois de criar um que seja mais do que aqueles que o criaram. Reverência de um pelo outro, daqueles animados de tal vontade, chamo eu ao matrimônio.

Que seja este o sentido e a verdade de teu matrimônio. Mas aquilo que os demasiados, os supérfluos, chamam de matrimônio — ah, como o chamarei eu?

Ah, essa pobreza de alma a dois! Ah, essa sujeira de alma a dois! Ah, essa deplorável satisfação a dois!

Tudo isso chamam de matrimônio; e dizem que seus matrimônios são contraídos no céu.

Bem, não gosto desse céu dos supérfluos! Não, não gosto desses animais presos numa rede celeste!

Que fique longe de mim o deus que vem coxeando, para abençoar o que não uniu![37]

Não riais desses casamentos! Que criança não teria motivo para chorar por seus pais?

Digno me pareceu este homem, e maduro para o sentido da terra: mas, quando vi sua mulher, a terra me pareceu uma casa para doidos. —

Sim, eu queria que a terra tremesse em convulsões quando um santo cruzasse com uma gansa.[38] Este saiu como um herói em busca de verdades, e enfim capturou uma pequena mentira enfeitada.

Chama a isso seu casamento.

Aquele era esquivo no trato e exigente na escolha. Mas de súbito estragou para sempre a sua companhia: chama a isso seu casamento.

Aquele procurava uma servente com as virtudes de um anjo. Mas de súbito se tornou a servente de uma mulher, e agora seria preciso tornar-se também um anjo.

Cautelosos me pareceram todos os compradores, e todos têm olhos astutos. Mas inclusive o mais astuto compra sua mulher como nabos em saco.

Muitas breves tolices — isto se chama amor entre vós. E vosso matrimônio acaba com muitas breves tolices, como uma única, prolongada estupidez.

Vosso amor à mulher e o amor da mulher ao homem: ah, fossem eles compaixão por deuses sofredores e ocultos! Em geral, porém, são dois animais que se descobrem.

E mesmo o vosso melhor amor é apenas símile arrebatado e doloroso ardor. É uma tocha que vos deve iluminar os caminhos mais elevados.

Um dia deveis amar além de vós mesmos! Então *aprendei* primeiro a amar! Por isso tivestes de beber o amargo cálice do vosso amor.

Há amargor até no cálice do melhor amor: assim ele produz anseio pelo super-homem, assim ele produz sede em ti, o criador!

Sede para o criador, flecha e anseio para o super-homem: diz-me, irmão, é essa a tua vontade de casamento?

Sagrados são, para mim, tal vontade e tal casamento. —

Assim falou Zaratustra.

DA MORTE VOLUNTÁRIA

Muitos morrem tarde demais, e alguns morrem cedo demais. Ainda parece estranho o ensinamento: "Morre no tempo certo!".

Morre no tempo certo: assim ensina Zaratustra.

Sim, mas quem jamais vive no tempo certo, como poderia morrer no tempo certo? Oxalá não tivesse nascido! — Assim recomendo eu aos supérfluos.

Mas também os supérfluos dão grande peso à sua morte, e também a noz mais vazia deseja ser quebrada.

Todos dão grande peso ao fato de morrer: mas a morte ainda não é uma festa. Os homens ainda não aprenderam como consagrar as mais bonitas festas.

Eu vos mostrarei a morte consumadora, que se torna um aguilhão e uma promessa para os vivos.

Aquele que consuma a sua vida morre a sua morte, vitorioso, rodeado de esperançosos e promitentes.

Assim se deveria aprender a morrer; e não deveria haver festa em que tal moribundo não consagrasse os votos dos vivos!

Morrer assim é a melhor coisa; mas a segunda melhor é: morrer na luta e prodigalizar uma grande alma.

Mas igualmente odiosa para o combatente e para o vencedor é vossa morte de sorriso amarelo, que se aproxima furtivamente como um ladrão — e, no entanto, chega como um senhor.

Eu vos faço o louvor da minha morte, a morte voluntária, que vem a mim porque *eu* quero.

E quando irei querer? — Quem tem uma meta e um herdeiro, quer a morte no tempo certo para a meta e o herdeiro.

E, por reverência à meta e ao herdeiro, não mais pendurará coroas ressequidas no santuário da vida.

Em verdade, não quero semelhar-me aos cordoeiros: eles puxam seu fio ao comprido e nisso andam sempre para trás.

Alguns se tornam demasiado velhos também para suas verdades e vitórias; uma boca sem dentes não tem mais direito a todas as verdades.

E todo aquele que deseja a glória tem que despedir-se a tempo da honra e exercer a difícil arte de, no tempo certo, — ir-se embora.

É preciso cessar de deixar-se comer quando se é mais saboroso: isto sabem aqueles que desejam ser longamente amados.

É certo que existem maçãs ácidas, cuja sina requer que aguardem até o último dia do outono: e elas se tornam simultaneamente maduras, amarelas e enrugadas.

Em alguns o coração envelhece primeiro, em outros, o espírito. E alguns são idosos na juventude: mas, quando se é jovem tardiamente, fica-se jovem longamente.

Para não poucos a vida é um malogro: um verme venenoso lhes corrói o coração. Que cuidem, então, para que a morte lhes seja bem-sucedida.

Muitos não chegam a ficar doces, apodrecem já no verão. O que os prende ao galho é a covardia.

São demasiados os que vivem, e por tempo demais permanecem presos aos seus galhos. Que venha uma tempestade e arranque da árvore tudo que é podre e bichado!

Que venham os pregadores da morte *rápida*! Seriam, para mim, os verdadeiros temporais a sacudir as árvores da vida! Mas ouço apenas pregarem a morte lenta e a paciência com tudo "terrestre".

Ah, vós pregais paciência com o que é terreno? Mas é o terreno que tem demasiada paciência convosco, blasfemadores!

Em verdade, morreu cedo demais aquele hebreu que é honrado pelos pregadores da morte lenta: e para muitos foi uma fatalidade, desde então, que ele morresse cedo demais.

Ainda conhecia apenas lágrimas e a melancolia do hebreu, juntamente com o ódio dos bons e justos — o hebreu Jesus: então foi acometido pelo anseio da morte.

Tivesse ele permanecido no deserto, longe dos bons e justos! Talvez tivesse aprendido a viver e aprendido a amar a terra — e também o riso!

Crede em mim, irmãos! Ele morreu cedo demais; ele próprio teria renegado sua doutrina, se tivesse alcançado a minha idade! Era nobre o bastante para renegá-la!

Mas ainda era imaturo. De modo imaturo ama o jovem, e também de modo imaturo odeia os homens e a terra. Pesados e presos ainda são seu ânimo e as asas de seu espírito.

Mas no homem há mais criança do que no jovem, e menos melancolia: ele entende mais da morte e da vida.

Livre para a morte e livre na morte, um sagrado negador, quando já não é tempo de dizer Sim: assim entende ele da morte e da vida.

Que o vosso morrer não seja uma blasfêmia contra os homens e a terra, meus amigos: eis o que suplico ao mel de vossa alma.

Em vosso morrer devem ainda refulgir o vosso espírito e a vossa virtude, como um crepúsculo a incendiar a terra: ou então vosso morrer terá malogrado.

Assim quero eu próprio morrer, de maneira que vós, amigos, ameis mais a terra por minha causa; e quero me tornar terra de novo, de modo a ter sossego naquela que me gerou.

Em verdade, tinha uma meta Zaratustra, e lançou sua bola: agora sois os herdeiros de minha meta, amigos, e vos lanço a bola de ouro.

Mais do que tudo, amigos, gosto de vos ver lançar a bola de ouro! Por isso me demoro ainda um pouco na terra: perdoai-me!

Assim falou Zaratustra.

DA VIRTUDE DADIVOSA

1. Quando Zaratustra se despediu da cidade cara ao seu coração, cujo nome era A Vaca Malhada, seguiram-no muitos que se denominavam seus discípulos, fazendo-lhe companhia. Assim chegaram a uma encruzilhada: então Zaratustra lhes disse que desejava continuar sozinho; pois era afeiçoado a andar sozinho. Ao se despedir, porém, seus discípulos lhe deram um bastão, em cujo cabo dourado havia uma serpente enrolada em torno do sol. Zaratustra se alegrou com o bastão e nele se apoiou; então falou assim aos seus discípulos:

Dizei-me: como adquiriu o ouro o valor mais alto? Por ser incomum, inútil, reluzente e de brilho suave; por sempre se dar.

Apenas como imagem da mais alta virtude adquiriu o ouro o valor mais alto. O olhar daquele que dá reluz como o ouro. O brilho do ouro reconcilia o sol e a lua.

Incomum é a virtude mais alta, e inútil, reluzente e de brilho suave: uma virtude dadivosa é a virtude mais alta.

Em verdade, eu vos entendo, meus discípulos: vós buscais, como eu, a virtude dadivosa. Que podeis ter em comum com gatos e lobos?

Tendes sede de tornar-vos vós mesmos sacrifícios e dádivas: daí a vossa sede de acumular todas as riquezas em vossa alma.

Insaciável busca a vossa alma por tesouros e joias, pois vossa virtude é insaciável na vontade de dar.

Obrigais todas as coisas a ir para vós e estar em vós, para que venham a refluir da vossa fonte como dádivas do vosso amor.

Em verdade, ladrão de todos os valores se tornará esse amor dadivoso; mas eu declaro sadio e sagrado esse egoísmo.[39]

Há um outro egoísmo, demasiado pobre, faminto, que sempre deseja furtar, o egoísmo dos doentes, o egoísmo doente.

Com o olhar do gatuno olha para tudo que brilha; com a avidez da fome mede aquele que tem bastante de-comer; e sempre se avizinha furtivamente da mesa dos que dão.

O que fala através dessa cobiça é doença, e invisível degeneração; a gatuna avidez desse egoísmo fala de um corpo enfermo.

Dizei-me, irmãos: o que é para nós ruim e pior que tudo? Não é a *degeneração*? — E sempre intuímos degenerescência ali onde falta a alma dadivosa.

Para cima vai nosso caminho, além da espécie, rumo à superespécie. Mas um horror, para nós, é o senso[40] degenerante, que diz: "Tudo para mim".

Para cima voa nosso senso, assim é ele um símbolo do nosso corpo, o símbolo de uma elevação. Os símbolos de tais elevações são os nomes das virtudes.

Assim o corpo atravessa a história, vindo a ser e lutando. E o espírito — que é ele para o corpo? Arauto, companheiro e eco de suas lutas e vitórias.

Símbolos são todos os nomes do bem e do mal: não enunciam, apenas acenam. É tolo quem deles espera o saber!

Atentai, irmãos, para cada momento em que vosso espírito quer falar por símbolos: aí está a origem da vossa virtude.

Elevado está aí vosso corpo, e ressuscitado; com seu enlevo arrebata o espírito, para que se torne criador, estimador, amador e de tudo benfeitor.

Quando o vosso coração palpita, largo e pleno como um rio, bênção e perigo para os habitantes das margens: aí está a origem da vossa virtude.

Quando vos elevais acima do elogio e da censura, e vossa vontade quer em tudo mandar, como a vontade de um amante: aí está a origem da vossa virtude.

Quando desprezais o agradável e o leito mole, e não podeis deitar-vos longe o bastante dos molengas: aí está a origem da vossa virtude.

Quando quereis com um só querer, e esse afastamento de toda necessidade se chama necessidade para vós:[41] eis a origem da vossa virtude.

Em verdade, é ela um novo bem e mal! Em verdade, é um novo, profundo rumor, a voz de uma nova fonte!

Essa nova virtude é poder; é um pensamento dominante e, em torno dele, uma alma sagaz: um sol dourado e, em torno dele, a serpente do conhecimento.

2. Nesse ponto, Zaratustra silenciou por um momento e olhou para seus discípulos com amor. Então prosseguiu falando — e sua voz estava mudada:

Permanecei fiéis à terra, irmãos, com o poder da vossa virtude! Que vosso amor dadivoso e vosso conhecimento sirvam ao sentido da terra! Assim vos peço e imploro.

Não os deixeis voar para longe do que é terreno e bater com as asas nas paredes eternas! Oh, sempre houve tanta virtude extraviada!

Trazei, como eu, a virtude extraviada de volta para a terra — sim, de volta ao corpo e à vida: para que dê à terra seu sentido — um sentido humano!

Uma centena de vezes, até agora, extraviaram-se e enganaram-se tanto o espírito como a virtude. Ah, em nosso corpo ainda vive todo esse delírio e engano: aí tornou-se ele corpo e vontade.

Uma centena de vezes, até agora, extraviaram-se e enganaram-se tanto o espírito como a virtude. Sim, uma tentativa foi o homem. Ah, quanta ignorância e quanto erro se encarnaram em nós!

Não apenas a razão de milênios — também a sua loucura irrompe em nós. É perigoso ser herdeiro.

Ainda lutamos palmo a palmo contra o gigante Acaso, e sobre toda a humanidade reinou até agora o absurdo, o sem-sentido.

Que o vosso espírito e a vossa virtude sirvam ao sentido da terra, irmãos: e que o valor de todas as coisas seja novamente colocado por vós! Por isso deveis ser combatentes! Para isso deveis ser criadores!

Sabendo purifica-se o corpo; tentando com saber ele se eleva; para o homem do conhecimento, todos os instintos se tornam sagrados; para o elevado, a alma se torna alegre.

Médico, ajuda a ti mesmo: assim ajudarás também teu doente.[42] Seja essa a tua melhor ajuda, que ele veja com seus olhos aquele que cura a si próprio.

Há mil veredas que não foram percorridas; mil saúdes e

ilhas recônditas da vida. Inesgotados e inexplorados estão ainda o homem e a terra humana.

Velai e escutai, ó solitários! Do futuro chegam ventos com misteriosas batidas de asas; e boas-novas alcançam ouvidos delicados.

Vós, solitários de hoje, vós, que viveis à parte, deveis um dia formar um povo: de vós, que escolhestes a vós mesmos, deverá nascer um povo eleito: — e dele o super-homem.

Em verdade, um local de cura ainda se tornará a terra! E já a envolve um novo aroma, um aroma que traz saúde — e uma nova esperança!

3. Após dizer essas palavras, Zaratustra silenciou, como alguém que ainda não disse a sua última palavra. Longamente sopesou o bastão, hesitante; por fim, falou assim — e sua voz estava mudada:

Agora prossigo só, meus discípulos! Ide vós também agora, sozinhos! Assim desejo eu.[43]

Em verdade, eu vos aconselho: afastai-vos de mim e defendei-vos de Zaratustra! Mais ainda: envergonhai-vos dele! Talvez vos tenha enganado.

O homem do conhecimento deve não apenas poder amar seus inimigos, mas também odiar seus amigos.

Retribuímos mal a um professor, se continuamos apenas alunos. E por que não quereis arrancar louros da minha coroa?

Vós me venerais; mas se um dia vossa veneração tombar? Cuidai para que não vos esmague uma estátua![44]

Dizeis que acreditais em Zaratustra? Mas que importa Zaratustra? Sois os meus crentes: mas que importam todos os crentes?

Ainda não havíeis procurado a vós mesmos: então me encontrastes. Assim fazem todos os crentes; por isso valem tão pouco todas as crenças.

Agora vos digo para me perder e vos achar; e somente quando todos vós me tiverdes negado eu retornarei a vós.

Em verdade, com outros olhos, irmãos, buscarei então os que perdi; com outro amor eu então vos amarei.

E um dia sereis novamente meus amigos e filhos de uma só esperança: então estarei convosco pela terceira vez, para juntos celebrarmos o grande meio-dia.

E este é o grande meio-dia: quando o homem se acha no meio de sua rota, entre animal e super-homem, e celebra seu caminho para a noite como a sua mais alta esperança; pois é o caminho para uma nova manhã.

Então aquele que declina abençoará a si mesmo por ser um que passa para lá; e o sol do seu conhecimento permanecerá no meio-dia.

"*Mortos estão todos os deuses: agora queremos que viva o super--homem.*" — que esta seja um dia, no grande meio-dia, a nossa derradeira vontade! —

Assim falou Zaratustra.

SEGUNDA PARTE

— e somente quando todos vós me tiverdes negado eu retornarei a vós.
Em verdade, com outros olhos, irmãos, buscarei então os que perdi; com outro amor eu então vos amarei.
Assim falou Zaratustra, "Da virtude dadivosa" (I, p. 74)

O MENINO COM O ESPELHO

Em seguida, Zaratustra retornou às montanhas e à solidão de sua caverna e afastou-se dos homens: aguardando como um semeador que espalhou suas sementes. Mas sua alma ficou plena de impaciência e avidez por aqueles que amava: pois ele ainda tinha muito a lhes dar. Isto é, de fato, o que há de mais difícil: por amor cerrar a mão aberta e, fazendo dádivas, conservar o pudor.

Assim transcorreram luas e anos para o solitário; mas sua sabedoria cresceu e causou-lhe dor com sua abundância.

Um dia, porém, ele despertou antes da aurora, refletiu longamente em seu leito e falou enfim a seu coração:

"Com o que me assustei tanto, em meu sonho, que acordei? Não me apareceu um menino com um espelho?

'Ó Zaratustra', disse-me ele, 'olha-te no espelho!'

Ao olhar no espelho, porém, soltei um grito e meu coração se abalou: pois não foi a mim que vi nele, e sim a careta e o riso galhofeiro de um demônio.

Em verdade, compreendo bem demais o sinal e aviso do sonho: minha *doutrina* está em perigo, o joio quer ser chamado de trigo![45]

Meus inimigos tornaram-se poderosos e distorceram a imagem de minha doutrina, de modo que os que mais amo se envergonharão das dádivas que lhes fiz.

Perderam-se para mim os amigos; chegou a hora de buscar os meus perdidos!"

Com essas palavras levantou-se rapidamente Zaratustra, não como alguém assustado que busca por ar, mas antes como um vidente e cantor que é tomado pelo espírito. Sua águia e sua serpente olharam-no com admiração: pois seu rosto, como a aurora, irradiava uma felicidade iminente.

Que me aconteceu, meus animais?, disse Zaratustra. Não estou transformado? A bem-aventurança não chegou a mim como um vendaval?

Tola é minha felicidade, e falará coisas tolas: é ainda jovem demais — tende então paciência com ela!

Fui ferido por minha felicidade: todos os sofredores me servirão de médicos!

Posso novamente descer para junto de meus amigos e também de meus inimigos! Zaratustra pode novamente falar e presentear e fazer o melhor para os que mais ama!

Meu impaciente amor extravasa em torrentes, para baixo, para o nascente e o poente. Desde silenciosas montanhas e tempestades de dor, minha alma rumoreja rumo aos vales.

Por tempo demais ansiei e olhei ao longe. Por tempo demais pertenci à solidão: assim desaprendi o silêncio.

Tornei-me apenas boca, e o bramir de um riacho a descer de altos rochedos: em direção aos vales quero precipitar minha palavra.

E ainda que a torrente de meu amor caia em terreno intransitável! Como poderia uma torrente não encontrar enfim o caminho do mar?[46]

Certamente há um lago em mim, solitário e que basta a si mesmo; mas meu rio de amor o arrasta consigo para baixo — para o mar!

Novos caminhos sigo, uma nova fala me vem; como todos os criadores, cansei-me das velhas línguas. Meu espírito já não deseja caminhar com solas gastas.

Lento demais, para mim, corre todo discurso: — pularei para tua carruagem, furacão! E mesmo a ti fustigarei com a minha maldade!

Como um grito e um júbilo viajarei por amplos mares, até encontrar as ilhas bem-aventuradas onde se acham meus amigos: —

E entre eles meus inimigos! Como amo, agora, todo aquele

a quem puder falar! Também meus inimigos são parte de minha ventura.

E, quando quero montar meu corcel mais selvagem, minha lança é o que mais me ajuda a nele subir: é o sempre disposto servidor de meu pé: —

A lança que arremesso contra meus inimigos! Como agradeço a meus inimigos poder enfim arremessá-la!

Grande demais era a tensão de minha nuvem: por entre os risos dos coriscos lançarei rajadas de granizo à profundeza.

Fortemente se inflará então meu peito, fortemente soprará sua tormenta sobre os montes: assim terá seu alívio.

Em verdade, como uma tormenta chegam minha felicidade e minha liberdade! Mas meus inimigos devem pensar que *o Maligno* se enraivece por sobre suas cabeças.

Sim, também vós, meus amigos, vos assustareis com minha selvagem sabedoria; e talvez dela fugireis, juntamente com meus inimigos.

Ah, soubesse eu atrair-vos de volta com flautas de pastores! Ah, se minha leoa sabedoria soubesse rugir meigamente! Muita coisa já aprendemos juntos!

Minha selvagem sabedoria ficou prenhe nos montes solitários; em ásperas pedras deu à luz seu filhote mais novo.

Agora corre desvairada pelo duro deserto, procurando um relvado macio — minha velha sabedoria selvagem!

No relvado macio de vossos corações, meus amigos! — no vosso amor ela quer aninhar seu favorito!

Assim falou Zaratustra.

NAS ILHAS BEM-AVENTURADAS[47]

Os figos caem das árvores, são bons e doces; ao caírem, rasga-se a sua pele rubra. Um vento do norte sou eu para os figos maduros.

Assim, como figos vos caem estes ensinamentos, meus amigos: bebei do seu sumo e da sua doce polpa! É outono ao redor, e puro céu e tarde.

Vede a plenitude ao nosso redor! E a partir da abundância é belo olhar para os mares distantes.

Um dia se falou "Deus", ao olhar para os mares distantes; mas agora vos ensinei a falar: "super-homem".

Deus é uma conjectura; mas eu quero que vossas conjecturas não excedam vossa vontade criadora.

Podeis *criar* um deus? — Então não me faleis de deuses! Mas bem poderíeis criar o super-homem.

Talvez não vós mesmos, irmãos! Mas podeis vos converter em pais e ancestrais do super-homem: e que esta seja a vossa melhor criação! —

Deus é uma conjectura: mas quero que vossas conjecturas se mantenham nos limites do pensável.

Podeis *pensar* um deus? — Mas que a vontade de verdade signifique isto para vós, que tudo seja transformado em humanamente pensável, humanamente visível, humanamente sensível! Vossos próprios sentidos deveis pensar até o fim!

E o que chamais de Mundo, isso deve ser criado primeiramente por vós: vossa razão, vossa imagem, vossa vontade, vosso amor deve ele próprio se tornar! E, em verdade, para vossa bem-aventurança, homens do conhecimento![48]

E como queríeis aguentar a vida sem tal esperança, ó homens do conhecimento? Nem no incompreensível nem no irracional poderíeis haver nascido.

Mas, para vos revelar inteiramente meu coração, meus amigos: *caso* houvesse deuses, como suportaria eu não ser deus? *Portanto*, não há deuses.

É certo que tirei a conclusão; mas agora ela me arrasta.

Deus é uma conjectura: mas quem beberia todo o tormento dessa conjectura sem morrer? Deve o criador ser privado de sua fé, e a águia, de seu pairar em distâncias aquilinas?

Deus é um pensamento que torna curvo o que é reto e faz girar o que está parado. Como? O tempo não existiria mais e tudo transitório seria apenas mentira?

Pensar isso é turbilhão e vertigem para esqueletos humanos, e também um vômito para o estômago: em verdade, sofrer de tontura é como denomino conjecturar assim.

Chamo isso de mau e inimigo do homem: todos esses ensinamentos sobre o uno, pleno, saciado, imóvel e intransitório!

Tudo intransitório — é apenas símile![49] E os poetas fingem demais. —

Mas os melhores símiles devem falar do tempo e do devir: devem ser louvor e justificação de toda transitoriedade!

Criar — eis a grande libertação do sofrer, e o que torna a vida leve. Mas, para que haja o criador, é necessário sofrimento, e muita transformação.

Sim, é preciso que haja muitos amargos morreres em vossa vida, ó criadores! Assim sereis defensores e justificadores de toda a transitoriedade.

Para ser ele próprio a criança recém-nascida, o criador também deve querer ser a parturiente e a dor da parturiente.

Em verdade, através de cem almas percorri meu caminho, e de cem berços e dores de parto. Muitas vezes me despedi, conheço as pungentes horas finais.

Mas assim quer minha vontade criadora, meu destino. Ou, para dizê-lo mais honestamente: é justamente esse destino — o que deseja minha vontade.

Tudo o que sente sofre comigo e está em cadeias: mas meu querer sempre vem como meu libertador e portador de alegria.

Querer liberta: eis a verdadeira doutrina da vontade e da liberdade — assim Zaratustra a ensina a vós.

Não-mais-querer e não-mais-estimar e não-mais-criar! Ah, fique sempre longe de mim esse grande cansaço!

Também no conhecer sinto apenas o prazer de gerar e vir a ser de minha vontade; e, se há inocência em meu conhecimento, isso ocorre porque há nele vontade de gerar.

Para longe de Deus e dos deuses me atraiu essa vontade; que haveria para criar, se houvesse — deuses!

Mas para o ser humano sempre me impele minha fervorosa vontade de criar; assim o martelo é impelido para a pedra.

Ó humanos, na pedra dorme uma imagem, a imagem de minhas imagens! Ah, que ela tenha de dormir na mais dura e feia das pedras![50]

Agora meu martelo investe furiosamente contra a sua prisão. A pedra solta estilhaços; que me importa?

Quero completar isso: pois uma sombra veio até mim — a mais silenciosa e mais leve das coisas veio um dia até mim!

A beleza do super-homem veio até mim como sombra. Ah, meus irmãos! Que me concernem ainda — os deuses!

Assim falou Zaratustra.

DOS COMPASSIVOS

Meus amigos, palavras zombeteiras chegaram até vosso amigo: "Olhai para Zaratustra! Ele não anda entre nós como se fôssemos animais?".

Mas seria melhor falar assim: "O homem do conhecimento anda entre os homens como se estivesse entre animais".

Para o homem do conhecimento, no entanto, o próprio ser humano é "o animal de faces vermelhas".[51]

Como lhe aconteceu isso? Não seria porque frequentemente teve de se envergonhar?

Oh, meus amigos! Assim fala o homem do conhecimento: Vergonha, vergonha, vergonha — eis a história do ser humano!

E por isso o homem nobre impõe a si mesmo não envergonhar: impõe a si mesmo ter vergonha diante de todos que sofrem.

Em verdade, não gosto deles, os misericordiosos que são bem-aventurados em sua compaixão: carecem por demais de vergonha.

Se tenho de ser compassivo, não quero que assim me chamem; e, quando o sou, então de preferência à distância.

E também de bom grado escondo a cabeça e fujo, antes de ser reconhecido: e vos digo para assim fazer, meus amigos!

Que o destino sempre ponha em meu caminho pessoas não sofredoras, como vós, e aquelas com quem eu *possa* ter esperança, refeição e mel em comum!

Em verdade, fiz isso e aquilo pelos que sofrem: mas pareceu-me sempre fazer melhor ao aprender a me alegrar melhor.

Desde que existem homens, o homem se alegrou muito pouco: apenas isso, meus irmãos, é nosso pecado original!

Se aprendemos a nos alegrar melhor, melhor desaprendemos de causar dor nos outros e planejar dores.

Por isso lavo a minha mão que ajudou um sofredor, por isso limpo também a minha alma.

Tendo visto o sofredor sofrer, envergonhei-me por sua vergonha; ao ajudá-lo, ofendi gravemente seu orgulho.

Grandes obséquios não tornam alguém grato, mas sim vingativo; e, se o pequeno benefício não é esquecido, ele vem a se tornar um verme roedor.[52]

"Sede esquivos no aceitar! Que seja uma distinção a vossa aceitação!" — assim aconselho aos que nada têm para presentear.

Eu, porém, sou um presenteador: de bom grado presenteio, como um amigo aos amigos. Mas que os desconhecidos e pobres colham eles mesmos os frutos de minha árvore: isso envergonha menos.

Mas os mendigos devem ser suprimidos! Em verdade, é irritante lhes dar e irritante não lhes dar.

E assim também os pecadores e as más consciências! Crede em mim, amigos: remorsos ensinam a morder.[53]

O pior, no entanto, são os pensamentos mesquinhos. Em verdade, é ainda melhor agir mal do que pensar mesquinhamente!

Certamente direis: "O prazer nas pequenas maldades nos poupa de alguns grandes malfeitos". Mas nisso não se deve querer poupar.

Como um abscesso é o malfeito: coça, incomoda e rebenta — fala honestamente.

"Vede, eu sou uma doença" — assim fala o malfeito; eis a sua honestidade.

Mas o pensamento mesquinho parece um cogumelo: rasteja, curva-se e pretende não estar em nenhum lugar — até que o corpo inteiro se ache podre e murcho de tantos pequenos cogumelos.

Mas àquele que está possuído pelo Demônio eu cochicho estas palavras: "É melhor que faças teu Demônio crescer! Também para ti há um caminho para a grandeza!" —

Ah, meus irmãos! Sabe-se algo demais de cada pessoa! E algumas se tornam transparentes para nós, mas ainda assim estamos longe de poder ver através delas.

É difícil viver com os homens, sendo tão difícil calar.

E não com aquele que nos é antipático somos mais injustos, mas sim com aquele que nada tem conosco.

Se tens um amigo que sofre, sê um local de repouso para seu sofrimento, mas como um leito duro, um leito de campanha: assim lhe serás mais útil.

E, se um amigo te fizer mal, dize-lhe: "Perdoo-te o que me fizeste; mas que o tenhas feito *a ti* — como poderia eu perdoá-lo?".

Assim fala todo grande amor: ele supera até o perdão e a compaixão.

Deve-se conter o próprio coração; pois, se o deixamos solto, logo a cabeça também se vai!

Ah, onde foram feitas maiores tolices, no mundo, do que entre os compassivos? E o que produziu mais sofrimento no mundo do que as tolices dos compassivos?[54]

Ai de todos os que amam e que não atingiram uma altura acima de sua compaixão!

Assim me falou certa vez o Demônio: "Também Deus tem seu inferno: é seu amor aos homens".

E recentemente o ouvi dizer isto: "Deus está morto; morreu de sua compaixão pelos homens".

Desse modo, estais prevenidos contra a compaixão: *dali* ainda virá uma pesada nuvem para os homens! Em verdade, eu conheço bem os sinais do tempo!

Mas notai também estas palavras: todo grande amor ainda

se acha acima de sua compaixão: pois ele ainda quer — criar o amado!

"Ofereço-me eu próprio a meu amor, *e o meu próximo assim como eu*" — eis o que dizem todos os criadores.

Mas todos os criadores são duros. —

Assim falou Zaratustra.

DOS SACERDOTES

E certa vez Zaratustra fez um sinal a seus discípulos e lhes falou estas palavras:

"Ali estão sacerdotes: e, embora sejam meus inimigos, passai por eles em silêncio e com a espada na bainha!

Também entre eles há heróis; muitos deles sofreram muito —: assim, querem fazer outros sofrer.

Eles são maus inimigos: nada é mais vingativo do que sua humildade. E suja-se facilmente aquele que os ataca.

Mas meu sangue é aparentado ao deles; e quero que meu sangue seja honrado também no deles." —

Após haverem passado, Zaratustra foi tomado pela dor; e não muito tempo havia lutado com sua dor, quando se ergueu e pôs-se a falar:

Esses sacerdotes me causam pena. Também me ofendem o gosto; mas isso é o mínimo, desde que me acho entre os homens.

Mas eu sofri e sofro com eles: para mim, são prisioneiros e homens marcados. Aquele a quem chamam Redentor lhes pôs cadeias: —

Cadeias de falsos valores e palavras ilusórias! Ah, se alguém os redimisse de seu Redentor![55]

Numa ilha acreditaram certa vez aportar, ao serem arrastados pelo mar; mas olha, era um monstro adormecido!

Falsos valores e palavras ilusórias: eis os piores monstros para os mortais — longamente dorme neles a fatalidade, e espera.

Mas enfim chega, desperta, come e engole os que sobre ela construíram choupanas.

Oh, observai as choupanas que esses sacerdotes construíram! Chamam de igrejas essas cavernas de cheiro adocicado.

Oh, essa luz falseada, esse ar abafado! Ali, onde a alma não pode — voar até suas alturas!

Mas, em vez disso, sua fé ordena: "Subi de joelhos a escada, ó pecadores!".[56]

Em verdade, prefiro ainda ver o homem sem vergonha do que os olhos contorcidos da vergonha e devoção deles!

Quem criou tais cavernas e degraus de penitência? Não foram aqueles que queriam se esconder e se envergonhavam diante do céu puro?

E, apenas quando o céu puro novamente olhar através de tetos destruídos e para a grama e as papoulas-vermelhas junto aos muros destruídos, — eu novamente voltarei meu coração para as moradas desse Deus.

Chamaram Deus ao que os contradizia e lhes causava dor: e, em verdade, havia muito de heroico em sua adoração!

E não souberam amar seu Deus de outra forma senão pregando na cruz o ser humano!

Como cadáveres pensaram eles em viver, de preto vestiram seu cadáver; também em suas falas eu sinto o mau cheiro das câmaras mortuárias.

E quem vive próximo a eles vive perto de negros lagos, onde o agourento sapo canta com doce melancolia.

Canções melhores eles teriam de me cantar, para que eu aprendesse a acreditar em seu Redentor: os discípulos deste teriam de me parecer mais redimidos!

Nus eu desejaria vê-los: pois a beleza deveria pregar penitência. Mas a quem persuadiria essa aflição mascarada?

Em verdade, seus redentores mesmos não vieram da liberdade e do sétimo céu da liberdade! Em verdade, eles mesmos nunca andaram sobre os tapetes do conhecimento!

O espírito desses redentores era feito de lacunas; mas em

cada lacuna haviam posto sua ilusão, seu tapa-buraco, que chamavam de Deus.

Em sua compaixão se afogara seu espírito, e, quando se inflavam e inchavam de compaixão, sempre boiava na superfície uma grande tolice.

Zelosamente e aos gritos empurravam seu rebanho sobre a sua estreita ponte: como se houvesse uma única ponte para o futuro! Em verdade, também esses pastores contavam ainda entre as ovelhas!

Espíritos pequenos e vastas almas tinham esses pastores: mas, meus irmãos, que pequenos países não foram até agora também as almas mais vastas!

Sinais de sangue inscreveram no caminho que percorreram, e sua tolice ensinou que a verdade se prova com o sangue.[57]

Mas o sangue é a pior testemunha da verdade; o sangue envenena inclusive a mais pura doutrina, tornando-a loucura e ódio nos corações.

E, se alguém caminha sobre o fogo por sua doutrina — o que prova isso? Mais vale, isto sim, que a nossa doutrina venha de nossa própria chama!

Coração quente e cabeça fria: quando estes se encontram, surge o vento impetuoso, o "Redentor".

Em verdade, houve homens maiores e de mais alto nascimento do que esses que o povo chama redentores, esses impetuosos ventos que arrebatam!

E de homens ainda maiores do que todos os redentores ainda tereis de ser redimidos, ó irmãos, se quiserdes achar o caminho para a liberdade!

Jamais houve um super-homem. Ambos eu vi nus, o maior e o menor dos homens: —

Demasiado semelhantes ainda são um ao outro. Em verdade, também o maior de todos me pareceu — demasiado humano!

Assim falou Zaratustra.

DOS VIRTUOSOS

Com trovões e celestes fogos de artifício é que se deve falar aos sentidos frouxos e adormecidos.

Mas a voz da beleza fala suavemente: insinua-se apenas nas almas mais alertas.

Suavemente estremeceu hoje meu escudo e sorriu para mim, este é o sagrado riso e tremor da beleza.

De vós, virtuosos, riu hoje minha beleza. E assim chegou sua voz até mim: "Eles querem ainda — ser pagos!".

Ainda quereis ser pagos, ó virtuosos! Quereis recompensa pela virtude, céu pela terra e eternidade por vosso hoje?

E agora vos irritais comigo por ensinar que não existe um tesoureiro pagador? E, em verdade, não ensino sequer que a virtude é sua própria recompensa.

Ah, esta é minha tristeza: no fundo das coisas foram mentirosamente introduzidos a recompensa e o castigo — e agora também no fundo de vossas almas, ó virtuosos!

Mas minha palavra, semelhante ao focinho do javali, revolverá o fundo de vossas almas; uma relha de arado serei para vós.

Todos os segredos de vosso fundo virão à luz; e, quando estiverdes deitados ao sol, cavoucados e despedaçados, também vossa mentira estará separada de vossa verdade.

Pois é esta a vossa verdade: sois demasiado *limpos* para a sujeira das palavras "vingança", "castigo", "recompensa", "retribuição".

Amais vossa virtude como a mãe ao filho; mas desde quando uma mãe quis ser paga por seu amor?

Vossa virtude é o mais querido em vós mesmos.[58] A ânsia do anel habita em vós: alcançar novamente a si mesmo, para isso luta e gira cada anel.

E semelhante à estrela que se apaga é toda obra de vossa virtude: sempre sua luz está a caminho e viaja — e quando deixará de estar a caminho?

Assim a luz de vossa virtude se acha a caminho, mesmo quando a obra está feita. Pode estar esquecida e morta: seu raio de luz continua a viver e viajar.

O fato de vossa virtude ser vós mesmos e não algo alheio, uma pele, uma coberta: eis a verdade do fundo de vossas almas, ó virtuosos! —

Mas há aqueles para os quais a virtude é o espasmo sob o açoite: e já ouvistes demais os seus gritos!

E há outros que chamam virtude ao afrouxamento de seus vícios; e, quando seu ódio e seu ciúme estiram os membros, sua "justiça" acorda e esfrega os olhos sonolentos.

E há outros que são puxados para baixo: seus demônios os puxam. Mas, quanto mais afundam, tanto mais lhes cintilam os olhos e o desejo por seu Deus.

Ah, também seus gritos chegaram aos vossos ouvidos, ó virtuosos: "O que eu *não* sou, isso é, para mim, Deus e virtude!".

E há outros que vêm pesados e aos guinchos, como carroças a carregar pedras numa descida: falam muito em dignidade e virtude — chamam a seus freios de virtude!

E há outros que são como relógios simples a que se deu corda: fazem seu tique-taque e pretendem que se chame virtude — ao tique-taque.

Na verdade, com esses me divirto: onde eu encontrar esses relógios, lhes darei corda com minha zombaria; e deverão ainda ronronar!

E outros têm orgulho de seu punhado de justiça e em nome dela cometem ultrajes contra todas as coisas: de modo que o mundo se afoga em sua injustiça.

Ah, como lhes fica mal na boca a palavra "virtude"! E, quando dizem "sou justo", soa sempre igual a "estou vingado!".[59]

Com sua virtude querem arrancar os olhos dos inimigos; e se erguem apenas para rebaixar os outros.

E há também aqueles que ficam em seu pântano e falam de dentro do caniço: "Virtude — é ficar quieto no pântano.

Não mordemos ninguém e evitamos quem quer morder; e em tudo temos a opinião que nos é dada."

E há também aqueles que amam gestos e pensam: Virtude é uma espécie de gesto.

Seus joelhos sempre rezam, e suas mãos louvam a virtude, mas seu coração nada sabe disso.

E há também aqueles que consideram virtude dizer: "Virtude é necessária"; mas no fundo acreditam apenas que a polícia é necessária.

E alguns, que não podem ver o que há de elevado nos homens, chamam de virtude o fato de verem muito de perto o que neles é baixo: assim, chamam virtude a seu mau-olhado.

E alguns querem ser edificados e erguidos e chamam a isso virtude: enquanto outros querem ser lançados para cima — e também a isso chamam virtude.

E desse modo quase todos acreditam participar da virtude; e cada qual pretende, no mínimo, conhecer o "bem" e o "mal".

Mas Zaratustra não veio para dizer a todos esses mentirosos e tolos: "Que sabeis *vós* sobre a virtude? Que *podíeis* saber sobre a virtude?" —

E sim para que vós, meus amigos, ficásseis cansados das velhas palavras que aprendestes dos mentirosos e tolos:

Cansados das palavras "recompensa", "retribuição", "castigo", "vingança com justiça". —

Cansados de dizer: "Para uma ação ser boa, é preciso ser desinteressada".

Ah, meus amigos! Que o *vosso* ser esteja na ação como a mãe no filho: sejam estas as *vossas* palavras sobre a virtude!

Em verdade, tirei de vós cem palavras e os brinquedos favoritos de vossa virtude; e agora vos irritais comigo como se irritam as crianças.

Elas brincavam junto ao mar — então chegou uma onda e levou-lhes o brinquedo para o fundo: agora choram. Mas a mesma onda deverá lhes trazer novos brinquedos e lançar à sua frente novas conchas coloridas!

Desse modo serão consoladas; e, tal como elas, também vós, meus amigos, tereis vosso consolo — e novas conchas coloridas! —

Assim falou Zaratustra.

A vida é manancial de prazer; mas, onde bebe também a gentalha, todas as fontes são envenenadas.

Sou afeiçoado ao que é limpo; mas não gosto de ver os dentes arreganhados e a sede dos impuros.

Eles lançaram o olhar para dentro da fonte: agora o brilho do seu repugnante sorriso me sobe da fonte.

A água sagrada eles envenenaram com sua lascívia: e, ao chamarem de prazer seus sonhos imundos, envenenaram também as palavras.

A chama se aborrece, quando eles põem no fogo seus corações úmidos; o próprio espírito ferve, quando a gentalha se aproxima do fogo.

Adocicado e maduro demais fica o fruto em suas mãos: seu olhar torna frágil e seca a árvore frutífera.

E alguns que se afastaram da vida afastaram-se apenas da gentalha: não queriam partilhar fonte, chama e fruto com a gentalha.

E alguns que foram para o deserto e passaram sede com animais de rapina queriam apenas não sentar-se em torno da cisterna com sujos cameleiros.

E alguns que vieram como exterminadores e como granizo para os campos de frutos queriam apenas pôr o pé na garganta da gentalha e assim lhe fechar a goela.

E não foi esse o bocado em que eu mais engasguei, saber que a vida mesma necessita de inimizade, mortes e cruzes de martírio: —

Mas sim perguntei, um dia, e quase sufoquei com minha pergunta: Como? A vida também *necessita* da gentalha?

São necessárias fontes envenenadas, fogos malcheirosos, sonhos emporcalhados e vermes no pão da vida?

Não o meu ódio, mas o meu nojo devorou-me faminto a vida! Ah, cansei-me frequentemente do espírito, quando vi também a gentalha com espírito.

E aos dominadores voltei as costas, ao ver o que chamam

de dominar: regatear e mercadejar pelo poder — com a gentalha!

Entre povos de idioma estrangeiro vivi, com ouvidos tapados: para que a língua do seu regatear continuasse estrangeira para mim, e seu mercadejar pelo poder.

E prendendo o nariz percorri, mal-humorado, todo o ontem e hoje: em verdade, todo o ontem e hoje fede à gentalha que escreve!

Como um aleijado que se tornou surdo, cego e mudo: assim vivi muito tempo, para não viver com a gentalha do poder, da escrita e do prazer.

Penosamente meu espírito subiu degraus, e cuidadosamente; esmolas de prazer foram seu bálsamo; com a bengala a vida se arrastou para o cego.

Que me aconteceu, afinal? Como me salvei do nojo? Quem rejuvenesceu meu olhar? Como voei até as alturas onde nenhuma gentalha senta mais junto à fonte?

Meu próprio nojo me deu asas e o dom de descobrir água? Em verdade, tive de voar à mais elevada altura para reencontrar o manancial do prazer!

Oh, encontrei-o, meus irmãos! Aqui, na mais elevada altura, brota para mim o manancial do prazer! E existe uma vida de que nenhuma gentalha bebe juntamente!

Jorras quase impetuosa demais para mim, fonte de prazer! E com frequência esvazias novamente o copo, querendo enchê-lo!

E devo ainda aprender a me acercar mais modestamente de ti: impetuoso demais flui o meu coração ao teu encontro: —

Meu coração, no qual arde meu verão, breve, quente, melancólico, sobrefeliz: como anseia por teu frescor meu coração-verão!

Foi-se a hesitante aflição de minha primavera! Foi-se a maldade de meus flocos de neve em junho!

Um verão na mais elevada altura, com frias fontes e bem-aventurada quietude: vinde, amigos, para que mais bem-aventurada ainda se torne a quietude!

Pois esta é *nossa* altura e nossa pátria: aqui vivemos, de

maneira demasiado alta e arriscada para todos os impuros e sua sede.

Apenas lançai vosso puro olhar ao manancial do meu prazer, ó amigos! Como poderia ele turvar-se por isso? Em resposta, sorrirá para vós com a *sua* pureza!

Na árvore Futuro construamos nosso ninho; a nós, solitários, águias nos trarão alimento nos bicos!

Não alimento que também os impuros pudessem comer, na verdade! Pensariam estar comendo fogo e queimariam suas bocas!

Em verdade, aqui não mantemos moradias para os impuros! Para seus corpos nossa felicidade seria uma caverna de gelo, e para seus espíritos também!

E como fortes ventos desejamos viver acima deles, vizinhos das águias, vizinhos da neve, vizinhos do sol: assim vivem os fortes ventos.

E como um vento quero um dia soprar entre eles, e com meu espírito tirar-lhes o fôlego do espírito: assim deseja meu futuro.

Em verdade, um forte vento é Zaratustra para todas as baixuras; e este conselho oferece ele aos inimigos e a todos que cospem e escarram: "Guardai-vos de cuspir *contra* o vento!".

Assim falou Zaratustra.

DAS TARÂNTULAS

Olha, eis a caverna da tarântula! Queres ver ela mesma? Aqui está sua teia: toca-a, para que trema.

Aí vem ela de bom grado: bem-vinda, tarântula! Em teu dorso se acha, negro, teu triângulo e emblema; e sei também o que se acha em tua alma.

Vingança trazes na alma: onde mordes, cresce uma crosta negra; com vingança teu veneno faz a alma girar!

Então falo convosco por imagens, vós que fazeis rodar a

alma, vós, pregadores da *igualdade*![60] Tarântulas sois para mim, e seres ocultamente vingativos!

Mas porei à mostra vossos pontos ocultos: por isso vos rio no rosto minha risada das alturas.

Por isso rasgo vossa teia, para que vossa raiva vos faça deixar vossa caverna de mentiras e vossa vingança pule de trás de vossa palavra "justiça".

Pois *que o homem seja redimido da vingança*: isso é, para mim, a ponte para a mais alta esperança e um arco-íris após longos temporais.

Mas as tarântulas querem outra coisa, sem dúvida. "Precisamente isto é justiça para nós, que o mundo seja tomado pelos temporais de nossa vingança" — assim falam umas com as outras.

"Vingança vamos praticar, e difamação de todos que não são iguais a nós" — assim juram os corações das tarântulas.

"E 'vontade de igualdade' — esse mesmo será doravante o nome para 'virtude'; e contra tudo que tem poder levantaremos nosso grito!"

Ó pregadores da igualdade, é o delírio tirânico da impotência que assim grita em vós por "igualdade"; vossos mais secretos desejos tirânicos assim se disfarçam em palavras de virtude!

Magoada presunção, inveja contida, talvez presunção e inveja de vossos pais: irrompem de dentro de vós como chama e delírio de vingança.

O que o pai silenciou vem a falar no filho; e muitas vezes vi o filho como o segredo revelado do pai.

Assemelham-se aos entusiastas: mas não é o coração que os entusiasma — e sim a vingança. E, quando se tornam refinados e frios, não é o espírito, mas a inveja que os torna refinados e frios.

Seu ardente zelo os leva inclusive às sendas dos pensadores; e esta é a marca de seu ardente zelo — sempre vão longe demais: de modo que seu cansaço tem de afinal se deitar e dormir sobre a neve.

Em cada um de seus lamentos ressoa a vingança, em cada um de seus elogios há injúria; e ser juiz lhes parece a bem-aventurança.

Mas assim vos aconselho, meus amigos: desconfiai de todos aqueles em quem o impulso de castigar é poderoso!

É gente de má espécie e origem; seus rostos mostram o verdugo e o sabujo.

Desconfiai de todos aqueles que falam bastante de sua justiça! Na verdade, em sua alma não falta apenas mel.

E, quando eles se denominam "os bons e justos", não esqueçais que para fariseus nada lhes falta senão — poder!

Meus amigos, não desejo ser misturado e confundido com outros.

Há aqueles que pregam a minha doutrina da vida: e ao mesmo tempo são pregadores da igualdade e tarântulas.

Elas falam a favor da vida, essas aranhas venenosas, embora estando em suas cavernas, afastadas da vida: com isso querem ferir.

Com isso querem ferir aqueles que agora detêm o poder: pois entre esses a pregação da morte ainda se encontra mais em casa.

Se fosse diferente, as tarântulas ensinariam coisa diferente: e outrora foram justamente elas os melhores caluniadores do mundo e queimadores de hereges.

Com esses pregadores da igualdade não quero ser misturado e confundido. Pois assim me fala a justiça: "Os homens não são iguais".

E tampouco deverão sê-lo! Que seria meu amor ao super-homem, se eu falasse outra coisa?

Por mil pontes e passarelas deverão eles afluir para o futuro, e cada vez mais guerras e desigualdades haverá entre eles: assim me leva a falar meu grande amor!

Inventores de imagens e fantasmas se tornarão em suas inimizades, e com suas imagens e fantasmas ainda travarão entre si a luta suprema!

Bom e mau, rico e pobre, grande e pequeno e todos os nomes dos valores: serão armas e ressonantes sinais de que a vida sempre tem de superar a si mesma!

Em direção às alturas, com pilares e degraus, quer construir-se a vida mesma: para vastas distâncias quer olhar, e para fora, em busca de bem-aventuradas belezas — *por isso* necessita de alturas!

E, porque necessita de alturas, necessita de degraus e da oposição entre os degraus e os que sobem! Subir quer a vida e, subindo, superar-se.

Olhai, meus amigos! Aqui, onde se acha a caverna da tarântula, erguem-se as ruínas de um antigo templo, — olhai para elas com olhos iluminados!

Em verdade, quem outrora aqui edificou seus pensamentos em pedra conhecia o mistério de toda vida como o mais sábio dos homens!

Que há luta e desigualdade até na beleza e guerra pelo poder e o predomínio: isso ele aqui nos ensina, no mais claro símbolo.

Como abóbadas e arcos aqui divinamente se interceptam em combate: como pelejam entre si com luz e sombra, esses divinos pelejadores —

De maneira assim bela e segura sejamos também inimigos, meus amigos! Divinamente pelejemos uns *contra* os outros! —

Ai! Eis que me mordeu a tarântula, minha velha inimiga! Divinamente bela e segura ela mordeu-me o dedo!

"Deve haver castigo e justiça" — assim pensa ela: "aqui ele não cantará impunemente em louvor da inimizade!"

Sim, ela se vingou! E, ai de mim! Agora, com vingança também fará minha alma girar!

Para que eu *não* gire, meus amigos, prendei-me firmemente a esta coluna! Ainda preferirei ser um estilita a um turbilhão de vingança.[61]

Em verdade, Zaratustra não é turbilhão ou ciclone; e, se é um dançarino, jamais dançará a tarantela![62] —

Assim falou Zaratustra.

DOS SÁBIOS FAMOSOS

Servistes ao povo e à superstição do povo, sábios famosos — e *não* à verdade! E justamente por isso fostes venerados.

E também por isso foi tolerada vossa descrença, porque era uma graça e um rodeio para chegar ao povo. Desse modo o senhor deixa os escravos à vontade e até se deleita com sua petulância.

Mas aquele odiado pelo povo como um lobo pelos cães é o espírito livre, o inimigo dos grilhões, o não adorador, o que habita as florestas.

Caçá-lo de seu refúgio — isto sempre foi, para o povo, "senso de justiça": contra ele sempre açulam os cães de dentes mais afiados.

"Pois a verdade está aqui — não está aqui o povo? Ai daqueles que procuram!" — é o que se diz desde sempre.

Queríeis justificar vosso povo em sua veneração: a isso chamastes "vontade de verdade", ó sábios famosos!

E vosso coração sempre falou a si mesmo: "Eu vim do povo; de lá também me veio a voz de Deus".

Teimosos e prudentes como o asno, assim sempre fostes, como advogados do povo.

E mais de um poderoso, que queria andar bem com o povo, atrelou diante de seus cavalos — um pequeno asno, um sábio famoso.

E agora eu gostaria, ó sábios famosos, que afinal despísseis inteiramente a pele de leão!

A pele do animal de rapina, sarapintada, e a juba daquele que busca, explora, conquista!

Ah, para que eu chegue a acreditar em vossa "veracidade", deveis primeiramente partir vossa vontade veneradora.

Veraz — assim chamo àquele que vai para desertos sem deuses e que partiu seu coração venerador.

Na areia amarela, queimado pelo sol, olha de soslaio, sedento, para as ilhas ricas em fontes, onde seres vivos descansam sob árvores escuras.

Mas sua sede não o convence a se tornar como esses confortáveis: pois onde há oásis há também imagens de ídolos.

Faminta, violenta, solitária, sem deus: assim quer a si mesma a vontade leonina.

Livre da felicidade do servo, redimida de deuses e adorações, destemida e temível, grande e solitária: assim é a vontade do veraz.

No deserto moraram desde sempre os verazes, os espíritos livres, como senhores do deserto; mas nas cidades moram os bem nutridos, famosos sábios — os animais de tiro.

Pois sempre puxam, como asnos — a carroça do povo!

Não que eu me irrite com eles por isso: mas para mim continuam servidores e arreados, ainda que resplendam com arreios de outro.

E muitas vezes foram bons serventes, dignos de louvor. Pois assim fala a virtude: "Se tens de servir, procura aquele a quem sejas mais útil!

O espírito e a virtude de teu senhor devem crescer pelo fato de o servires: assim, tu mesmo crescerás com seu espírito e sua virtude!"

E, em verdade, ó sábios famosos, ó serventes do povo! Vós mesmos crescestes com o espírito e a virtude do povo — e o povo, através de vós! Em vossa honra o digo!

Mas permaneceis povo também em vossas virtudes, povo com olhos fracos — povo que não sabe o que é *espírito*!

Espírito é a vida que corta na própria vida: no próprio sofrimento aumenta o próprio saber — sabíeis isso?

E a felicidade do espírito é esta: ser ungido e consagrado vítima de sacrifício com lágrimas — sabíeis isso?

E a cegueira do cego e seu buscar e tatear deverão testemunhar o poder do sol para o qual ele olhou[63] — sabíeis isso?

E com as montanhas o homem do conhecimento deve aprender a *construir*! É pouco que o espírito mova montanhas — sabíeis isso?

Conheceis apenas as centelhas do espírito: mas não vedes a bigorna que ele é, nem a crueldade do seu martelo!

Em verdade, não conheceis o orgulho do espírito! E menos ainda suportaríeis a modéstia do espírito, se ela um dia quisesse falar!

E jamais pudestes lançar vosso espírito num fosso de neve: não sois quentes o bastante para isso! Assim, não conheceis tampouco os êxtases de sua frieza.

Em tudo, porém, agis com excessiva familiaridade com o espírito; e muitas vezes fizestes da sabedoria um abrigo e hospital para poetas ruins.

Não sois águias; assim, tampouco experimentastes a felicidade que há no terror do espírito. E quem não é pássaro não deve permanecer sobre os abismos.

Vós me pareceis mornos: mas todo conhecimento profundo corre frio.[64] São gélidas as mais íntimas fontes do espírito: bálsamos para mãos quentes e para os que agem com ardor.

Aí estais, honrados, tesos e aprumados, ó sábios famosos! — não vos impele nenhum forte vento e vontade.

Não vistes jamais uma vela sobre o mar, redonda, inflada e tremendo à impetuosidade do vento?

Semelhante à vela, tremendo à impetuosidade do vento, vai minha sabedoria sobre o mar — minha selvagem sabedoria!

Mas vós, serventes do povo, vós, sábios famosos, — como *poderíeis* ir junto comigo? —

Assim falou Zaratustra.

O CANTO NOTURNO

É noite: falam agora mais alto todas as fontes que jorram. E também minha alma é uma fonte que jorra.

É noite: despertam somente agora todos os cantos dos que amam. E também minha alma é o canto de alguém que ama.

Há em mim algo insaciado, insaciável, que deseja se pronunciar. Uma ânsia de amor se acha em mim, e ela mesma fala a linguagem do amor.

Luz eu sou: ah, quisera eu fosse noite! Mas esta é a minha solidão: estar cingido de luz.

Ah, quisera eu fosse escuro e noturnal! Como desejaria sugar do peito da luz!

E ainda vos desejaria abençoar, pequenos lumes estelares e vaga-lumes lá no alto! — e ser venturoso por vossas dádivas de luz.

Mas eu vivo em minha luz própria, sorvo de volta em mim as chamas que de mim saem.

Não conheço a felicidade de quem recebe; e muitas vezes sonhei que roubar será mais venturoso que receber.[65]

Esta é a minha pobreza: que minha mão jamais descansa de presentear; esta é a minha inveja: ver olhos expectantes e as iluminadas noites do anseio.

Ó desventura dos dadivosos! Ó escurecer do meu sol! Ó ânsia de ansiar! Ó fome na saciedade!

Eles recebem de mim: mas ainda toco sua alma? Há um abismo entre dar e receber; e o menor abismo é o último a se transpor.

Uma fome nasce da minha beleza: gostaria de magoar aqueles que ilumino, de assaltar os que presenteio: — assim tenho fome de maldade.

Retirar a mão quando uma mão já se estende para ela; semelhante à cachoeira, que ainda na queda hesita, — assim tenho fome de maldade.

Tal vingança medita minha plenitude, tal perfídia brota de minha solidão.

Minha ventura ao presentear morreu ao presentear, minha virtude cansou-se de si mesma em seu excesso!

Aquele que costuma presentear, seu perigo é perder o pudor; aquele que costuma repartir, sua mão e seu coração têm calos de repartir.

Meu olho já não lacrimeja ante o pudor dos que pedem; minha mão tornou-se dura demais para sentir o tremor das mãos cheias.

Para onde foram as lágrimas de meus olhos e a penugem de meu coração? Ó solidão dos dadivosos! Ó silêncio dos luminosos!

Muitos sóis circulam nos espaços ermos: para tudo que é escuro falam com sua luz — para mim silenciam.

Oh, esta é a hostilidade da luz ao luminoso: impiedosa percorre ela suas órbitas.

Injusto para com o luminoso no mais fundo de seu coração, frio para com os sóis — assim anda cada sol.

Como uma tempestade voam os sóis em suas órbitas, seguem sua vontade inexorável: esta é a sua frieza.

Ó seres escuros, noturnais, somente vós retirais calor do que é luminoso! Somente vós bebeis bálsamo e leite dos úberes da luz!

Ah, há gelo ao meu redor, minha mão se queima ao tocar no gelado! Ah, há sede em mim, e ela arde por vossa sede!

É noite: ah, que eu tenha de ser luz! E sede do que é noturno! E solidão!

É noite: como uma nascente agora irrompe meu anseio — falar é meu anseio.

É noite: falam agora mais alto todas as fontes que jorram. E também minha alma é uma fonte que jorra.

É noite: despertam somente agora todos os cantos dos que amam. E também minha alma é o canto de alguém que ama.

Assim cantou Zaratustra.

O CANTO DA DANÇA

Certo dia, ao anoitecer, Zaratustra andava pela floresta com seus discípulos; e, quando buscava uma fonte, eis que chegou a um verde prado, silenciosamente rodeado de árvores e arbustos. Nele havia garotas que dançavam entre si. Tão logo reconheceram Zaratustra, interromperam a dança; mas Zaratustra se aproximou com gestos amigáveis e lhes disse estas palavras:

"Não interrompais a dança, graciosas garotas! Não é um desmancha-prazeres com o olhar ruim que vos chega, nem um inimigo das garotas.

Sou o advogado de Deus perante o Diabo: mas este é o espírito de gravidade. Como poderia eu, ó leves criaturas, ser inimigo das danças divinas? Ou dos pés de moças com belos tornozelos?

É certo que sou uma floresta e uma noite de árvores escuras: mas quem não receia minha escuridão, também encontra rosas sob os meus ciprestes.

E também encontra o pequeno deus que é o favorito das moças: junto à fonte se acha ele deitado, em silêncio, de olhos fechados.

Na verdade, em pleno dia ele adormeceu, o mandrião! Terá corrido demais em busca de borboletas?

Não vos zangueis comigo, ó belas dançarinas, se eu disciplinar um pouco o pequeno deus! Ele vai gritar certamente, e chorar — mas é de rir até quando chora!

E com lágrimas nos olhos ele vos pedirá uma dança; e eu próprio entoarei um canto para a sua dança:

Um canto para dançar e zombar do espírito de gravidade, do meu altíssimo e poderosíssimo Diabo, do qual dizem ser 'o senhor do mundo'."[66] —

E eis o canto que Zaratustra entoou, enquanto Cupido e as moças dançavam:

Em teus olhos olhei há pouco, ó vida! E parecia que eu afundava no insondável.

Mas me puxaste para fora com anzol de ouro; e riste zombeteira, quando te chamei insondável.

"É o que dizem todos os peixes", falaste; "o que *eles* não sondam é insondável.

Mas sou apenas inconstante e selvagem, e em tudo uma mulher, e não sou virtuosa:

Embora eu seja chamada por vós, homens, 'a profunda', ou 'a fiel', 'a eterna', 'a misteriosa'.

Mas vós nos presenteais sempre com as próprias virtudes — ah, virtuosos!"

Assim riu ela, a inacreditável; mas eu jamais acredito nela e em seu riso, quando fala mal de si mesma.

E, quando falei a sós com minha selvagem sabedoria, disse-me esta, aborrecida: "Tu queres, desejas, amas, apenas por isso *louvas* a vida!".

Quase respondi mal e disse a verdade àquela aborrecida; e não se pode responder pior do que quando se "diz a verdade" a sua própria sabedoria.

Assim estão as coisas entre nós três. No fundo amo apenas a vida — e, na verdade, sobretudo quando a detesto!

Mas que eu seja bom com a sabedoria, e frequentemente bom demais: isso vem de que ela me recorda demais a vida!

Tem seus olhos, seu riso e até sua dourada varinha de pescar: que posso fazer, se as duas tanto se parecem?

E, quando, certa vez, a vida me perguntou: Quem é essa então, a sabedoria? — eu respondi sofregamente: "Oh, sim, a sabedoria!

Temos sede dela e não nos saciamos, olhamos através dos véus, agarramos através das redes.

É bonita? Que sei eu! Mas as mais velhas carpas ainda são fisgadas com ela.

É inconstante e teimosa; muitas vezes a vi morder os lábios e pentear-se a contrapelo.

Talvez seja má e falsa, e em tudo uma fêmea; mas, quando fala mal de si mesma, é então que mais seduz."

Quando falei isso à vida, ela riu maldosamente e fechou os olhos. "De quem falas?", perguntou, "de mim, certamente?

E, ainda que tivesses razão — dizer-me *isso* assim na cara! Mas agora fala também de tua sabedoria!"

Ah, e abriste novamente os olhos, amada vida! E pareceu-me que eu novamente afundava no insondável. —

Assim cantou Zaratustra. Mas, quando a dança chegou ao fim e as moças partiram, ele se entristeceu.

Há muito o sol se pôs, disse afinal; o prado está úmido, e um frio vem dos bosques.

Algo desconhecido está ao meu redor, e olha pensativo. Como? Ainda vives, Zaratustra?

Por quê? Para quê? Com quê? Para onde? Onde? Como? Não é tolice ainda viver? —

Ah, meus amigos, é a noite que assim pergunta dentro de mim. Perdoai-me a minha tristeza!

Fez-se noite: perdoai-me que se fez noite!

Assim falou Zaratustra.

O CANTO DOS SEPULCROS

"Ali está a ilha dos sepulcros, a silenciosa; ali também se acham os sepulcros de minha juventude. Para lá quero levar uma sempre verde coroa da vida."

Assim decidindo em meu coração, atravessei o mar. —

Ó imagens e aparições de minha juventude! Ó olhares de amor, momentos divinos! Morrestes depressa para mim! Hoje me lembro de vós como de meus mortos.

De vós, meus mortos queridíssimos, vem-me um doce aroma, que desata o coração e as lágrimas. Em verdade, ele abala e solta o coração do navegador solitário.

Sou ainda o homem mais rico e mais invejável — eu, o mais solitário! Porque vos *tive*, e vós ainda me tendes. Dizei: a quem, como a mim, caíram nas mãos esses jambos?

Ainda sou herdeiro e canteiro de vosso amor, florescendo, em vossa memória, de virtudes agrestes e coloridas, ó mais que amados!

Ah, nós fomos feitos para permanecer próximos, suaves e estranhas maravilhas; não como tímidos pássaros viestes a mim e ao meu desejo — não, viestes como confiantes àquele que confia!

Sim, feitos para a fidelidade, como eu, e para meigas eternidades; agora devo denominar-vos de acordo com vossa infidelidade, ó olhares e momentos divinos: nenhum outro nome aprendi ainda.

Em verdade, depressa demais morrestes para mim, fugitivos. Mas não me fugistes, nem eu vos fugi: somos inocentes um para o outro em nossa infidelidade.

Para matar *a mim* estrangularam a vós, pássaros canoros de minhas esperanças! Sim, contra vós, queridíssimos, a maldade sempre lançou flechas — para atingir meu coração!

E atingiu! Pois sempre fostes meu bem mais querido, minha possessão e o que me possuía; *por isso* tivestes de morrer jovens e cedo demais!

Contra o que eu possuía de mais vulnerável foi lançada a flecha: isso éreis vós, cuja pele é como uma penugem e, mais ainda, como o sorriso que morre a um simples olhar!

Mas esta palavra quero dizer a meus inimigos: que são todos os homicídios, comparados ao que me fizestes?

Fizestes algo pior do que qualquer homicídio; tirastes de mim o que é irrecuperável: — assim vos falo, meus inimigos!

Assassinastes as visões e as amadas maravilhas de minha juventude! Tirastes de mim meus companheiros, os espíritos bem-aventurados! Em sua memória deponho esta coroa e esta maldição.

Esta maldição contra vós, meus inimigos! Pois abreviastes o que para mim era eterno, como um som que se despedaça na noite fria! Quase como um relampejo de olhos divinos chegou até mim — como um momento!

Assim falou minha pureza um dia, em boa hora: "Divinos serão para mim todos os seres".

Então me assaltastes com sujos fantasmas; ah, para onde fugiu aquela boa hora?

"Sagrados serão para mim todos os dias" — assim falou, um dia, a pureza de minha juventude: em verdade, a fala de uma gaia sabedoria![67]

Mas então, ó inimigos, roubastes minhas noites e as vendestes à insone aflição: ah, para onde fugiu aquela gaia sabedoria?

Um dia ansiei por felizes augúrios de pássaros: então me pusestes no caminho uma coruja-monstro, um ser repelente. Ah, para onde fugiu então meu terno anseio?

Um dia jurei renunciar a todo nojo: então transformastes meus próximos e vizinhos em pústulas. Ah, para onde fugiu meu mais nobre juramento?

Como cego percorri caminhos bem-aventurados um dia: então jogastes imundície no caminho do cego: e agora o enoja[68] sua velha trilha de cego.

E, quando fiz o que me era mais difícil e festejei a vitória de minhas superações: então fizestes os que me amavam gritar que eu os feria mais que nunca.

Em verdade, este foi sempre o vosso agir: estragastes meu melhor mel e o zelo de minhas melhores abelhas.

Sempre enviastes os mais insolentes mendigos para a minha caridade; em torno de minha compaixão juntastes sempre os desavergonhados incorrigíveis. Assim feristes minha virtude em sua fé.

E, dando eu em sacrifício o que me era mais sagrado, rapidamente vossa "devoção" lhe punha ao lado suas mais gordas oferendas: de modo tal que nos fumos de vossa gordura sufocava ainda o que me era mais sagrado.

E certa vez eu quis dançar como nunca havia dançado: para além de todos os céus eu quis dançar. Então aliciastes meu cantor mais querido.

E ele entoou uma horripilante, pesada melodia; ah, trombeteou em meus ouvidos como uma sombria trompa!

Cantor assassino, instrumento da maldade, inocentíssimo! Já me achava pronto para a melhor das danças: então assassinaste com teus sons o meu enlevo!

Apenas na dança sei falar o símile das coisas mais altas: — e meu mais alto símile permaneceu não dito em meus membros!

Não dita e não redimida permaneceu minha mais alta esperança! E morreram-me todas as visões e consolações de minha juventude!

Como pude suportar isso?[69] Como superei e venci essas feridas? Como ressurgiu desses sepulcros minha alma?

Sim, algo invulnerável, insepultável está em mim, que explode rochedos: chama-se *minha vontade*. Silenciosa e inalterada avança através dos anos.

Seu caminho quer andar com meus pés, minha velha vontade; dura de coração é sua têmpera, e invulnerável.

Invulnerável sou apenas em meu calcanhar. Ainda e sempre vives e és igual a ti mesma, pacientíssima! Sempre rompeste por todos os sepulcros!

Em ti vive ainda o que ficou irredento de minha juventude; e, como vida e juventude, estás aqui sentada, esperançosa, sobre amareladas ruínas de sepulcros.

Sim, ainda é, para mim, a destruidora de todos os sepulcros: salve, ó minha vontade! E apenas onde há sepulcros há ressurreições. —

Assim cantou Zaratustra.

DA SUPERAÇÃO DE SI MESMO

Chamais "vontade de verdade", ó mais sábios entre todos, aquilo que vos impele e inflama?

Vontade de tornar pensável tudo o que existe:[70] assim chamo *eu* à vossa vontade!

Tudo o que existe quereis primeiramente *fazer* pensável: pois duvidais, com justa desconfiança, de que já seja pensável.

Mas deve se adequar e se dobrar a vós! Assim quer vossa vontade. Liso deve se tornar, e submisso ao espírito, como seu espelho e reflexo.

Esta é toda a vossa vontade, ó mais sábios entre todos, uma vontade de poder; e também quando falais de bem e mal e das valorações.

Quereis ainda criar o mundo ante o qual podeis ajoelhar-vos: é a vossa derradeira esperança e embriaguez.

Sem dúvida, os inscientes, o povo — são como o rio onde um barco prossegue: e nesse barco sentadas, solenes e encobertas, as valorações.

Vossa vontade e vossos valores colocastes no rio do devir; uma antiga virtude de poder me é revelada pelo que o povo acredita ser bem e mal.

Fostes vós, sábios entre todos, que pusestes tais convidados nesse barco e lhes destes pompa e orgulhosos nomes — vós e vossa vontade dominadora!

Agora o rio leva adiante o vosso barco: *tem* de levá-lo. Pouco importa se a onda que quebra espumeje e se oponha furiosamente à quilha!

Não é o rio o vosso perigo e o fim de vosso bem e mal, ó sábios entre todos; e sim aquela vontade mesma, a vontade de poder — a inexausta, geradora vontade de vida.

Mas, para que compreendais minhas palavras sobre bem e mal, quero dizer-vos também minhas palavras sobre a vida e a maneira[71] de tudo que vive.

Fui atrás do que vive, fui pelos maiores e os menores caminhos, para conhecer sua maneira.

Com espelho de cem faces captei seu olhar, quando tinha a boca fechada: para que seus olhos me falassem. E seus olhos me falaram.

Mas, onde encontrei seres vivos, ouvi também falar de obediência. Tudo que vive obedece.

E esta foi a segunda coisa: recebe ordens aquele que não sabe obedecer a si próprio. Tal é a maneira do que vive.

Mas esta foi a terceira coisa que ouvi: que dar ordens é mais difícil que obedecer. E não apenas porque o que ordena carrega o fardo de todos os que obedecem, e esse fardo pode facilmente esmagá-lo: —

Em toda ordem vi experimento e risco; ao dar ordens, o vivente sempre arrisca a si mesmo.

E também quando dá ordens a si mesmo: também aí tem de pagar por ordenar. Tem de se tornar juiz, vingador e vítima de sua lei.

Mas como acontece isto?, perguntei a mim mesmo. O que persuade o vivente a obedecer, ordenar e, ordenando, também exercer a obediência?

Escutai agora minhas palavras, ó sábios entre todos! Examinai cuidadosamente se não penetrei no coração da vida e até nas raízes de seu coração!

Onde encontrei seres vivos, encontrei vontade de poder; e ainda na vontade do servente encontrei a vontade de ser senhor.

Que o mais fraco sirva ao mais forte, a isto o persuade sua vontade, que quer ser senhora do que é ainda mais fraco: deste prazer ele não prescinde.

E, tal como o menor se entrega ao maior, para que tenha prazer e poder com o pequeníssimo, assim também o maior de todos se entrega e põe em jogo, pelo poder — a vida mesma.

Eis a entrega do maior de todos: é ousadia, perigo e jogo de dados pela morte.

E, onde há sacrifícios, serviços e olhares amorosos: também aí há vontade de ser senhor. Por caminhos sinuosos o mais fraco se insinua na fortaleza e no coração do mais poderoso — e ali rouba poder.

E este segredo a própria vida me contou. "Vê", disse, "eu sou aquilo *que sempre tem de superar a si mesmo.*

É certo que vós o chamais vontade de procriação ou impulso para a finalidade,[72] para o mais alto, mais distante, mais múltiplo: mas tudo isso é apenas uma coisa e um segredo.

Prefiro declinar a renunciar a essa única coisa; e, em verdade, onde há declínio e queda de folhas, vê, a vida aí se sacrifica — pelo poder!

Que eu tenha de ser luta e devir e finalidade e contradição de finalidades: ah, quem adivinha minha vontade, também adivinhará os caminhos *tortos* que ela tem de percorrer!

O que quer que eu crie e como quer que o ame — logo terei de lhe ser adversário, e de meu amor: assim quer minha vontade.

E também tu, homem do conhecimento, és apenas uma senda e uma pegada de minha vontade: em verdade, minha vontade de poder caminha também com os pés de tua vontade de verdade!

Não acertou na verdade aquele que lhe atirou a expressão 'vontade de existência': tal vontade — não existe![73]

Pois o que não é não pode querer; mas o que se acha em existência como poderia ainda querer existência?

Apenas onde há vida há também vontade: mas não vontade de vida, e sim — eis o que te ensino — vontade de poder!

Muitas coisas são mais estimadas pelo vivente do que a vida mesma; mas no próprio estimar fala — a vontade de poder!" —

Assim a vida me ensinou outrora: e com isso, ó sábios entre todos, resolverei ainda o enigma de vossos corações.

Em verdade, eu vos digo: bem e mal que sejam perenes — isso não existe! Por si mesmos têm de superar-se sempre de novo.

Com vossos valores e palavras de bem e mal exerceis violência, ó valoradores; e este é o vosso amor oculto e o brilho, tremor e transbordamento de vossa alma.

Mas uma violência mais forte cresce de vossos valores, e uma nova superação: nela se quebram o ovo e a casca do ovo.

E quem tem de ser um criador no bem e no mal: em verdade, tem de ser primeiramente um destruidor e despedaçar valores.

Assim, o mal supremo é parte do bem supremo: este, porém, é criador. —

Falemos disso, ó sábios entre todos, embora seja desagradável. Silenciar é pior; todas as verdades silenciadas tornam-se venenosas.

E que se despedace tudo o que, de encontro a nossas verdades, possa — despedaçar-se! Ainda há muitas casas por construir!

Assim falou Zaratustra.

DOS SUBLIMES

Calmo é o fundo de meu mar: quem diria que oculta monstros brincalhões?

Inabalável é minha profundeza: mas cintila de enigmas e risadas que flutuam.

Um homem sublime avistei hoje, um solene, um penitente do espírito: oh, como riu minha alma de sua feiura!

Com peito erguido e semelhante àqueles que seguram o ar: assim estava ele, o sublime, em silêncio:

Ornado de feias verdades, seu butim de caça, e rico em vestimentas rasgadas; muitos espinhos também havia nele — mas não vi nenhuma rosa.

Ainda não aprendeu o riso nem a beleza. Sombrio, esse caçador retornava do bosque do conhecimento.

Regressava da luta com animais selvagens: mas em sua seriedade espreita ainda um animal selvagem — um que não foi vencido!

Ali continua, como um tigre a ponto de saltar; mas não me agradam essas almas tensas, meu gosto é hostil a esses retraídos.

E me dizeis, amigos, que não se discutem gostos e sabores? Mas toda a vida é discussão sobre gostos e sabores!

Gosto: é peso e balança ao mesmo tempo, e aquele que pesa; e coitado do vivente que quisesse viver sem discussão por peso, balança e quem pesa!

Quando se cansasse de sua sublimidade, esse sublime: apenas então começaria sua beleza — e apenas então eu desejaria saboreá-lo e achá-lo saboroso.

E somente quando ele se afastar de si mesmo pulará por cima de sua própria sombra — e, em verdade, para dentro de *seu* sol!

Por tempo demais ele esteve na sombra, empalideceram as faces do penitente do espírito; ele quase morreu de fome em sua expectativa.

Em seus olhos ainda há desprezo; nojo se esconde em sua

boca. É certo que agora repousa, mas seu repouso não se deitou ainda ao sol.

Ele deveria fazer como o touro; e sua felicidade deveria ter cheiro de terra e não de desprezo da terra.

Eu gostaria de vê-lo como um touro branco, bufando e mugindo enquanto vai à frente da relha do arado: e seu mugido deveria ainda louvar tudo que é terreno!

Escuro ainda é seu rosto; a sombra de sua mão brinca sobre ele. Ensombrecido ainda está o sentido de sua visão.

Seu próprio ato é ainda a sombra sobre ele: a mão obscurece o agente. Ele ainda não superou seu ato.

É certo que amo nele a nuca do touro: mas agora quero também ver os olhos do anjo.

Também sua vontade de herói ele tem que desaprender: um ser elevado ele tem de ser, não apenas sublime: — o próprio éter deveria elevá-lo, o sem-vontade!

Ele subjugou monstros, resolveu enigmas: mas deveria também redimir seus monstros e enigmas, em crianças celestes deveria transformá-los.

Seu conhecimento não aprendeu ainda a sorrir e não ter ciúmes; sua paixão torrencial não acalmou ainda na beleza.

Em verdade, não na saciedade deve o seu anseio calar e submergir, mas na beleza! A graça é parte da magnanimidade de uma grande alma.[74] Com o braço sobre a testa: assim deveria o herói descansar, assim deveria ele também superar seu descanso.

Mas justamente para o herói é o *belo* a mais difícil de todas as coisas. Inconquistável é o belo para toda vontade impetuosa.

Um pouco mais, um pouco menos: justamente isso é aqui muito, é aqui o máximo.

Ficar com os músculos relaxados e a vontade desatrelada: eis o mais difícil para vós, ó sublimes!

Quando o poder se torna clemente e descende para o visível: chamo beleza a esta descida.

E de ninguém quero beleza tanto quanto de ti justamente, ó poderoso: que tua bondade seja tua derradeira autoconquista.

De todo o mal te julgo capaz: por isso quero de ti o bem.

Em verdade, muitas vezes ri dos fracotes que se creem bons porque têm patas aleijadas!

Deves aspirar à virtude da coluna: quanto mais ela sobe, fica tanto mais bela e delicada, mas interiormente mais dura e resistente.

Sim, ó sublime, um dia ainda serás belo e segurarás o espelho para tua própria beleza.

Então tua alma tremerá de divinos desejos;[75] e ainda em tua vaidade haverá adoração!

Pois este é o segredo da alma: apenas o herói a abandonou, aproxima-se dela, em sonhos — o super-herói.

Assim falou Zaratustra.

DO PAÍS DA CULTURA

Longe demais voei na direção do futuro; um pavor me assaltou.

E, quando olhei ao meu redor, eis que o tempo era meu único contemporâneo.

Então voei para trás, no rumo de casa — e cada vez mais depressa: assim cheguei até vós, homens do presente, e ao país da cultura.

Pela primeira vez trouxe comigo um olhar para vós, e bom desejo: em verdade, cheguei com saudade no coração.

Mas que me aconteceu? Embora tivesse medo — tive que rir! Meus olhos jamais tinham visto algo tão sarapintado!

Eu ria e ria, enquanto o pé ainda tremia, e também o coração: "Aqui deve ser a terra de todos os potes de tintas!" — disse eu.

Com cinquenta borrões de cores no rosto e nos membros: assim vos encontráveis ali, para meu espanto, ó homens do presente!

E com cinquenta espelhos ao vosso redor, que lisonjeavam e repetiam vosso jogo de cores!

Em verdade, não poderíeis usar máscaras melhores do que vossos próprios rostos, ó homens do presente! Quem poderia — *reconhecer-vos*?

Inteiramente inscritos com signos do passado, e com novos signos pincelados sobre esses signos: assim vos escondestes bem de todos os intérpretes de signos!

E, mesmo quando se é um escrutador de rins: quem ainda crê que tendes rins?[76] Pareceis formados de cores e pedaços de papel com cola.

Todos os tempos e povos transparecem coloridos atrás de vossos véus; todos os costumes e crenças falam coloridos através de vossos gestos.

Quem entre vós retirasse os véus, capas, cores e gestos, manteria apenas o suficiente para espantar os pássaros.

Em verdade, eu mesmo sou o pássaro espantado que um dia vos viu nus e sem cores; e fugi voando, quando o esqueleto me acenou amorosamente.

Preferiria ser trabalhador diarista no mundo inferior e junto às sombras do passado! — mais gordos e robustos do que vós são os habitantes desse outro mundo!

Sim, isso é amargor para minhas vísceras, que eu não vos suporte nus nem vestidos, ó homens do presente!

Tudo de inquietante no futuro, e que um dia assombrou pássaros fugidios, é verdadeiramente mais familiar e tranquilizador do que vossa "realidade".

Pois assim falais: "Totalmente reais somos nós, e sem crença nem crendice": desse modo vos gabais, inflando o peito — ah, embora não tendo peito!

Sim, como *poderíeis* crer, ó homens sarapintados! — que sois pinturas de tudo aquilo em que já se acreditou!

Sois refutações ambulantes da fé mesma, e fratura de todo pensamento. *Indignos de fé*: assim vos chamo *eu*, ó homens reais!

Todos os tempos tagarelam uns contra os outros em vossos espíritos; e os sonhos e palavrórios de todos os tempos eram ainda mais reais do que é vossa vida acordada!

Sois estéreis: *por isso* vos falta fé. Mas quem tinha de criar sempre teve também seus sonhos proféticos e sinais dos astros — e acreditava na fé! —

Sois portões semiabertos, junto aos quais coveiros aguardam. E esta é a *vossa* realidade: "Tudo é digno de perecer".[77]

Ah, como apareceis à minha frente, ó estéreis, com tão magras costelas! E mais de um, entre vós, provavelmente o percebeu.

E falou: "Será que um deus, enquanto eu dormia, subtraiu-me algo? Em verdade, o suficiente para formar uma mulherzinha!

Admirável é a pobreza de minhas costelas!", assim já falou mais de um homem do presente.

Sim, fazeis-me rir, homens do presente! E especialmente quando vos admirais de vós mesmos!

E ai de mim se não pudesse rir de vossa admiração, e tivesse de beber tudo de repugnante de vossas tigelas!

Mas eu vos tomo de maneira leve, pois tenho coisa *pesada* a carregar; e que diferença faz se besouros e vermes alados ainda pousam em minha trouxa?

Em verdade, ela não me ficará mais pesada por isso! E não me virá de vós o grande cansaço, ó homens do presente! —

Ah, para onde devo ainda subir com o meu anseio? De todos os montes lanço o olhar, em busca de pátrias e mátrias.

Mas terra natal não encontrei em lugar nenhum: errante sou em todas as cidades, e me acho de partida em todos os portões.

São-me alheios, e um escárnio para mim, os homens do presente, aos quais há pouco tempo me impelia o coração; e expelido sou eu de pátrias e mátrias.

Então amo apenas *o país de meus filhos*, ainda não descoberto, no mais distante mar: a ele ordeno que minhas velas busquem sem cessar.

Em meus filhos quero reparar por ser filho de meus pais: e em todo o futuro — por *este* presente!

Assim falou Zaratustra.

DO IMACULADO CONHECIMENTO[78]

Ontem, quando surgiu a lua, julguei que ela fosse dar à luz um sol, tão grande e pejada se encontrava no horizonte.

Mas era uma mentira sua gravidez, e eu antes acreditaria no homem da lua do que na mulher.

Mas certamente não é muito homem, essa acanhada noctívaga. Em verdade, é com má consciência que anda sobre os telhados.

Pois é lascivo e ciumento o monge que há na lua, desejoso da terra e de todas as alegrias dos amantes.

Não, não gosto dele, esse gato sobre os telhados! Tenho aversão a todos os que rondam janelas semicerradas!

Devoto e silencioso ele anda sobre tapetes de estrelas: — mas não gosto dos pés de homem que pisam levemente, em que nem uma espora retine.

O passo de todo homem honesto diz algo; mas o gato desliza sobre o chão. Vê, como um felino aproxima-se a lua, e insincera. —

Este símile ofereço a vós, hipócritas sentimentais, a vós, os "homens do puro conhecimento"! A vós *eu* chamo — lascivos!

Também vós amais a terra e as coisas terrenas: eu bem vos adivinhei! — mas há vergonha em vosso amor, e má consciência — vós semelhais a lua!

A desprezar as coisas terrenas persuadiram vosso espírito, mas não vossas entranhas: mas *estas* são o mais forte em vós!

E agora vosso espírito se envergonha de fazer a vontade de vossas entranhas e, para escapar à sua vergonha, toma caminhos furtivos e mentirosos.

"Seria para mim o mais elevado" — assim diz a si próprio seu espírito mendaz — "olhar para a vida sem desejo, e não, como um cachorro, com a língua pendente:

Ser feliz em olhar, com vontade já morta, sem as garras e a cobiça do egoísmo — frio e cinzento no corpo inteiro, mas com ébrios olhos de lua!

Seria para mim o melhor" — desse modo seduz a si mesmo

o seduzido — "amar a terra tal como a ama a lua, e somente com os olhos apalpar sua beleza.

E isto seja para mim o *imaculado* conhecimento de todas as coisas, que eu nada queira das coisas: exceto que possa estar diante delas como um espelho com cem olhos." —

Ó hipócritas sentimentais, ó lascivos! Falta-vos a inocência no desejo: e por isso caluniais agora o desejar!

Em verdade, não amais a terra como quem cria, gera, tem prazer no devir!

Onde está a inocência? Onde há vontade de gerar. E quem quer criar para além de si, tem para mim a vontade mais pura.

Onde está a beleza? Onde *tenho de querer* com toda a vontade; onde quero amar e declinar, para que uma imagem não permaneça apenas imagem.

Amar e declinar: há eternidades essas coisas combinam. Vontade de amor: isso é ter boa vontade também para com a morte. Assim falo eu convosco, ó covardes!

Mas agora vosso emasculado olhar de esguelha quer se chamar "contemplação"! E o que se deixa apalpar com olhos covardes deve ser batizado de "belo"! Ó emporcalhadores de nomes nobres!

Mas esta deve ser vossa maldição, ó imaculados, homens do puro conhecimento: que jamais dareis à luz; ainda que vos acheis grandes e pejados no horizonte!

Em verdade, encheis a boca de palavras nobres: e devemos acreditar que o vosso coração transborda, ó grandes mentirosos?[79]

Mas as *minhas* palavras são pequenas, desprezadas, tortas: de bom grado recolho o que cai de vossa mesa durante as refeições.

Ainda posso usá-las para — dizer a verdade aos hipócritas! Sim, minhas espinhas de peixe, conchas e cardos devem — comichar os narizes dos hipócritas!

Há sempre um ar ruim em torno a vós e vossas refeições: pois vossos pensamentos lascivos, vossas mentiras e segredos estão no ar!

Ousai primeiro acreditar em vós mesmos — em vós e vossas entranhas! Quem não acredita em si mesmo sempre mente.

Envergastes a máscara de um deus, ó "puros": para dentro da máscara de um deus esgueirou-se vosso horroroso verme anelado.

Em verdade, vós enganais, "contemplativos"! Também Zaratustra foi, certa vez, ludibriado por vossa divina pele; não percebeu como estava cheia de anéis de serpente.

Um dia imaginei ver a alma de um deus a brincar em vossos brinquedos, ó homens do puro conhecimento! Um dia não imaginei arte melhor do que vossas artes!

A distância me ocultava a sujeira e o mau odor de serpente: e que ali rondava, lasciva, a astúcia de um lagarto.

Mas cheguei *perto* de vós: então fez-se dia para mim — agora faz-se para vós; chegou ao fim o caso de amor com a lua!

Olhai! Ali está ela, surpreendida e pálida — antes da aurora!

Pois logo chega ele, o incandescente — chega o *seu* amor à terra! Inocência e desejo de criador é todo amor solar!

Olhai como chega impaciente sobre o mar! Não sentis a sede e o quente hálito do seu amor?

Ele quer sugar o mar e beber sua profundidade, levando-a até as alturas: então o desejo do mar se eleva com mil seios.

Beijado e sugado *quer* ser este pela avidez do sol; *quer* tornar-se ar, altura, trilha de luz e ele próprio luz!

Em verdade, tal como o sol amo a vida e todos os mares profundos.

E isto é conhecimento *para mim*: tudo profundo deve subir — até minha altura!

Assim falou Zaratustra.

DOS ERUDITOS

Enquanto eu dormia, uma ovelha comeu da coroa de hera em minha cabeça — comeu e disse: "Zaratustra não é mais um douto".

Falou e foi-se embora, empertigada e orgulhosa. Uma criança me contou isso.

Gosto de deitar-me aqui onde as crianças brincam, junto ao muro arruinado, entre cardos e papoulas-vermelhas.

Ainda sou um homem douto para as crianças, e também para os cardos e papoulas-vermelhas. São inocentes, mesmo em sua maldade.

Mas para as ovelhas não o sou mais: assim quer meu destino — bendito seja!

Pois esta é a verdade: saí da casa dos doutos;[80] e, além do mais, bati a porta atrás de mim.

Por tempo demais minha alma esteve sentada à sua mesa; não fui, como eles, treinado para o conhecer como se treina para quebrar nozes.

Amo a liberdade e o ar sobre a terra fresca; prefiro dormir sobre peles de bois do que sobre seus títulos e dignidades.

Sou demasiado aquecido e queimado por meus próprios pensamentos: muitas vezes isso me tira o fôlego. Tenho de sair ao ar livre, longe de todos os quartos empoeirados.

Mas eles se acham friamente sentados na fria sombra: querem ser apenas espectadores em tudo, e evitam sentar-se ali onde o sol queima os degraus.

Como os que ficam parados na rua e olham boquiabertos para a gente que passa: assim aguardam eles também, e olham boquiabertos para os pensamentos que outros pensaram.

Se alguém os agarra com as mãos, desprendem pó como sacos de farinha, involuntariamente; mas quem adivinharia que o seu pó vem do trigo e do amarelo deleite dos campos de verão?

Quando se fazem de sábios, dão-me arrepios seus pequenos ditos e verdades: sua sabedoria frequentemente exala um odor, como se proviesse do pântano: e, em verdade, nela já ouvi também um sapo a coaxar!

Eles são habilidosos, têm dedos espertos: que quer *minha* simplicidade junto à sua diversidade? De fiar, tecer e atar entendem seus dedos: assim produzem eles as meias do espírito!

Eles são bons relógios: cuide-se apenas de lhes dar corda propriamente! Então indicam a hora sem falhas, fazendo um modesto ruído.

Trabalham como moinhos e como trituradores: basta lançar-lhes os cereais! — eles bem sabem moer pequeno o grão e torná-lo em pó branco.

Eles se observam atentamente e não têm confiança uns nos outros. Inventivos nas pequenas astúcias, esperam por aqueles cujo saber tem os pés mancos — esperam como aranhas.

Sempre os vi prepararem veneno com cautela; e nisso sempre usavam luvas de vidro nos dedos.

Também sabem jogar com dados chumbados; e os vi jogando tão fervorosamente que suavam.

Eles me desconhecem, e eu a eles, e suas virtudes me ofendem ainda mais o gosto do que suas falsidades e seus dados chumbados.

E, quando eu morava com eles, morava acima deles. Por causa disso zangaram-se comigo.

Eles não querem saber de alguém a andar sobre suas cabeças; então puseram madeira, terra e imundície entre mim e suas cabeças.

Assim amorteceram o som de meus passos: e até agora os que pior me ouviram foram os mais doutos.

Todos os erros e falhas humanas puseram entre si próprios e mim: — o que chamam de "duplo piso"[81] em suas casas.

Apesar disso, ando com meus pensamentos *acima* de suas cabeças; e, mesmo se quisesse andar sobre minhas próprias falhas, ainda estaria acima deles e de suas cabeças.

Pois os homens *não* são iguais: assim fala a justiça. E aquilo que eu quero não podem *eles* querer!

Assim falou Zaratustra.

DOS POETAS

"Desde que conheço melhor o corpo" — disse Zaratustra a um de seus discípulos —, "o espírito é, para mim, apenas espírito por assim dizer; e todo o 'intransitório' — é também apenas símile."[82]

"Assim já te ouvi falar uma vez", respondeu o discípulo; e então acrescentaste: 'mas os poetas mentem demais'. Por que disseste que os poetas mentem demais?"

"Por quê?", disse Zaratustra. "Perguntas por quê? Não sou daqueles a quem se pode perguntar por seu porquê.

Então minha vivência é de ontem? Faz muito tempo que vivi as razões de minhas opiniões.

Não deveria eu ser um tonel de memória, se quisesse ter comigo também minhas razões?

Já é muito, para mim, conservar minhas opiniões; e mais de um pássaro vai-se embora.

E vez por outra acho também alguma ave que chegou a meu pombal e não conheço, e ela treme quando lhe pouso a mão.[83]

Mas que te disse uma vez Zaratustra? Que os poetas mentem demais? — Mas também Zaratustra é um poeta.

Acreditas que ele aqui falou a verdade? Por que o acreditas?"

O discípulo respondeu: "Eu acredito em Zaratustra". Mas Zaratustra meneou a cabeça e sorriu.

A fé não me torna bem-aventurado, disse ele, menos ainda a fé em mim.

Mas, dado que alguém tenha dito, com toda a seriedade, que os poetas mentem demais: ele tem razão — *nós* mentimos demais.

Nós também sabemos muito pouco e somos maus aprendizes: então temos de mentir.

E qual de nós, poetas, já não adulterou seu vinho? Muita mistura venenosa aconteceu em nossas adegas, muita coisa indescritível foi feita ali.

E, porque sabemos pouco, agradam-nos muito os pobres de espírito, em especial quando são mulheres jovens!

E desejamos até as coisas que as velhas mulheres contam umas às outras ao anoitecer. É o que nós mesmos chamamos o eterno-feminino em nós.

E, como se houvesse um especial acesso secreto ao saber, que fosse *bloqueado* para aqueles que aprendem algo: assim cremos nós no povo e em sua "sabedoria".

Mas isto creem todos os poetas: que quem aguça os ouvidos, deitado na relva ou em declives solitários, aprende algo das coisas que estão entre o céu e a terra.

E, se lhes vêm ternas emoções, os poetas sempre acham que a própria natureza por eles se apaixonou:

E que ela chega de mansinho até seus ouvidos, para lhes sussurrar segredos e lisonjas de amor: de que eles se gabam e se pavoneiam diante de todos os mortais!

Ah, existem tantas coisas entre o céu e a terra com que somente os poetas sonharam!

E sobretudo *acima* do céu: pois todos os deuses são símiles de poeta, artimanhas de poeta!

Em verdade, sempre somos levados para cima — para o reino das nuvens: nelas botamos nossos coloridos bonecos e os chamamos deuses e super-homens. —

Pois eles são leves o bastante para essas cadeiras! — todos esses deuses e super-homens.

Ah, como estou cansado de todo o insuficiente, que deve a todo custo ser evento! Como estou cansado dos poetas!

Quando Zaratustra assim falou, seu discípulo irritou-se, mas guardou silêncio. Também Zaratustra silenciou; e seus olhos se tinham voltado para dentro, como se olhassem na distância. Por fim, ele suspirou e respirou fundo.

Eu sou de hoje e outrora, disse então; mas algo em mim é de amanhã e depois de amanhã e algum dia.

Cansei-me dos poetas, dos antigos e dos novos: são todos superficiais para mim, e mares pouco profundos.

Eles não pensaram bastante a fundo: por isso seu sentimento não desceu até os motivos no fundo.[84]

Um tanto de volúpia e um tanto de tédio: esta foi até agora sua melhor reflexão.

Todos os seus toques de harpas são respirar e deslizar de fantasmas para mim; que souberam eles até hoje do fervor dos sons? —

Tampouco são limpos o bastante para mim: todos eles turvam suas águas, para que pareçam profundas.

E com isso gostam de passar por conciliadores: mas para mim continuam sendo mediadores e intromissores, e meio-isso, meio-aquilo, e gente pouco limpa! —

Ah, lancei minha rede em seus mares e pretendia pescar bons peixes; mas sempre tirei fora a cabeça de um velho deus.

Assim, o mar deu ao faminto uma pedra.[85] E talvez eles próprios venham do mar.

Em dúvida, neles encontramos pérolas: mais ainda se assemelham eles próprios a duros crustáceos. E, em vez de alma, neles achei frequentemente mucosa salgada.

E do mar também aprenderam a vaidade: não é o mar o pavão entre os pavões?

Mesmo ante o mais feio dos búfalos ele abre sua cauda, jamais se cansa do seu rendado leque de prata e seda.

O búfalo olha, carrancudo, próximo da areia em sua alma, ainda mais próximo da selva, mais próximo que tudo do pântano, porém.

Que são, para ele, beleza, mar e adorno de pavão! Este símile eu falo para os poetas.

Em verdade, seu próprio espírito é o pavão entre os pavões e um mar de vaidade!

Espectadores quer o espírito do poeta: ainda que sejam búfalos! —

Mas desse espírito me cansei: e vejo chegar o dia em que ele cansará de si próprio.

Transformados já vi os poetas, e com o olhar voltado para si mesmos.

Penitentes do espírito vi chegar: formaram-se a partir deles.

Assim falou Zaratustra.

DOS GRANDES ACONTECIMENTOS

Há uma ilha no mar — não muito longe das ilhas bem-aventuradas de Zaratustra — em que uma montanha de fogo continuamente solta fumo; dela diz o povo, especialmente as mulheres velhas do povo, que se acha como um rochedo diante da porta do mundo inferior: mas que pela montanha de fogo desce um estreito caminho, que leva a essa porta do mundo inferior.[86]

No tempo em que Zaratustra se deteve nas ilhas bem-aventuradas, aconteceu que um navio lançou âncora junto à ilha em que está o monte fumegante; e sua população desceu para terra, a fim de caçar coelhos. Por volta do meio-dia, porém, quando o capitão e sua gente estavam de novo reunidos, viram subitamente um homem aproximar-se pelo ar e uma voz dizer claramente: "É tempo! É mais que tempo!". Mas, no momento em que a figura se achava mais próxima deles — mas ela voava rápido como uma sombra, no sentido da montanha de fogo —, reconheceram, com enorme assombro, que era Zaratustra; pois todos, salvo o comandante, já o tinham visto, e o amavam tal como o povo ama: com amor e temor em partes iguais.

"Vede!", disse o velho timoneiro, "lá vai Zaratustra para o inferno!" —

Na mesma época em que esses navegantes aportavam na ilha de fogo, correu o rumor de que Zaratustra havia desaparecido; e, quando seus amigos foram perguntados, responderam que ele embarcara no navio à noite, sem dizer para onde pretendia viajar.

Isso gerou inquietude; três dias depois, no entanto, acrescentou-se a essa inquietude a história dos marinheiros — e então o povo dizia que o Diabo havia levado Zaratustra. É certo que os seus discípulos riram desse falatório; um deles chegou a dizer: "Creio, isto sim, que Zaratustra levou o Diabo". Mas no fundo da alma estavam todos preocupados e saudosos; então foi grande seu júbilo, quando no quinto dia Zaratustra apareceu entre eles.

E este é o relato da conversa de Zaratustra com o cão de fogo.

A terra, disse ele, tem uma pele; e essa pele tem doenças. Uma delas, por exemplo, chama-se "homem".

E outra dessas doenças chama-se "cão de fogo": sobre *este* os homens contaram e deixaram que lhes contassem muitas mentiras.

Para sondar esse mistério, atravessei o mar: e vi a verdade nua, verdadeiramente! descalça até o pescoço.

Agora estou informado sobre o cão de fogo; e também sobre todos os demônios da erupção e da subversão, dos quais não só as mulheres velhas têm medo.

Sai, cão de fogo, da tua profundeza!, gritei eu, e reconhece como é profunda essa profundeza! De onde vem isso que expeles para cima?

Bebes fartamente do mar: tua salgada eloquência o revela! Verdadeiramente, para um cão da profundeza, tomas demais tua alimentação da superfície!

Considero-te, no máximo, o ventríloquo da terra: e, sempre que ouvi demônios da erupção e da subversão falarem, achei-os iguais a ti: salgados, mentirosos e rasos.

Sabeis berrar e escurecer com cinzas! Sois os melhores fanfarrões e aprendestes muito bem a arte de fazer ferver a lama.

Onde quer que estejais, sempre deve haver lama na proximidade, e muita coisa esponjosa, cavernosa, comprimida: isso quer liberdade.

"Liberdade" é o que mais gostais de berrar todos vós: mas eu abandonei a crença em "grandes acontecimentos" quando há muitos gritos e fumos em torno deles.

E crê em mim, amigo Ruído Infernal! Os maiores acontecimentos — não são nossas horas mais barulhentas, e sim as mais sossegadas.

Não ao redor dos inventores de novo ruído, mas dos inventores de novos valores é que o mundo gira; de forma *inaudível* ele gira.

E confessa-o! Pouco havia acontecido, quando teu ruído e teu fumo se dissiparam. Que importa se uma cidade tornou-se múmia e uma estátua jaz na lama?

E estas palavras digo ainda aos derrubadores de estátuas. Não há tolice maior do que jogar sal no mar e estátuas na lama.

Na lama do vosso desprezo jazia a estátua; mas é justamente esta a sua lei: que a partir do desprezo novamente lhe nasce vida e beleza viva!

Com traços mais divinos levanta-se ela agora, e sedutora pelo que sofreu; e, em verdade, ainda vos agradecerá por tê-la derrubado, ó derrubadores!

Este conselho dou a reis, igrejas e tudo o que se acha débil de idade e de virtude — deixai-vos derrubar! Para que volteis à vida e vos retorne — a virtude!

Assim falei diante do cão de fogo: então interrompeu-me ele, carrancudo, e perguntou: "Igreja? O que é isso?".

Igreja?, respondi eu, é uma espécie de Estado, a mais mentirosa. Mas cala-te, ó cão hipócrita! Conheces melhor que ninguém a tua espécie!

Tal como tu, o Estado é um cão hipócrita; tal como tu, ele gosta de falar com fumaça e gritos — de modo a fazer crer, como tu, que fala de dentro da barriga das coisas.

Pois ele faz questão de ser o mais importante animal da terra, o Estado; e as pessoas acreditam nisso. —

Depois que eu disse isso, o cão de fogo agiu como se tivesse enlouquecido de inveja. "Como?", gritou, "o animal mais importante da terra? E acreditam nisso?" E tantos vapores e vozes horrendas lhe saíram da garganta, que achei que sufocaria de aborrecimento e inveja.

Enfim ele se pôs mais calmo, e seu arquejar diminuiu; tão logo ele se acalmou, porém, eu falei sorridente:

"Tu te irritas, cão de fogo: então estou certo em relação a ti!

E, para que eu continue certo, escuta algo acerca de outro cão de fogo: ele realmente fala do coração da terra.

Há ouro em sua respiração, e chuva de ouro: assim quer seu coração. O que são, para ele, cinza, fumaça e escarro quente?

O riso lhe sai volteando, como nuvem colorida; ele é avesso a teu gorgolejar e cuspir, e ao revolver de tuas entranhas.

Mas o ouro e o riso — ele os tira do coração da terra: pois, que o saibas — *o coração da terra é de ouro*."

Quando o cão de fogo ouviu isso, não aguentou mais me escutar. Envergonhado, meteu o rabo entre as pernas, disse "au, au!" com voz abatida e desceu de volta para sua caverna. —

Assim contou Zaratustra. Mas seus discípulos quase não o ouviam, tão grande era o desejo de lhe contar sobre os navegantes, os coelhos e o homem voador.

"Que devo pensar disso?", disse Zaratustra. "Sou um fantasma, por acaso?

Mas terá sido minha sombra. Já ouvistes falar do andarilho e sua sombra, não?

Mas uma coisa é certa: preciso lhe pôr freios — senão ela ainda me estraga a reputação."

E novamente Zaratustra balançou a cabeça e se admirou. "Que devo pensar disso?", repetiu.

"E por que o fantasma gritou 'É tempo! É mais que tempo'? *Para que* é — mais que tempo?" —

Assim falou Zaratustra.

O ADIVINHO

"— e vi descer sobre os homens uma grande tristeza. Os melhores entre eles se cansaram de suas obras.

Uma doutrina surgiu, acompanhada de uma fé: 'Tudo é vazio, tudo é igual, tudo foi!'.

E de todos os montes ecoou: 'Tudo é vazio, tudo é igual, tudo foi!'.[87]

É certo que fizemos a colheita: mas por que nossos frutos ficaram podres e escuros? Que coisa caiu da lua má, na última noite?

Todo o trabalho foi em vão, tornou-se veneno o nosso vinho, o mau-olhado crestou nossos campos e corações.

Todos nos tornamos secos; se o fogo cair sobre nós, seremos reduzidos a cinzas: — sim, o próprio fogo tornamos cansado.

Todas as fontes secaram para nós, também o mar recuou. Todo o chão quer se abrir, mas a profundeza não quer devorar!

'Ah, onde há ainda um mar onde possamos nos afogar?': eis como soa o nosso lamento — por sobre pântanos rasos.

Em verdade, ficamos cansados demais para morrer; ainda estamos acordados e prosseguimos vivendo — em sepulcros!" —

Assim escutou Zaratustra um adivinho falar; e a profecia deste tocou seu coração e o transformou. Ele vagueava triste e cansado, e tornou-se igual àqueles de quem o adivinho falara.

"Em verdade", disse ele a seus discípulos, "falta bem pouco, e breve chegará esse longo crepúsculo. Ah, como salvarei minha luz através dele?

A fim de que não sufoque em meio a essa tristeza! Para mundos distantes ela deverá ser uma luz, e também para as noites mais distantes!"

De tal maneira afligido no coração, Zaratustra vagueava; e por três dias não tomou alimento nem bebida, não teve paz e perdeu a fala. Por fim sucedeu que mergulhou num sono profundo. Mas seus discípulos ficaram ao seu redor em longas vigílias, aguardando, preocupados, que ele acordasse, novamente falasse e convalescesse de sua aflição.

E este é o discurso que Zaratustra pronunciou ao despertar; mas de uma imensa distância sua voz parecia chegar aos discípulos.

"Escutai o sonho que tive, ó amigos, e ajudai-me a decifrar seu sentido!

É ainda um enigma para mim, este sonho; seu sentido está

escondido nele e aprisionado, ainda não voa acima dele com asas desimpedidas.

Sonhei que havia renunciado a toda a vida. Tornara-me um noturno guardião de túmulos, na solitária cidadela da morte.

Lá em cima eu zelava por seus ataúdes: as abafadas abóbadas estavam plenas desses troféus de vitória. Através de ataúdes de vidro, contemplava-me a vida vencida.

Eu respirava o cheiro de eternidades empoeiradas: entorpecida e empoeirada jazia minha alma. E quem poderia ali arejar sua alma?

A claridade da meia-noite estava sempre ao meu redor, a solidão se acocorava junto a ela; e, em terceiro lugar, a estertorante imobilidade, a pior de minhas amigas.

Tinha chaves comigo, as mais enferrujadas de todas as chaves; e sabia, com elas, abrir o mais rangente de todos os portões.

Como um irritado grasnido andava o som pelos compridos corredores, quando as asas do portão se moviam: de modo hostil gritava aquele pássaro, de mau grado acordava.

Ainda mais terrível e mais acabrunhador, porém, era quando ele novamente se calava e tudo em volta se punha quieto, e eu me achava sozinho naquele pérfido silêncio.

Assim passava e me escorria o tempo, se ainda existia o tempo: que sei eu? Mas finalmente sucedeu aquilo que me despertou.

Três vezes soaram pancadas no portão, iguais a trovões, e três vezes ecoaram e urraram as abóbadas: então andei para o portão.

Alpa!,[88] gritei, quem está trazendo suas cinzas para o monte? Alpa! Alpa! Quem está trazendo suas cinzas para o monte?

E pressionei a chave, empurrei o portão e fiz força. Mas ele não abriu a largura de um dedo sequer:

Então um vento ruidoso o escancarou com violência: e silvando, zunindo, cortando lançou contra mim um ataúde negro:

E em meio ao rugir, silvar e zunir espatifou-se o ataúde, e despejou mil diferentes gargalhadas.

E mil caretas de crianças, anjos, corujas, bufões e borboletas do tamanho de crianças riam, zombavam e bramiam contra mim.

Assustei-me, horrorizado; fui jogado ao chão. E gritei de pavor, como jamais havia gritado.

Mas meu próprio grito me despertou: — e voltei a mim." — Assim contou Zaratustra seu sonho, e se calou: pois ainda não sabia como interpretar o sonho. Mas o discípulo que ele mais amava levantou-se rapidamente, tomou a mão de Zaratustra e falou:

"Tua própria vida nos dá a interpretação desse sonho, ó Zaratustra!

Não és tu mesmo o vento de estridentes zunidos, que escancara os portões das cidadelas da morte?

Não és tu mesmo o ataúde cheio de coloridas maldades e angelicais caretas da vida?

Em verdade, tal como mil gargalhadas de crianças chega Zaratustra a todas as câmaras mortuárias, rindo desses noturnos guardiães de túmulos e de quem mais faz retinir sombrias chaves.

Vais assustá-los e derrubá-los com teu riso; seu desmaio e seu despertar provarão teu poder sobre eles.

E, mesmo quando chegarem o longo crepúsculo e o cansaço da morte, não declinarás em nosso céu, ó advogado da vida!

Novas estrelas nos fizeste ver, e novos esplendores da noite; em verdade, o próprio riso estendeste sobre nós como uma tenda colorida.

Agora sempre sairão risos de criança dos ataúdes; agora, um vento forte sempre vencerá todo cansaço da morte: disso és, para nós, o avalista e adivinho!

Em verdade, *com eles mesmos sonhaste*, com teus inimigos: este foi teu sonho mais pesado!

Mas, tal como acordaste deles e voltaste a ti, eles acordarão de si mesmos — e voltarão a ti!" —

Assim falou o discípulo; e todos os outros se amontoaram ao redor de Zaratustra, tomaram-lhe as mãos e procuraram persuadi-lo a deixar o leito e a tristeza e retornar para eles. Mas

Zaratustra permaneceu sentado na cama, aprumado, com o olhar alheio. Como alguém que regressa de uma longa ausência em terra distante, olhou para seus discípulos e examinou seus rostos; e ainda não os reconheceu. Mas, quando eles o levantaram e o puseram sobre seus próprios pés, eis que subitamente seus olhos mudaram; ele compreendeu tudo o que havia sucedido, passou a mão na barba e disse com voz forte:

"Pois muito bem! Para isso haverá tempo; cuidai agora, meus discípulos, que tenhamos uma boa refeição, e logo! Assim pretendo fazer penitência por sonhos ruins!

Mas o adivinho deverá comer e beber ao meu lado; e, em verdade, quero ainda lhe mostrar um mar em que possa afogar-se!"

Assim falou Zaratustra. Em seguida, porém, olhou longamente no rosto do discípulo que havia interpretado o sonho, e nisso balançava a cabeça. —

DA REDENÇÃO

Um dia, quando Zaratustra passava pela grande ponte, os aleijados e os mendigos o cercaram, e assim lhe falou um corcunda:[89]

"Olha, Zaratustra! Também o povo aprende contigo e ganha fé na tua doutrina: mas, para que ele creia em ti completamente, uma coisa ainda é necessária — tens de convencer também a nós, aleijados! Tens aqui uma boa coleção deles e, na verdade, uma senhora oportunidade! Podes curar os cegos e fazer andar os paralíticos; e daquele que tem coisa demais nas costas poderias também tirar um pouco: — acho que esta seria a maneira certa de fazer os aleijados acreditarem em Zaratustra!"

Mas assim respondeu Zaratustra àquele que falou: "Quando se tira ao corcunda sua corcova, tira-se-lhe também seu espírito — é o que ensina o povo. E, quando se dá ao cego a visão, ele vê demasiadas coisas ruins sobre a terra: de modo que amaldiçoa aquele que o curou. Mas quem faz o paralítico andar, prejudica-o mais que tudo: pois, mal consegue andar, todos os seus vícios o arrastam consigo — é o que ensina o povo sobre os aleijados. E por que não deveria Zaratustra também aprender com o povo, se o povo aprende com Zaratustra?

Desde que estou entre os homens, isto me parece o mínimo do que vejo: 'A este falta um olho, àquele uma orelha e a um terceiro a perna, e há outros que perderam a língua, o nariz ou a cabeça'.

Vi e vejo coisas piores, e várias tão abomináveis que não desejo falar de todas, mas tampouco silenciar sobre algumas: homens aos quais falta tudo, exceto uma coisa que têm demais — homens que não são mais que um grande olho, ou uma grande boca, ou uma grande barriga, ou algo mais de grande —, aleijados às avessas, eu os chamo.[90]

E, quando saí de minha solidão e por esta ponte passei pela primeira vez, não acreditei em meus olhos e olhei, tornei a olhar e disse enfim: 'Isso é uma orelha! Uma orelha do tamanho de um homem!'. Olhei com mais atenção ainda: e, realmente, debaixo da orelha movia-se algo que era pequeno, mirrado e franzino de dar pena. Verdadeiramente, a enorme orelha estava sobre um pequenino e estreito caule — mas o caule era um homem! Quem olhasse com uma lente poderia até reconhecer um ínfimo rosto invejoso; e também uma inchada alminha que oscilava no caule. E o povo me disse que a grande orelha era não só um homem, mas um grande homem, um gênio. Mas eu jamais acreditei no povo, quando ele falava de grandes homens — e conservei minha crença de que era um aleijado às avessas, que tinha muito pouco de tudo e demasiado de uma coisa só."

Depois que Zaratustra assim falou ao corcunda e àqueles dos quais este era porta-voz e advogado, voltou-se para seus discípulos, profundamente desalentado, e disse:

"Em verdade, meus amigos, eu caminho entre os homens como entre pedaços e membros de homens!

Isso é o mais terrível para meus olhos, encontrar o homem

destroçado e disperso como sobre um campo de batalha e matadouro.[91]

E, quando o meu olhar escapa do agora para o outrora, depara sempre com o mesmo: pedaços e membros, e apavorantes acasos — mas não homens!

O agora e o outrora sobre a terra — ah, meus amigos! —, eis o mais insuportável para mim; e eu não saberia viver, se não fosse também um vidente daquilo que tem de vir.

Um vidente, um querente, um criador, um futuro ele próprio e uma ponte para o futuro — e, ah, também como que um aleijado nessa ponte: tudo isso é Zaratustra.

E também vós vos perguntastes muitas vezes: 'Quem é Zaratustra para nós? Como devemos chamá-lo?'. E, tal como eu mesmo, vos destes perguntas como respostas.

É ele um prometedor? Ou um cumpridor? Um conquistador? Ou um herdeiro? Um outono? Ou uma relha de arado? Um médico? Ou um convalescido?

É ele um poeta? Ou um homem veraz? Um libertador? Ou um domador? Um bom? Ou um mau?

Eu caminho entre os homens como entre pedaços de um futuro: aquele futuro que enxergo.

E este é todo o meu engenho e esforço,[92] eu componho e transformo em um o que é pedaço, enigma e apavorante acaso.

E como suportaria eu ser homem, se o homem não fosse também poeta, decifrador de enigmas e redentor do acaso?

Redimir o que passou e transmutar todo 'Foi' em 'Assim eu quis!' — apenas isto seria para mim redenção!

Vontade — eis o nome do libertador e mensageiro da alegria: assim vos ensinei eu, meus amigos! E agora aprendei também isto: a própria vontade é ainda prisioneira.

Querer liberta: mas como se chama o que acorrenta até mesmo o libertador?

'Foi': assim se chama o ranger de dentes e solitária aflição da vontade. Impotente quanto ao que foi feito — ela é uma irritada espectadora de tudo que passou.

A vontade não pode querer para trás; não poder quebrantar o tempo e o apetite do tempo — eis a solitária aflição da vontade.

Querer liberta: o que excogita o próprio querer, para livrar-se de sua aflição e zombar de seu cárcere?

Ah, todo prisioneiro se torna um bobo! De maneira tola também redime a si mesma a vontade prisioneira.

Que o tempo não ande para trás, isto a enraivece; 'Aquilo que foi' — eis o nome da pedra que ela não pode mover.

E assim ela move pedras, por raiva e desalento, e pratica vingança naquele que não sente, como ela, raiva e desalento.

Assim a vontade, a libertadora, converteu-se em causadora de dor: e em tudo que pode sofrer ela se vinga de não poder voltar para trás.

Isto, e apenas isto, é a própria *vingança*: a aversão da vontade pelo tempo e seu 'Foi'.

Em verdade, uma grande loucura habita em nossa vontade; e tornou-se maldição para tudo que é humano o fato de essa loucura haver adquirido espírito!

O espírito da vingança: meus amigos, até agora foi essa a melhor reflexão dos homens; e onde havia sofrimento devia sempre haver castigo.

Pois 'castigo' é como a vingança chama a si própria: com uma palavra mentirosa, ela finge ter boa consciência.

E, porque no querente mesmo existe sofrimento pelo fato de não poder querer para trás — então o próprio querer e a vida inteira deviam — ser castigo!

E uma nuvem após a outra rolou sobre o espírito: até que finalmente o delírio pregou: 'Tudo passa, por isso tudo merece passar!'.

'E isso mesmo é justiça, aquela lei do tempo, segundo a qual ele tem que devorar seus filhos': assim pregou o delírio.

'As coisas estão ordenadas eticamente conforme o direito e o castigo. Oh, onde está a redenção do fluxo das coisas e do castigo "existência"?' Assim pregou o delírio.

'Pode haver redenção quando há um direito eterno? Ah,

inamovível é a pedra "Foi": eterno tem de ser também todo castigo!' Assim pregou o delírio.

'Ato nenhum pode ser destruído: como poderia ser desfeito pelo castigo? Isso, isso é o eterno do castigo "existência", que a existência mesma deve eternamente ser ato e culpa de novo!

A menos que a vontade finalmente redimisse a si própria e o querer se tornasse não querer —': mas vós conheceis, irmãos, essa cantiga fabulosa do delírio!

Eu vos levei para bem longe dessas cantigas fabulosas, quando vos ensinei que 'a vontade é criadora'.

Todo 'Foi' é um pedaço, um enigma, um apavorante acaso — até que a vontade criadora fala: 'Mas assim eu quis!'.

— Até que a vontade criadora fala: 'Mas assim eu quero! Assim quererei!'.

Mas ela já falou assim? E quando aconteceu isso? A vontade já foi desatrelada de sua própria tolice?

A vontade já se tornou seu próprio redentor e mensageiro da alegria? Desaprendeu o espírito da vingança e todo ranger de dentes?

E quem lhe ensinou a reconciliação com o tempo, e o que é mais alto que toda reconciliação?

Algo mais alto que toda reconciliação tem de querer a vontade que é vontade de poder —: mas como lhe acontece isso? Quem lhe ensinou também o querer-para-trás?"

— Nesse ponto de seu discurso, porém, aconteceu que Zaratustra parou de repente, e semelhou alguém aterrorizado ao extremo. Com ar amedrontado olhou para seus discípulos; seu olhar penetrou como uma flecha seus pensamentos e reticências. Mas após um instante riu novamente e disse, aliviado:

"É difícil conviver com os homens, pois é muito difícil calar. Sobretudo para um tagarela." —

Assim falou Zaratustra. Mas o corcunda havia escutado a conversa, nisso escondendo o rosto; quando ouviu Zaratustra rir, porém, olhou para cima, curioso, e disse lentamente:

"Mas por que Zaratustra fala conosco de modo diferente do que fala com seus discípulos?"

Zaratustra respondeu: "Que há de surpreendente nisso? Com corcundas podemos falar de maneira torta!".

"Certo", disse o corcunda; "e com alunos podemos falar pelos cotovelos.[93]

Mas por que Zaratustra fala com seus alunos de modo diferente — do que fala consigo mesmo?" —

DA PRUDÊNCIA HUMANA

Não a altura: a escarpa é o mais terrível!

A escarpa, onde o olhar se precipita *lá embaixo* e a mão se agarra *lá em cima*. Ali o coração tem vertigem com sua dupla vontade.

Ah, amigos, adivinhais também a dupla vontade de meu coração?

Eis a minha escarpa e o meu perigo, que o meu olhar se precipite na altura e a minha mão queira se ater e se apoiar — na profundidade!

Ao homem se aferra minha vontade, com cadeias me amarro ao homem, porque sou impelido para cima, rumo ao super-homem: pois para lá quer ir minha outra vontade.

E *para isso* vivo cego entre os homens; como se não os conhecesse: para que a minha mão não perca inteiramente a sua fé em algo firme.

Eu não vos conheço, homens: essa escuridão e consolo frequentemente me rodeia.

Fico sentado junto ao portão, exposto a qualquer velhaco, e pergunto: quem quer me enganar?

Eis a minha primeira prudência[94] humana: deixo-me enganar, para não me manter em guarda contra os velhacos.

Ah, se eu me mantivesse em guarda contra os homens: como poderia o homem ser uma âncora para meu balão? Muito facilmente seria eu impelido para o alto e para longe!

Esta providência se acha sobre o meu destino: que eu tenha de existir sem precaução.

E quem não quiser morrer de sede entre os homens, deve aprender a beber de todos os copos; e quem quiser permanecer limpo entre os homens, deve saber se lavar também com água suja.

E assim falei muitas vezes, para meu consolo: "Muito bem! Adiante, velho coração! Uma infelicidade te sucedeu: goza disso como tua — felicidade!".

Mas eis minha outra prudência humana: eu poupo os *vaidosos* mais que os orgulhosos.

A vaidade ferida não é a mãe de todas as tragédias? Onde o orgulho é ferido, porém, ali cresce algo ainda melhor que orgulho.

Para que a vida seja boa de contemplar, é preciso que seu espetáculo seja bem representado: mas isso requer bons atores.

Bons atores me pareceram todos os vaidosos: eles representam e querem que as pessoas gostem de assistir a eles — todo o seu espírito está nessa vontade.

Eles encenam a si próprios, inventam-se; em sua vizinhança gosto de assistir à vida — isso me cura da melancolia.

Por isso poupo os vaidosos, porque são médicos de minha melancolia e me prendem aos homens como a um espetáculo.

E depois: quem pode medir, no vaidoso, toda a profundidade de sua modéstia? Sou bom e compassivo com ele devido à sua modéstia.

De vós ele quer aprender a fé em si mesmo; ele se alimenta de vossos olhares, come o louvor em vossas mãos.

Até em vossas mentiras ele acredita, quando mentis bem a respeito dele: pois no mais fundo seu coração suspira: "Que sou *eu*?".

E, se a virtude genuína é aquela que não sabe de si: o vaidoso não sabe de sua modéstia! —

Mas eis a minha terceira prudência humana: não deixo que a visão dos *maus* me seja estragada por vossa covardia.

Sou feliz em ver as maravilhas que o sol quente faz nascer: tigres, palmeiras, cascavéis.

Também entre os homens há belas crias do sol quente e coisas dignas de admiração nos malvados.

É certo que, assim como vossos maiores sábios não me pareceram tão sábios, também a maldade dos homens achei aquém de sua fama.

E muitas vezes perguntei, balançando a cabeça: Por que ainda chacoalhar, ó cascavéis?

Em verdade, também para o mal ainda há um futuro! E o sul mais quente não foi ainda descoberto para o homem.

Quantas coisas se chamam extrema maldade, que só têm doze pés de largura e três meses de duração![95] Mas um dia dragões maiores virão ao mundo.

Pois, para que ao super-homem não falte seu dragão, o superdragão que dele seja digno: para isso, muitos sóis quentes ainda precisarão arder sobre a úmida selva!

Vossos gatos-selvagens precisarão haver se tornado tigres, e vossos sapos venenosos, crocodilos: pois o bom caçador deve ter uma boa caça!

Em verdade, ó bons e justos! Há muito do que rir em vós, especialmente vosso temor daquele que até agora se chamou "Demônio"!

São tão alheias à grandeza vossas almas, que o super-homem vos seria *terrível* em sua bondade!

E vós, sábios e sabedores, vós fugiríeis da incandescente lava de sabedoria em que o super-homem banha alegremente a sua nudez!

Ó vós, homens mais elevados que meus olhos já conheceram! Eis a minha dúvida a vosso respeito, e o meu riso secreto: eu adivinho que ao meu super-homem chamaríeis — Demônio!

Ah, cansei-me desses homens mais elevados e melhores: de sua "altura" eu ansiava me afastar, ir para cima, para longe, para o super-homem!

Um horror se apoderou de mim, quando vi nus esses homens melhores: então me cresceram asas, para voar para futuros distantes.

Para futuros distantes, para Suis mais meridionais do que

um artista algum dia sonhou: ali onde os deuses se envergonham de toda vestimenta!

Mas *a vós* quero ver disfarçados, a vós, próximos e semelhantes, e bem adornados, e vaidosos, e dignos, como "os bons e justos" —

E disfarçado sentarei eu mesmo entre vós — de modo a *não reconhecer* a vós e a mim: eis minha última prudência diante dos homens.

Assim falou Zaratustra.

A HORA MAIS QUIETA

Que me aconteceu, meus amigos? Vedes-me perturbado, repelido, obediente a contragosto, disposto a ir — ah, ir para longe de *vós*!

Sim, ainda uma vez deve Zaratustra retornar à sua solidão: mas dessa vez o urso volta sem ânimo para sua caverna!

Que me aconteceu? Quem ordenou isso? — Ah, minha irada senhora quer assim, ela falou comigo; já vos disse alguma vez o seu nome?

Ontem à noite falou comigo *minha hora mais quieta*: eis o nome de minha terrível senhora.

E assim aconteceu — pois devo contar-vos tudo, para que vosso coração não se endureça com aquele que subitamente parte!

Conheceis o pavor daquele que adormece? —

Até os dedos dos pés ele se apavora de o chão lhe fugir e o sonho começar.

Isso vos digo como imagem. Ontem, na hora mais quieta, fugiu-me o chão: o sonho começou.

O ponteiro avançava, o relógio de minha vida tomava fôlego — jamais ouvi tal quietude ao meu redor: de maneira que meu coração se apavorou.

Então me falaram sem voz: "*Tu sabes, Zaratustra?*" —

E eu gritei de pavor ante esse murmúrio, e o sangue me fugiu do rosto: mas permaneci calado.

Então, de novo me falaram sem voz: "Tu sabes, Zaratustra, mas não falas!" —

E eu afinal respondi, como alguém que teima: "Sim, eu sei, mas não quero falar!".

Então novamente me falaram sem voz: "Tu não *queres*, Zaratustra? Isso é verdade? Não te escondas em tua teimosia!" —

Eu chorei e tremi como uma criança, e falei: "Ah, eu bem queria, mas como posso? Dispensa-me disso! Está acima de minhas forças!".

Então novamente me falaram sem voz: "Que importas tu, Zaratustra? Fala tuas palavras e faz-te em pedaços!" —

E eu respondi: "Ah, são *minhas* palavras? Quem sou eu? Espero alguém mais digno; não mereço sequer despedaçar-me nele".

Então novamente me falaram sem voz: "Que importas tu? Ainda não és humilde o bastante para mim. A humildade tem o couro mais duro". —

E eu respondi: "O que já não suportou o couro de minha humildade! Vivo ao pé de minhas alturas: qual a altura de meus cumes? Ninguém me disse ainda. Mas conheço bem os meus vales".

Então novamente me falaram sem voz: "Ó Zaratustra, quem tem montanhas a mover, move também vales e baixadas". —

E eu respondi: "Minhas palavras não removeram ainda nenhuma montanha, e o que falei não alcançou os homens. Eu bem fui para os homens, mas ainda não cheguei até eles".

Então novamente me falaram sem voz: "Que sabes tu *disso*? O orvalho cai sobre a relva quando a noite mais silencia". —

E eu respondi: "Eles zombaram de mim, quando encontrei meu próprio caminho e o segui; e, em verdade, tremeram meus pés então.

E assim me falaram eles: desaprendeste o caminho, e agora desaprendes também o andar!"

Então novamente me falaram sem voz: "Que importa a zombaria deles? És alguém que desaprendeu a obediência: agora deves ordenar!

Não sabes *de quem* mais necessitam todos? Daquele que ordena grandes coisas.

Realizar grandes coisas é difícil: ordenar grandes coisas é o mais difícil, porém.

Eis o que é mais imperdoável em ti: tens o poder, e não queres dominar." —

E eu respondi: "Falta-me a voz do leão para tudo ordenar".

Então, novamente me falaram como num sussurro: "As palavras mais quietas são as que trazem a tempestade. Pensamentos que vêm com pés de pombas dirigem o mundo.

Ó Zaratustra, deves andar como uma sombra daquilo que tem de vir: assim ordenarás e, ordenando, andarás à frente." —

E eu respondi: "Envergonho-me".

Então novamente me falaram sem voz: "É preciso que te tornes criança e não sintas vergonha.

Ainda tens o orgulho da juventude, tarde te tornaste jovem: mas quem quer se tornar criança, ainda tem de superar sua juventude." —

E eu refleti longamente e tremi. Mas, afinal, disse o que havia dito primeiramente: "Não quero".

Então houve uma risada ao meu redor. Ah, como essa risada me rasgou as entranhas e dilacerou o coração!

E pela última vez me falaram: "Ó Zaratustra, teus frutos estão maduros, mas não estás maduro para teus frutos!

Assim, tens de voltar para a solidão: pois deves ainda ficar tenro." —

E novamente algo riu, e fugiu; então tudo se pôs quieto ao meu redor, como que num duplo silêncio. Mas eu estava caído no chão, e o suor me escorria pelos membros.

— Agora ouvistes tudo, e por que devo retornar à minha solidão. Nada vos ocultei, meus amigos.

Mas também isto me ouvistes dizer: *quem*, de todos os homens, é ainda o mais calado — e quer sê-lo!

Ah, meus amigos! Eu ainda teria algo a vos dizer, ainda teria algo a vos dar! Por que não o dou? Então sou avarento? —

Após dizer essas palavras, Zaratustra foi tomado pela violência da dor e a iminente despedida de seus amigos, de modo que chorou alto; e ninguém pôde consolá-lo. À noite, porém, ele foi embora sozinho, deixando seus amigos.

TERCEIRA PARTE

Olhais para cima quando buscais a elevação.
Eu olho para baixo, porque estou elevado.
Quem, entre vós, pode ao mesmo tempo rir e sentir-se elevado?
Quem sobe aos montes mais altos ri das tragédias do palco e da vida.

Assim falou Zaratustra, "Do ler e escrever" (I, p. 39)

O ANDARILHO

Era cerca de meia-noite quando Zaratustra seguiu para o cume da ilha, a fim de chegar à outra costa de manhã cedo: pois lá pretendia tomar um barco. Naquele lugar havia uma boa enseada, onde barcos estrangeiros também gostavam de ancorar; eles levavam os que queriam deixar as ilhas bem-aventuradas e atravessar o mar. Enquanto Zaratustra subia o monte, lembrou-se das muitas caminhadas solitárias que fizera desde menino, e dos numerosos montes, cumes e vertentes que já havia escalado.

Eu sou um andarilho e um escalador de montanhas, disse para seu coração, eu não gosto das planícies e, ao que parece, não posso ficar muito tempo parado.

E, seja lá o que ainda me aconteça, como destino e como vivência, — sempre haverá uma caminhada e uma escalada de montanha: afinal, vivencia-se apenas a si mesmo.[96]

Passou o tempo em que me podiam suceder acasos; e o que *poderia* ainda me tocar que já não fosse meu?

Ele apenas retorna para casa, regressa para mim — meu próprio Eu, e o que dele há muito tempo se achava no estrangeiro, disperso entre coisas e acasos.

E ainda uma coisa eu sei: agora me acho diante de meu último cume, e daquele que mais longamente me foi poupado. Ah, devo encetar meu caminho mais duro! Ah, comecei minha mais solitária caminhada!

Mas quem é de meu feitio não foge a esta hora: aquela que lhe diz: "Agora segues o teu caminho de grandeza! Cume e abismo — juntaram-se agora num só!

Segues teu caminho de grandeza: tornou-se teu último refúgio o que até então era teu último perigo!

Segues teu caminho de grandeza; essa deve ser agora tua maior coragem: que não haja mais nenhum caminho atrás de ti!

Segues teu caminho de grandeza; aqui ninguém te acompanhará furtivamente! Teus próprios pés apagaram o caminho atrás de ti, e acima dele está escrito: Impossibilidade.

E, se todas as escadas te faltarem doravante, terás de saber como subir sobre tua própria cabeça: de que outra forma poderias desejar subir?

Sobre tua própria cabeça e além do teu próprio coração! O mais suave em ti deve agora se tornar o mais duro.

Quem sempre se poupou muito, termina por adoecer do seu muito poupar-se. Louvado seja o que endurece! Não louvo a terra em que mel e manteiga — fluem!

Olhar para longe de si é necessário, a fim de ver *muito*: — todo escalador de montanhas necessita essa dureza.

Mas quem, como homem do conhecimento, olha de maneira importuna, como poderia ver, em todas as coisas, mais do que suas razões exteriores?[97]

Mas tu, ó Zaratustra, querias ver a razão e o pano de fundo de todas as coisas: então tens de subir acima de ti mesmo — para o alto, para além, até que tenhas inclusive tuas estrelas *abaixo* de ti!"

Sim, olhar do alto para mim mesmo e até para minhas estrelas: apenas isso eu chamaria de meu *cume*, isso me restaria como meu *último* cume! —

Assim falou Zaratustra para si mesmo ao subir, consolando seu coração com duras máximas: pois ele estava ferido no coração, como jamais estivera antes. E, quando chegou ao alto da montanha, eis que o outro mar se estendia à sua frente, e ele permaneceu longamente parado e em silêncio. Mas a noite estava fria naquelas alturas, e também clara e estrelada.

Reconheço a minha sina, disse afinal, com tristeza. Pois bem! Estou pronto. Começa a minha última solidão.

Ah, esse triste e negro mar abaixo de mim! Ah, esse prenhe desconsolo noturno! Ah, mar e destino! Rumo a vós devo agora *descer*!

Acho-me diante de minha mais alta montanha e de minha mais longa caminhada: por isso, devo antes descer mais profundamente do que jamais desci:

— descer mais profundamente na dor do que jamais desci, até sua mais negra maré! Assim quer meu destino: pois bem, estou pronto!

De onde vêm as mais altas montanhas?, perguntei certa vez. Então aprendi que vêm do mar.

Esse testemunho está inscrito em suas rochas e nas paredes de seus cumes. É a partir do mais profundo que o mais elevado deve chegar à sua altura. —

Assim falou Zaratustra no pico da montanha, onde fazia frio; mas, quando ele chegou à vizinhança do mar e, afinal, encontrava-se sozinho entre os rochedos, havia se cansado no caminho e estava com ainda mais anseio do que antes.

Tudo ainda dorme, falou; também o mar dorme. Ébrio de sono e alheio olha ele para mim.

Mas sua respiração é quente, eu sinto isso. E sinto também que ele sonha. Revolve-se, sonhando, sobre duras almofadas.

Escuta! Escuta! Como ele geme, com más recordações! Ou más expectativas?

Ah, estou triste juntamente contigo, ó monstro escuro, e aborrecido comigo mesmo por tua causa.

Ah, que a minha mão não tenha força bastante! De bom grado, em verdade, eu te redimiria dos maus sonhos! —

Ao falar assim, Zaratustra riu de si mesmo com tristeza e amargura. O quê, Zaratustra!, disse ele, ainda queres cantar consolos para o mar?

Ah, carinhoso tolo Zaratustra, pródigo e beato na confiança! Mas sempre foste assim: sempre te achegaste confiantemente a tudo que é terrível.

Todo monstro quiseste acariciar. Um bafo quente, algum pelo macio na pata —: e logo estavas pronto para amá-lo e atraí-lo.

O *amor* é o perigo do mais solitário, o amor a tudo, *bastando que viva*! São de rir, em verdade, minha tolice e minha modéstia no amor! —

Assim falou Zaratustra, e nisso riu novamente: mas então se lembrou dos amigos que abandonara — e, como se os tivesse ofendido com seus pensamentos, irritou-se com seus pensamentos. E logo sucedeu que aquele que chorava riu: — de raiva e anseio Zaratustra chorou amargamente.[98]

DA VISÃO E ENIGMA

1. Quando, entre os marinheiros, correu a notícia de que Zaratustra se achava a bordo — pois um homem das ilhas bem-aventuradas havia subido juntamente com ele —, houve grande curiosidade e expectativa. Mas Zaratustra silenciou por três dias e estava frio e surdo de tristeza, de modo que não respondeu nem a olhares nem a perguntas. Na tarde do segundo dia, porém, abriu novamente os ouvidos, embora ainda se mantivesse calado: pois havia muita coisa estranha e perigosa a ouvir naquele barco, que vinha de longe e navegava para mais longe ainda. Zaratustra era um amigo de todos os que fazem longas viagens e não querem viver sem perigo. E olha! Enfim sua própria língua se soltou, à força de escutar, e o gelo de seu coração se rompeu: — então ele se pôs a falar assim:

A vós, ousados tenteadores, tentadores,[99] e quem se haja uma vez lançado com velas astutas em mares terríveis, —

A vós, ébrios de enigmas, amantes do crepúsculo, cuja alma é atraída com flautas a todo abismo traiçoeiro:

— pois não quereis sentir e seguir um fio com mão covarde; e, onde podeis *adivinhar*, detestais *deduzir* —

Apenas a vós relato o enigma que *vi* — a visão do mais solitário. —

Recentemente caminhava eu, sombrio, por um crepúsculo

pálido como um cadáver — sombrio e rijo, com lábios cerrados. Não apenas *um* sol havia declinado para mim.

Uma trilha que subia teimosamente entre os seixos, maldosa, solitária, não mais animada por ervas e arbustos: uma trilha de montanha rangendo sob a teimosia de meus pés.

Mudos, andando sobre o zombeteiro chiar do cascalho, pisando os pedregulhos que os faziam deslizar: assim meus pés forçavam o caminho para o alto.

Para o alto: — não obstante o espírito que os puxava para baixo, para o abismo, o espírito de gravidade, meu demônio e arqui-inimigo.

Para o alto: — embora ele estivesse em minhas costas, meio anão, meio toupeira; aleijado; aleijador; pingando chumbo em meu ouvido, pensamentos-gotas de chumbo em meu cérebro.[100]

"Ó Zaratustra", cochichou zombeteiramente, sílaba por sílaba, "ó pedra da sabedoria! Tu te arremessaste para cima, mas toda pedra arremessada tem de — cair!

Ó Zaratustra, pedra da sabedoria, pedra da funda, destruidor de estrelas! Arremessaste a ti mesmo tão alto — mas toda pedra arremessada — tem de cair!

Condenado a ti mesmo e a teu próprio apedrejamento: ó Zaratustra, arremessaste longe a pedra — mas sobre *ti* ela cairá!"

Então calou-se o anão; e isso durou muito. Mas seu silêncio me oprimia; e estar assim a dois é, em verdade, mais solitário do que estar a um!

Eu subia, subia, sonhava, pensava — mas tudo me oprimia. Eu semelhava um doente ao qual seu triste martírio torna cansado e que é despertado, ao adormecer, por um sonho ainda pior. —

Mas existe algo, em mim, que chamo de coragem: até agora, sempre matou em mim todo desânimo. Por fim, essa coragem me mandou parar e falar: "Anão! Ou tu, ou eu!" —

É que a coragem é o melhor matador — coragem que *ataca*: pois em todo ataque há fanfarra.

O homem, porém, é o animal mais corajoso: assim superou

qualquer animal. Com fanfarra superou também qualquer dor; mas a dor humana é a dor mais profunda.

A coragem também mata a vertigem ante os abismos: e onde o ser humano não estaria diante de abismos? O próprio ver não é — ver abismos?

A coragem é o melhor matador: coragem também mata a compaixão. Mas compaixão é o abismo mais profundo: quanto mais fundo olha o homem no viver, tanto mais fundo olha também no sofrer.

Mas coragem é o melhor matador, coragem que ataca: ela mata até mesmo a morte, pois diz: "*Isso* era vida? Muito bem! Mais uma vez!".

Mas há muita fanfarra num dito como esse. Quem tem ouvidos, que ouça. —

2. "Alto lá, anão!", falei. "Eu, ou tu! Mas eu sou o mais forte de nós dois —: tu não conheces meu pensamento abismal! *Esse* — não poderias suportar!" —

Então ocorreu algo que me fez mais leve: pois o anão pulou de meus ombros, por curiosidade! E foi se acocorar sobre uma pedra à minha frente. Mas havia um portal justamente ali onde paramos.

"Olha esse portal, anão!", falei também; "ele tem duas faces. Dois caminhos aqui se encontram: ninguém ainda os trilhou até o fim.

Essa longa rua para trás: ela dura uma eternidade. E a longa rua para lá — isso é outra eternidade.

Eles não se contradizem, esses caminhos; eles se chocam frontalmente: — é aqui, neste portal, que eles se encontram. O nome do portal está em cima: 'Instante'.

Mas, se alguém seguisse por um deles — sempre mais adiante e mais longe: acreditas, anão, que esses caminhos se contradizem eternamente?" —

"Tudo que é reto mente", murmurou desdenhosamente o anão. "Toda verdade é curva, o próprio tempo é um círculo."

"Ó espírito de gravidade!", falei irritado, "não tornes tudo tão leve para ti! Ou te deixo acocorado onde estás, perneta — e eu te trouxe bem *alto*!

"Olha esse instante!", continuei a falar, "Desde esse portal, uma longa rua eterna conduz *para trás*: atrás de nós há uma eternidade.

Tudo aquilo que *pode* andar, de todas as coisas, não tem de haver percorrido esta rua alguma vez? Tudo aquilo que *pode* ocorrer, de todas as coisas, não tem de haver ocorrido, sido feito, transcorrido alguma vez?

E, se tudo já esteve aí, que achas, anão, desse instante? Também esse portal não deve já — ter estado aí?

E todas as coisas não se acham tão firmemente atadas que esse instante carrega consigo *todas* as coisas por vir? *Portanto* — — também a si mesmo?

Pois o que *pode* andar, de todas as coisas, também nessa longa rua *para lá* — *tem* de andar ainda alguma vez! —

E essa lenta aranha que se arrasta à luz da lua, e essa luz mesma, e tu e eu junto ao portal, sussurrando um para o outro, sussurrando sobre coisas eternas — não temos de haver existido todos nós?

— e de retornar e andar nessa outra rua, lá, diante de nós, nessa longa e horripilante rua — não temos de retornar eternamente? —"

Assim falei eu, e cada vez mais baixo: pois temia meus próprios pensamentos e intenções ocultas.[101] Então escutei, subitamente, um cão *uivar* na vizinhança.

Alguma vez escutei um cão uivar assim? Meu pensamento correu para trás. Sim! Quando era criança, na mais longínqua infância:

— então ouvi um cão uivar assim. E também o vi, eriçado, com a cabeça voltada para cima, tremendo, na mais silenciosa meia-noite, quando também os cães acreditam em fantasmas:

— de maneira que tive pena. Pois justamente então a lua cheia estava sobre a casa, mortalmente calada, justamente então se encontrava parada, uma redonda incandescência — parada sobre o telhado plano, como em propriedade alheia: —

com isso assustou-se o cão: pois os cães acreditam em ladrões e fantasmas. E, quando novamente escutei aquele uivo, tive pena mais uma vez.

Para onde tinha ido o anão? e o portal? a aranha? E todos os sussurros? Então eu sonhava? Acordei? Entre rochedos selvagens me achava eu de repente, sozinho, ermo, no mais ermo luar.

Mas ali jazia um ser humano! E ali estava o cão, pulando, eriçado, ganindo — viu-me chegar — uivou novamente, então *gritou*: — algum dia escutei um cão gritar assim por socorro?

E, em verdade, o que vi, jamais vira igual. Vi um jovem pastor contorcendo-se, sufocando, estremecendo, com o rosto deformado, e uma negra, pesada serpente que lhe saía da boca.

Alguma vez vi tanto nojo e pálido horror em um rosto? Havia ele dormido? E a serpente rastejou para dentro de sua garganta — e ali mordeu firmemente.

Minha mão puxou e tornou a puxar a serpente: — em vão! não conseguiu puxar a serpente da garganta. Então de dentro de mim se gritou: "Morde! Morde!

Corta a cabeça! Morde!" — assim se gritou de dentro de mim, meu horror, meu ódio, meu nojo, minha pena, tudo de bom e ruim gritou com *um* grito de dentro de mim. —

Ó ousados ao meu redor! Vós, tentadores, tenteadores, e quem, entre vós, tenha se lançado com velas astutas em mares inexplorados! Vós, amantes de enigmas!

Então interpretai-me o enigma que enxerguei, então interpretai-me a visão do mais solitário!

Pois era uma visão e uma premonição: — *o que* vi eu então em alegoria? E *quem* é esse que um dia terá de vir?

Quem é o pastor em cuja garganta a serpente entrou? Quem é o homem em cuja garganta entrará tudo de mais pesado, de mais negro?

— Mas o pastor mordeu, tal como lhe disse meu grito; mordeu com boa mordida! Para longe cuspiu a cabeça da serpente —: e levantou-se de um salto. —

Não mais um pastor, não mais um homem — um transformado, um iluminado que *ria*! Jamais, na terra, um homem riu como ele ria!

Ó meus irmãos, escutei um riso que não era riso de homem — — e agora me devora uma sede, um anseio que jamais sossega.

Meu anseio por esse riso me devora: oh, como suporto ainda viver? E como suportaria agora morrer? —

Assim falou Zaratustra.

DA BEM-AVENTURANÇA INVOLUNTÁRIA

Com tais enigmas e amarguras no coração Zaratustra viajou através do mar. Mas, quando estava a quatro dias de distância das ilhas bem-aventuradas e de seus amigos, havia superado toda a sua dor —: vitorioso e firme, ele novamente dominava seu destino. Naquele momento, Zaratustra assim falou à sua exultante consciência:

Sozinho estou novamente e quero estar, sozinho com o puro céu e o livre mar; e novamente é tarde a meu redor.

Foi à tarde que encontrei meus amigos da primeira vez, e à tarde também de outra vez: — na hora em que toda a luz fica mais sossegada.

Pois o que de felicidade ainda se acha a caminho entre céu e terra, busca então abrigo numa alma luminosa: *de felicidade* toda a luz ficou agora mais sossegada.

Ó tarde da minha vida! Um dia, também a *minha* felicidade desceu ao vale para buscar abrigo: então achou essas almas abertas e hospitaleiras.

Ó tarde da minha vida! O que não dei para possuir uma coisa: essa viva plantação de meus pensamentos e essa luz matinal de minha mais alta esperança!

Companheiros buscou um dia o criador, e filhos de *sua* esperança: e eis que não podia encontrá-los, a menos que primeiramente os criasse.

Assim, estou em meio a minha obra, indo para meus filhos e deles voltando: por seus filhos deve Zaratustra consumar a si mesmo.

Pois no fundo se ama apenas a seu filho e sua obra; e, onde há grande amor a si mesmo, ele é sinal de gravidez: assim enxerguei.

Meus filhos ainda verdejam em sua primeira primavera, próximos um do outro e juntamente sacudidos pelos ventos, árvores de meu jardim e de meu melhor terreno.

E, em verdade, onde árvores tais se acham juntas, ali *existem* ilhas bem-aventuradas.

Mas um dia quero arrancá-las e pôr cada uma separada da outra: para que aprenda a solidão, a obstinação e a cautela.

Retorcida, curvada, com flexível dureza ficará ela então junto ao mar, um vivo farol da vida invencível.

Ali, onde as tempestades se precipitam no mar e a tromba das montanhas aspira a água, cada um fará suas vigílias do dia e da noite, para *seu* exame e conhecimento.

Conhecido e provado deverá ser, para sabermos se é de minha espécie e origem — se é senhor de uma longa vontade, silencioso mesmo quando fala, e complacente de modo que *tome* ao dar: —

— de modo que um dia se torne meu companheiro e crie e celebre juntamente com Zaratustra —: alguém que escreva minha vontade em minhas tábuas: para a mais plena consumação de todas as coisas.

E por ele e seus iguais devo eu próprio consumar-me: por isso agora evito minha felicidade e me ofereço a toda infelicidade — para *meu* último exame e conhecimento.

E, em verdade, era tempo de eu ir; e a sombra do andarilho, o momento mais longo e a hora mais silenciosa — todos me diziam: "É mais que tempo!".

O vento soprava pelo buraco da fechadura e me dizia: "Vem!". A porta se abria de par em par e me dizia: "Vai!".

Mas eu estava agrilhoado ao amor por meus filhos: o desejo me punha esse laço, o desejo de amor, para que eu me tornasse presa de meus filhos e me perdesse para eles.

Desejar — para mim isso já significa: haver me perdido. *Eu vos tenho, meus filhos!* Nesse ter, tudo deve ser certeza e nada deve ser desejo.

Mas o sol de meu amor se achava sobre mim, me incubava; em seu próprio sumo cozia Zaratustra — e sombras e dúvidas se afastaram voando acima de mim.

Eu já ansiava por inverno e gelo: "Oh, que o inverno e o gelo me fizessem novamente estalar e ranger!" — suspirei: e uma gélida bruma subia de mim.

Meu passado rompeu seus túmulos,[102] mais de uma dor enterrada viva despertou —: apenas havia dormido, oculta em pano mortuário.

Assim tudo me gritava em sinais: "É tempo!". — Mas eu — não escutava: até que, por fim, meu abismo se agitou e meu pensamento me mordeu.

Ah, pensamento abismal que é *meu* pensamento! Quando acharei a força para ouvir-te cavar e não mais tremer?

Até a garganta me vêm as batidas do coração, quando te ouço cavar! Mesmo teu silêncio me quer sufocar, ó abismal silencioso!

Jamais ousei chamar-te *para cima*: era bastante que comigo — te carregasse! Ainda não era forte o bastante para a derradeira exuberância e petulância de leão.

Já bastante terrível sempre me foi teu peso: mas um dia acharei ainda a força e a voz de leão que te chamem para cima!

Quando eu me houver superado nisso, então me superarei também em algo maior; e uma *vitória* será o selo de minha consumação! —

Entretanto vagueio por mares incertos; o acaso me lisonjeia, o de língua macia; olho para a frente e para trás — e ainda não enxergo fim.

Ainda não chegou a hora de minha derradeira luta — ou estará chegando agora? Em verdade, com insidiosa beleza me olham o mar e a vida ao redor!

Ó tarde de minha vida! Ó felicidade anterior ao anoitecer! Ó porto em alto-mar! Ó paz na incerteza! Como desconfiei de todos vós!

Em verdade, tenho desconfiança de vossa insidiosa beleza! Semelho o amante que desconfia do sorriso aveludado demais.

Tal como ele afasta de si a bem-amada, ainda carinhoso em sua dureza, o ciumento — assim afasto eu de mim essa hora bem-aventurada.

Fora contigo, hora bem-aventurada! Contigo me chegou uma bem-aventurança involuntária! Pronto para minha dor mais profunda me acho aqui:— chegaste no momento errado!

Fora contigo, hora bem-aventurada! É melhor te abrigares por lá — com meus filhos! Rápido! E ainda os abençoa, antes do anoitecer, com a *minha* felicidade!

Aproxima-se o anoitecer: o sol afunda. Ali vai — minha felicidade! —

Assim falou Zaratustra. E esperou por sua infelicidade a noite inteira; mas esperou em vão. A noite permaneceu clara e silenciosa, e a felicidade mesma lhe chegou cada vez mais perto. Pela manhã, porém, Zaratustra riu com seu coração e disse, zombeteiro: "A felicidade corre atrás de mim. Isso vem de eu não correr atrás das mulheres. Mas a felicidade é uma mulher".

ANTES DO NASCER DO SOL

Ó céu acima de mim, céu puro, profundo! Ó abismo de luz! Olhando-te, estremeço de divinos desejos.

Lançar-me à tua altura — eis a *minha* profundeza! Ocultar-me em tua pureza — eis a *minha* inocência!

O deus é encoberto por sua beleza: assim escondes tuas estrelas. Não falas: *assim* me proclamas tua sabedoria.

Mudo sobre o mar estrondeante surgiste hoje para mim, teu amor e teu pudor trazem revelação à minha alma estrondeante.

Que tenhas chegado a mim lindamente, encoberto em tua beleza, que me fales mudamente, manifesto em tua sabedoria:

Oh, como não adivinharia eu as vergonhas de tua alma? *Antes* do sol vieste a mim, o mais solitário.

Somos amigos desde o começo: tristeza, horror e profundeza temos em comum; também o sol temos em comum.

Não falamos um ao outro, porque sabemos coisas demais —: silenciamo-nos, sorrimos um para o outro o que sabemos.

Não és a luz para meu fogo? Não tens a alma irmã do meu entendimento?[103]

Juntos aprendemos tudo; juntos aprendemos a subir acima de nós, até nós mesmos, e a sorrir desanuviados:—

— sorrir desanuviados para baixo, de olhos luminosos e de imensa distância, quando abaixo de nós coação, finalidade e culpa embaciam como chuva.

E, caminhando eu sozinho: *de quem* tinha fome a minha alma, à noite e por sendas erradas? E, subindo eu montanhas, *quem* buscava eu, senão a ti, pelas montanhas?

E todo o meu caminhar e subir montanhas: apenas necessidade, recurso de um canhestro: — somente *voar* deseja a minha vontade, voar para dentro *de ti*!

E quem mais odiei do que as nuvens passageiras e tudo que te mancha? E meu próprio ódio também odiei, pois te manchava!

Tenho aversão às nuvens passageiras, sorrateiros felinos rapaces: elas tiram de ti e de mim o que nos é comum — o imenso, ilimitado dizer Sim e Amém.

Temos aversão a esses mediadores e intromissores, as nuvens passageiras: esses meio-isso, meio-aquilo, que não aprenderam a abençoar, nem a amaldiçoar a fundo.

Eu preferiria estar num barril sob o céu fechado, estar num abismo sem céu, a ver-te maculado de nuvens que passam, ó céu de luz!

E muitas vezes desejei atá-las com os arames de ouro dos raios e, como o trovão, bater o tambor sobre as caldeiras de seus ventres: —

— um timbaleiro irritado, porque elas me roubam teu Sim e Amém, ó céu sobre mim, puro, luminoso! Abismo de luz! — porque elas te roubam *meu* Sim e Amém.

Pois ainda prefiro barulho, trovão e maldições do tempo a

essa ponderada, vacilante quietude felina; e entre os homens também odeio mais que tudo os pisa-mansinho, meio-isso, meio--aquilo e duvidosas, vacilantes nuvens que passam.

E "quem não pode abençoar, deve *aprender* a amaldiçoar" — esse claro ensinamento me veio de um claro céu, mesmo em noites escuras essa estrela se acha em meu céu.

Mas eu sou alguém que abençoa e diz Sim quando estás ao meu redor, ó céu puro, ó luminoso! Abismo de luz! — a todos os abismos levo o meu Sim abençoador.

Tornei-me alguém que abençoa e diz Sim: para isso pelejei muito tempo e fui um lutador, de modo a um dia ter as mãos livres para abençoar.

Mas eis minha bênção: estar sobre cada coisa como seu próprio céu, seu teto abobadado, sua redoma de cor anil, sua perene certeza: e bem-aventurado é quem assim abençoa!

Pois todas as coisas são batizadas na fonte da eternidade e além do bem e do mal; mas os próprios bem e mal são apenas sombras intermédias, abafadas aflições e nuvens que passam.

Em verdade, trata-se de uma bênção e não de uma blasfêmia, quando ensino que "sobre todas as coisas está o céu Acaso, o céu Inocência, o céu Contingência, o céu Exuberância".

"Lady Contingência" — eis a mais velha aristocracia do mundo, que devolvi a todas as coisas, ao redimi-las da servidão à finalidade.

Essa liberdade e serenidade celeste eu pus como redoma cor de anil sobre todas as coisas, ao ensinar que acima e por meio delas não existe uma "vontade eterna" a querer.

Essa exuberância e essa tolice eu pus no lugar dessa vontade, ao ensinar que "em tudo, *uma* coisa é impossível — racionalidade!".

Um pouco de razão, é verdade, uma semente de sabedoria espalhada de estrela em estrela — esse fermento se acha misturado a todas as coisas: por causa da tolice,[104] a sabedoria se acha misturada a todas as coisas!

Um pouco de sabedoria é possível; mas esta bem-aventurada certeza encontrei em todas as coisas: elas ainda preferem — *dançar* com os pés do acaso.

Ó céu acima de mim, céu puro, elevado! Esta é para mim a tua pureza, não haver eterna aranha e teias de aranha da razão:[105] —

— seres para mim um local de dança para divinos acasos, seres uma mesa divina para divinos dados e jogadores de dados! —

Mas enrubesces? Disse eu algo indizível? Blasfemei, ao querer te abençoar?

Ou é a vergonha por estarmos a sós que te fez enrubescer? — Mandas-me silenciar e partir porque agora — o *dia* chega?

O mundo é fundo —: mais fundo do que jamais pensou o dia. Nem tudo pode se expressar diante do dia. Mas o dia chega: separemo-nos, então!

Ó céu acima de mim, envergonhado e ardente! Ó felicidade minha, antes do nascer do sol! O dia chega: separemo-nos, então! —

Assim falou Zaratustra.

DA VIRTUDE QUE APEQUENA

1. Quando Zaratustra novamente se achou em terra firme, não foi diretamente para sua montanha e sua caverna, e sim percorreu muitos caminhos e fez muitas perguntas e se informou sobre isso e aquilo, de tal modo que disse de si mesmo, gracejando: "Eis um rio que faz numerosas curvas e retorna à fonte!". Pois ele queria saber o que havia sucedido *com o ser humano* naquele meio-tempo: se este se tornara maior ou menor. E certa vez enxergou uma fileira de casas novas; admirou-se, e disse:

Que significam essas casas? Em verdade, nenhuma grande alma as pôs ali como símbolos de si própria!

Uma criança idiota as tirou de sua caixa de brinquedos? Então, que outra criança as pusesse de volta na caixa!

E esses aposentos e câmaras: será que *homens* podem entrar e sair deles? Parecem-me feitos para bonecas de seda; ou para comedores de guloseimas que também se deixam degustar.

E Zaratustra permaneceu parado e refletiu. Por fim disse, com tristeza: "*Tudo* ficou menor!

Em toda parte vejo portões mais baixos: quem é de *minha* espécie ainda passa por eles, mas — tem de se abaixar!

Oh, quando estarei de volta a minha terra, onde não mais terei de me abaixar — de me abaixar *diante dos pequenos*!" — E Zaratustra suspirou e olhou na distância. —

Nesse mesmo dia, porém, ele proferiu seu discurso sobre a virtude que apequena.

2. Ando em meio a esse povo e mantenho os olhos abertos: eles não me perdoam que eu não tenha inveja de suas virtudes.

Eles procuram me morder, porque lhes falo que para pessoas pequenas são necessárias virtudes pequenas — e porque me é difícil aceitar que pessoas pequenas sejam *necessárias*.

Ainda pareço o galo num quintal novo, que mesmo as galinhas procuram bicar; mas nem por isso levo a mal essas galinhas.

Sou polido com eles e com todos os pequenos aborrecimentos; ser espinhoso com o que é pequeno parece-me uma sabedoria de ouriço.

Todos eles falam de mim, quando se sentam ao redor do fogo, à noite — eles falam de mim, mas ninguém pensa — em mim!

É este o novo silêncio que aprendi: seu barulho a meu redor estende um manto sobre meus pensamentos.

Eles fazem alvoroço entre si: "Que quer de nós essa nuvem sombria? Cuidemos que não nos traga uma peste!".

E há pouco uma mulher puxou para si o filho, que vinha em direção a mim: "Levai as crianças!", gritou ela, "olhos assim queimam as almas das crianças".

Eles tossem quando falo: acham que tossir é uma objeção

contra ventos fortes — nada adivinham do rugir de minha felicidade!

"Ainda não temos tempo para Zaratustra" — assim objetam; mas que importa um tempo que "não tem tempo" para Zaratustra?

E, mesmo quando me elogiam: como poderia eu adormecer com o *seu* louvor? Um cinturão de espinhos é para mim seu louvor: arranha-me também quando o retiro.

E isto igualmente aprendi com eles: o louvador se porta como se retribuísse, mas, na verdade, quer receber mais!

Perguntai a meu pé se lhe agrada sua maneira de louvar e atrair! Em verdade, nesse compasso e tique-taque ele não gosta de dançar nem de ficar parado.

Para a pequena virtude gostariam de me atrair e louvar; ao tique-taque da pequena virtude gostariam de persuadir meu pé.

Ando em meio a esse povo e mantenho os olhos abertos: eles ficaram *menores* e se tornam cada vez menores: — *mas isto se deve à sua doutrina da felicidade e da virtude.*

É que são modestos também na virtude — pois querem o bem-estar. Mas somente a virtude modesta condiz com o bem-estar.[106]

Sem dúvida, também aprendem a caminhar à sua maneira, e caminhar para a frente: a isso chamo seu *claudicar* —. Assim se tornam um obstáculo para todo aquele que tem pressa.

E mais de um anda para a frente e olha para trás, com o pescoço rijo: nesses gosto de dar um encontrão.

Pé e olho não devem mentir, nem desmentir um ao outro. Mas há muita mentira entre as pessoas pequenas.

Alguns deles querem, mas a maioria é apenas objeto do querer. Alguns deles são autênticos, mas a maioria é de maus atores.

Há atores sem o saber entre essas pessoas, e atores sem o querer —, os autênticos são sempre raros, em especial os atores autênticos.

Há pouca virilidade aqui: daí se masculinizarem suas mulheres. Pois apenas quem for viril o suficiente irá, na mulher, — *redimir a mulher.*

E esta hipocrisia me pareceu a pior entre eles: que também os que mandam simulam as virtudes dos que servem.

"Eu sirvo, tu serves, nós servimos" — assim também reza, aqui, a hipocrisia dos dominantes — e que infelicidade, quando o primeiro senhor é *apenas* o primeiro servidor!

Ah, também nas suas hipocrisias se extraviou a curiosidade de meu olhar; e bem adivinhei toda a sua felicidade de moscas e seu zumbir junto a vidraças banhadas de sol.

Tanta bondade, tanta fraqueza enxergo eu. Tanta justiça e compaixão, tanta fraqueza.

Redondos, corretos e bondosos são eles uns com os outros, tal como grãos de areia são redondos, corretos e bondosos uns com os outros.

Modestamente abraçar uma pequena felicidade — a isso chamam "resignação"! E nisso já olham modestamente de soslaio para uma nova pequena felicidade.

No fundo, simploriamente querem uma coisa acima de tudo: que ninguém lhes faça mal. Assim, são obsequiosos com todos e lhes fazem bem.

Isso, porém, é *covardia* — embora se chame "virtude". —

E, se alguma vez falam rudemente, essas pessoas pequenas: *eu* ouço nisso apenas a sua rouquidão — pois qualquer corrente de ar as enrouquece.

São sagazes, suas virtudes têm dedos sagazes. Mas faltam-lhes os punhos, seus dedos não sabem esconder-se atrás de punhos.

Para elas, virtude é o que torna modesto e manso: com ela transformaram o lobo em cão, e o próprio homem, no melhor animal doméstico do homem.

"Pomos nossa cadeira *no meio*" — diz-me seu sorriso complacente —, "tão distante de lutadores moribundos como de porcos satisfeitos."

Isso, porém, é *mediocridade*: embora se chame comedimento.

3. Ando em meio a esse povo e deixo cair algumas palavras: mas eles não sabem receber nem guardar.

Eles se admiram de que eu não tenha vindo censurar prazeres e vícios; e, em verdade, tampouco vim para acautelar contra batedores de carteiras!

Eles se admiram de que eu não esteja pronto a afinar e aguçar sua esperteza: como se já não tivessem bastantes cabeças espertas, cujas vozes arranham como lápis de lousa!

E, quando eu grito: "Maldizei todos os covardes demônios em vós, que gostam de choramingar, juntar as mãos e rezar", então eles gritam: "Zaratustra é sem-deus".

E especialmente seus mestres da resignação gritam isso —; mas justamente a esses eu amo gritar no ouvido: "Sim, sou Zaratustra, o sem-deus!".

Esses mestres da resignação! Onde quer que seja pequeno, doentio e sarnento eles se enfiam, como piolhos; e apenas meu nojo me impede de esmagá-los.

Muito bem! Eis a minha prédica para os *seus* ouvidos: eu sou Zaratustra, o sem-deus, que diz "quem é mais sem-deus do que eu, para desfrutar de seu ensinamento?".

Eu sou Zaratustra, o sem-deus: onde posso encontrar meus iguais? São meus iguais todos aqueles que dão a si mesmos sua vontade e se desfazem de toda resignação.

Eu sou Zaratustra, o sem-deus: chego a cozinhar todo acaso em *minha* panela. E somente quando ele está bem cozido eu lhe dou boas-vindas, como *meu* alimento.

E, em verdade, mais de um acaso me chegou imperiosamente: mas ainda mais imperiosamente lhe falou minha *vontade* — e logo estava ele de joelhos, a suplicar —

— a suplicar abrigo e coração junto a mim, e a dizer lisonjeiramente: "Vê, Zaratustra, somente o amigo procura o amigo!" —

Mas para que falar onde ninguém tem *meus* ouvidos? Assim, quero gritar aos quatro ventos:

Vós vos tornais cada vez menores, ó gente pequena! Desmoronais, ó amantes do bem-estar! Ainda perecereis —

— de vossas muitas pequenas virtudes, de vossas muitas pequenas abstenções, de vossa muita pequena resignação!

Demasiado macio, demasiado indulgente: assim é vosso terreno! Para tornar-se *grande*, porém, uma árvore deve lançar duras raízes em duras rochas!

Também o que deixais de fazer é parte do tecido do futuro dos homens; também vosso nada é uma teia de aranha e uma aranha que vive do sangue do futuro.

E, quando recebeis, é como se furtásseis, ó pequenos virtuosos; mas ainda entre os malandros diz a *honra*: "Só se deve furtar quando não se pode roubar".

"É dado" — também isso é um ensinamento da entrega. Mas eu vos digo, ó amantes do bem-estar: *é tomado*, e cada vez mais será tomado de vós![107]

Ah, se afastásseis de vós todo *meio* querer e vos tornásseis decididos à indolência tanto quanto à ação!

Ah, se compreendêsseis minhas palavras: "Fazei então o que quiserdes — mas primeiramente sede *capazes de querer*!".

"Amai então vosso próximo como a vós mesmos — mas sede antes aqueles que *amam a si mesmos* —

— que amam com o grande amor, que amam com o grande desprezo!" Assim fala Zaratustra, o sem-deus. —

Mas para que falar onde ninguém tem *meus* ouvidos? Aqui ainda é uma hora cedo demais para mim.

Eu sou meu próprio precursor em meio a esse povo, meu próprio canto do galo pelas ruas escuras.

Mas a hora *deles* está chegando! E também a minha chega! A cada hora eles se tornam menores, mais pobres, mais infecundos — pobres ervas! pobre terreno!

E *logo* estarão como capim seco e estepe e, em verdade, cansados de si mesmos — e sedentos de *fogo* mais que de água!

Ó abençoada hora do raio! Ó mistério antes do meio-dia! — Um dia farei deles fogos galopantes e arautos com línguas de fogo: —

— deverão anunciar um dia, com línguas de fogo:[108] Está chegando, está próximo *o grande meio-dia*!

Assim falou Zaratustra.

NO MONTE DAS OLIVEIRAS

O inverno, um hóspede ruim, está em minha casa; azuis estão minhas mãos, graças ao aperto de mão dessa amizade.

Eu respeito esse hóspede ruim, mas de bom grado o deixo sozinho. Fujo de sua presença; e, quando se corre *bem*, escapa-se dele!

Com pés e pensamentos quentes corro para onde o vento está parado — para o canto ensolarado de meu monte das oliveiras.

Lá eu rio de meu severo hóspede e ainda lhe sou grato por afastar as moscas em casa e silenciar muito barulho pequeno.

Pois ele não tolera que um mosquito queira cantar, menos ainda dois; também a rua ele torna solitária, de modo que nela o luar tem receio à noite.

É um hóspede duro — mas eu o respeito, e não rezo, como os fracotes, ao barrigudo ídolo de fogo.

É ainda melhor bater um pouco os dentes do que adorar ídolos! — assim quer meu feitio. E detesto especialmente os ardorosos, fumegantes, abafados ídolos de fogo.

Quem eu amo, amo-o melhor no inverno do que no verão; zombo melhor e mais efusivamente de meus inimigos agora, desde que o inverno está em minha casa.

Efusivamente, em verdade, mesmo quando *me arrasto* para a cama —: mesmo então ri e faz graça minha felicidade encolhida; ri também meu sonho mentiroso.

Eu — um que se arrasta? Jamais na vida me arrastei ante poderosos; e, se alguma vez menti, menti por amor. Por isso estou alegre também no leito de inverno.

Um leito magro me aquece mais que um leito rico, pois tenho ciúmes de minha pobreza. E sobretudo no inverno ela me é mais fiel.

Com uma maldade dou início a cada dia, zombo do inverno com um banho frio: isso faz resmungar meu severo amigo de casa.

Também gosto de fazer-lhe cócegas com uma pequena vela: para que enfim deixe que o céu saia da cinzenta madrugada.

Pois especialmente maldoso sou eu de manhã: bem cedo, quando o balde retine no poço e os cavalos calidamente relincham pelas ruas cor de cinza: —

Impaciente espero lá, até que enfim o céu claro apareça, o céu de inverno com barba de neve, o ancião de cabeça branca, —

— o céu de inverno, o silencioso, que muitas vezes também silencia seu sol!

Porventura aprendi com ele o longo, claro silenciar? Ou ele o aprendeu comigo? Ou cada um de nós o inventou por si?

Todas as coisas boas são de origem múltipla, — todas as coisas boas e travessas[109] pulam de prazer para dentro da existência: como poderiam elas fazer isso apenas — *uma* vez?

Coisa boa e travessa é também o longo silenciar e, como o céu de inverno, o olhar de um rosto luminoso de olhos redondos: —

— como ele, silenciar seu sol e sua inflexível vontade solar: em verdade, aprendi *bem* essa arte e essa petulância de inverno!

Minha arte e maldade mais querida é que meu silêncio aprendeu a não se trair pelo silêncio.

Chacoalhando palavras e dados, engano meus solenes guardiães: minha vontade e minha finalidade escaparão a esses severos vigias.

Para que ninguém olhe em meu fundo e minha vontade derradeira — para isso inventei o longo e luminoso silêncio.

Mais de um homem sagaz encontrei: cobria o rosto e turvava sua água, de modo que ninguém olhasse através e no fundo deles.

Mas iam até ele justamente os mais sagazes desconfiados e quebradores de nozes: justamente dele pescavam os peixes mais ocultos!

Já os claros, valorosos, transparentes — são para mim os mais sagazes entre os que silenciam: tão *profundo* é seu fundo, que mesmo a água mais clara não o — trai. —

Ó silencioso céu invernal de barba de neve, ó cabeça branca de olhos redondos acima de mim! Ó imagem celeste de minha alma e de sua petulância!

E não *tenho* de ocultar, como uma pessoa que engoliu ouro — para que não me cortem e abram a alma?

Não *tenho* de andar com pernas de pau, para que *não notem* minhas longas pernas — todos esses invejosos e lamentosos em torno a mim?

Essas almas enfumaçadas, abafadas, consumidas, enverdecidas, enraivecidas — como *poderia* a sua inveja suportar a minha felicidade?

Então lhes mostro apenas o gelo e o inverno sobre meus cumes — e *não* que minha montanha também se cinge de todos os cinturões de sol!

Ouvem apenas minhas tempestades de inverno a silvar — e *não* que também viajo por mares quentes, como saudosos, pesados, cálidos ventos do sul.

Também se apiedam de meus acidentes e acasos: — mas *minha* palavra diz: "Deixai vir a mim o acaso: ele é inocente como uma criança!".

Como poderiam suportar minha felicidade, se eu não a cobrisse de acidentes, apuros de inverno, gorros de urso-polar e capas de céu de neve?

— se eu mesmo não me apiedasse de sua *compaixão*: da compaixão desses invejosos e lamentosos?

— se eu mesmo não suspirasse e tremesse de frio diante deles e pacientemente não me *deixasse* ser envolvido em sua compaixão?

Eis a sábia petulância e benevolência de minha alma, o fato de *não esconder* seu inverno e suas nevascas; de tampouco esconder suas frieiras.

A solidão de um é a fuga do doente; a solidão do outro, a fuga *ante* os doentes.

Que eles me ouçam tiritar e suspirar de frio, todos esses pobres e vesgos malandros ao meu redor! Com esses suspiros e tremores fujo inclusive de seus aposentos aquecidos.

Que eles se compadeçam e suspirem comigo por minhas frieiras: "No gelo do conhecimento ele ainda *morrerá de frio*!" — assim lamentam eles.

Enquanto isso ando de pés quentes, para lá e para cá, em meu monte das oliveiras: no canto ensolarado de meu monte das oliveiras eu canto e zombo de toda compaixão. —

Assim cantou Zaratustra.

DO PASSAR ALÉM

Assim, lentamente passando por muitos povos e muitas cidades, Zaratustra retornava, fazendo rodeios, a sua montanha e sua caverna. E eis que inesperadamente chegou também ao portão da *grande cidade*: mas ali saltou-lhe ao encontro um louco que babava, com as mãos estendidas, e barrou-lhe o caminho. Esse era o mesmo louco que o povo chamava "o macaco de Zaratustra": pois ele tirava alguma coisa do fraseado e da cadência de suas falas e também gostava de tomar empréstimos ao tesouro de sua sabedoria. E o louco falou assim a Zaratustra:

"Ó Zaratustra, aqui é a grande cidade: aqui nada tens a procurar e tens tudo a perder.

Por que pretendes vadear esse lamaçal? Tem compaixão por teus pés! É melhor cuspires na porta da cidade e — dares meia-volta!

Aqui é o inferno para os pensamentos de eremitas: aqui os grandes pensamentos são refogados vivos e ficam pequenos depois de cozidos.

Aqui apodrecem os grandes sentimentos: apenas sentimentozinhos secos podem aqui matraquear!

Não sentes o cheiro dos matadouros e tabernas do espírito? Esta cidade não exala o miasma do espírito abatido?

Não vês as almas penduradas como trapos moles e sujos? — E ainda são feitos jornais desses trapos!

Não ouves como aqui o espírito se tornou jogo de palavras? Uma repugnante lavadura de palavras ele vomita! — E ainda são feitos jornais com essa lavadura de palavras.

Provocam uns aos outros, e não sabem a quê? Agitam uns aos outros, e não sabem por quê? Fazem retinir seu latão, fazem tilintar seu ouro.

São frios e procuram calor em aguardentes; são acalorados e buscam frescor em espíritos gelados; são todos enfermos e viciados em opiniões públicas.

Todos os vícios e apetites aqui estão em casa; mas há também virtuosos, há muita virtude empregável e empregada. —

Muita virtude empregável, com dedos de escrever e dura carne de sentar e esperar, abençoada com pequenas estrelas no peito e filhas estofadas e sem traseiro.

Também há muita devoção aqui, e muito capachismo crédulo, puxa-saquismo sédulo ante o deus dos exércitos.

'Lá do alto' gotejam, de fato, a estrela e a benigna saliva;[110] para o alto se dirige a aspiração de todo peito sem estrela.

A lua tem sua corte, e a corte tem seus patetas: mas diante de tudo que vem da corte reza o povo de pedintes e toda aproveitável virtude de pedintes.

'Eu sirvo, tu serves, nós servimos' — é a oração que toda virtude aproveitável ergue até o príncipe: para que a merecida estrela finalmente se aplique ao estreito peito!

Mas a lua continua a girar em torno de tudo que é terreno: assim também o príncipe gira em torno do que é mais terreno de tudo —: isso, porém, é o ouro dos merceeiros.

O deus dos exércitos não é o deus das barras de ouro; o príncipe propõe, mas o merceeiro — dispõe!

Por tudo o que é luminoso, bom e forte em ti, ó Zaratustra! Cospe sobre esta cidade de merceeiros e dá meia-volta!

Aqui, todo o sangue corre pútrido, morno e espumoso por todas as veias: cospe sobre a grande cidade, que é o grande esgoto onde toda a escória se junta e espumeja!

Cospe sobre a cidade das almas esmagadas e peitos estreitos, dos olhos afiados, dos dedos viscosos —

— sobre a cidade dos importunos, dos desavergonhados, dos berradores e escrevinhadores, dos ambiciosos superexcitados: —

— onde supura tudo que é quebradiço, desacreditado, lascivo, sombrio, cediço, ulceroso, conspirativo: —

— cospe sobre a grande cidade e dá meia-volta!" — —

Mas nesse ponto Zaratustra interrompeu o louco que babava e tapou-lhe a boca com a mão.

"Cala-te!", gritou Zaratustra; "há muito que me enojam tuas palavras e teu jeito!

Por que viveste por tanto tempo no pântano, tornando-te tu mesmo rã e sapo?

Em tuas próprias veias não corre sangue pútrido e espumoso de pântano, de modo que assim aprendeste a coaxar e praguejar?

Por que não foste para o bosque? Ou araste a terra? O mar não está cheio de ilhas verdes?

Eu desprezo o teu desprezo; e, se me advertiste — por que não advertiste a ti mesmo?

Apenas do amor devem partir meu desprezo e meu pássaro admoestador: não do pântano!

Chamam-te meu macaco, ó louco que baba: mas eu te chamo meu porco grunhidor — com teus grunhidos, estragas inclusive meu elogio da loucura.

O que foi, então, que te fez grunhir? Que ninguém te *lisonjeasse* o bastante: — por isso te puseste nessa imundície, para teres motivo para bastante grunhir, —

— para teres motivo de muita *vingança*! Pois vingança, ó louco vaidoso, é todo o teu espumar, eu bem te adivinhei!

Mas tuas palavras de louco prejudicam *a mim*, mesmo quando estás certo! E, ainda que as palavras de Zaratustra fossem mil vezes certas: *tu*, com minhas palavras, sempre — *farias* errado!"

Assim falou Zaratustra; e ele olhou para a grande cidade, suspirou e longamente ficou em silêncio. Por fim, falou assim:

Também me enoja essa grande cidade, não apenas esse louco. Num e noutro não há o que melhorar, não há o que piorar.

Ai dessa grande cidade! — E eu gostaria de já enxergar a coluna de fogo em que ela arderá![111]

Pois tais colunas de fogo devem preceder o grande meio-dia. Mas esse tem seu tempo e seu destino. —

E este ensinamento te dou, ó louco, como despedida: onde não se pode mais amar, deve-se — *passar ao largo*! —

Assim falou Zaratustra, passando ao largo do louco e da grande cidade.

DOS APÓSTATAS

1. Ah, já se encontra murcho e cinzento aquilo tudo que há pouco era verde e colorido nesse prado? E quanto mel de esperança levei daqui para minhas colmeias!

Todos esses jovens corações já se tornaram velhos — e nem sequer velhos! Apenas cansados, vulgares, cômodos: — "Tornamo-nos novamente devotos", dizem eles.

Há bem pouco eu os vi saírem com pés valentes, de manhã cedo: mas seus pés do conhecimento se cansaram, e agora eles caluniam até mesmo sua valentia matinal!

Em verdade, alguns deles moviam as pernas como um dançarino, e o riso de minha sabedoria lhes acenou: — então refletiram. Acabo de vê-los curvados — arrastando-se para a cruz.

Um dia esvoaçavam em torno da luz e da liberdade, como as mariposas e os jovens poetas. Um tanto mais velhos, um tanto mais frios: e já ficam sentados junto à estufa, amigos da penumbra e dos sussurros.

Porventura seu coração se abateu porque a solidão me engoliu como uma baleia? Seus ouvidos esperaram *em vão*, longa e ardentemente, por mim e meus chamados de trombeta, de arauto?

— Ah! Sempre são poucos aqueles cujo coração mantém a coragem e a exuberância; e neles também o espírito permanece paciente. Mas o resto é *covarde*.

O resto: é sempre a grande maioria, a banalidade, a profusão, os muitos e demais — esses todos são covardes! —

Quem é de minha espécie depara sempre com as vivências de minha espécie: de modo que seus primeiros companheiros serão cadáveres e palhaços.

Seus segundos companheiros, porém — se denominarão seus *crentes*: um enxame vivo, muito amor, muita tolice, muita veneração imberbe.

Não deve prender o coração a esses crentes aquele que é de minha espécie entre os homens; não deve crer nessas primaveras e prados coloridos aquele que conhece a fugaz e covarde espécie humana!

Se eles *pudessem* de outro modo, também *quereriam* de outro modo. Os meios-termos estragam tudo que é inteiro. O fato de as folhas murcharem — que há nisso a lamentar?

Deixa-as cair e partir, ó Zaratustra, e não lamentes! Melhor é soprares entre elas com ventos ciciantes, —

— sopra entre essas folhas, ó Zaratustra: para que tudo *emurchecido* se afaste ainda mais rapidamente de ti! —

2. "Tornamo-nos novamente devotos" — admitem esses apóstatas; e alguns deles são demasiado covardes para admitir isso.

A esses eu olho nos olhos — a esses digo no rosto e no rubor das faces: sois daqueles que novamente *rezam*!

Mas é uma vergonha rezar! Não para todos, mas para ti, para mim e quem mais tenha consciência na cabeça. Para *ti* é uma vergonha rezar!

Bem o sabes: o covarde demônio em ti, que bem gostaria de juntar as mãos e pôr as mãos no colo e sentir-se mais cômodo: — é esse covarde demônio que te diz: "*Existe* um Deus!".

Com isso, no entanto, pertences à espécie de homens que temem a luz, aos quais a luz nunca deixa em paz; todos os dias, agora, tens de enfiar a cabeça mais profundamente na noite e na névoa!

E, em verdade, escolheste bem a hora: pois justamente então saem de novo as aves noturnas. Chegou a hora para todos os seres que temem a luz, a hora festiva e de descanso, em que não se — "festeja".

Já escuto e farejo: chegou sua hora de caçada e procissão, não uma caçada selvagem, é certo, mas mansa, claudicante, espreitante, de gente pisa-mansinho e reza-baixinho, —

— uma caçada a sonsos cheios de alma: todas as ratoeiras do coração estão novamente armadas! E, onde quer que eu levante uma cortina, sai voando uma falenazinha noturna.

Estaria lá encolhida com outras falenazinhas? Pois em toda parte sinto cheiro de conventículos ocultos; e, onde há pequenos aposentos, neles se acham novos carolas e névoa de carolas.

Eles ficam longas noites sentados juntos e dizem: "Vamos voltar a ser como as criancinhas e invocar o bom Deus!" — com a boca e o estômago estragados pelos devotos confeiteiros.

Ou durante longas noites olham para uma astuta, expectante aranha-de-cruz,[112] que prega sagacidade às próprias aranhas e ensina que "debaixo das cruzes pode-se tecer bem!".

Ou ficam sentados o dia inteiro ao lado de pântanos, com varas de pescar, acreditando-se *profundos* por isso; mas quem pesca onde não há peixes, eu não chamaria sequer de superficial!

Ou aprendem, de maneira risonha-devota, a tocar harpa com um criador de canções que bem gostaria de falar ao coração de jovens mulheres com seus harpejos: — pois já se cansou das mulheres velhas e de seus louvores.

Ou aprendem a arrepiar-se com um semilouco erudito que aguarda, em escuros aposentos, que os espíritos o procurem — e o espírito escape inteiramente![113]

Ou escutam um velho e vagamundo gaiteiro resmungão, que aprendeu de ventos sombrios o tom sombrio dos sons; agora assovia conforme o vento e prega a aflição com tons aflitos.

E alguns deles se tornaram até mesmo vigias noturnos: agora sabem soprar cornetas e rondar pela noite e despertar velhas coisas que há muito adormeceram.

Cinco falas sobre velhas coisas ouvi, ontem à noite, junto

ao muro do jardim: eram desses velhos, aflitos, secos vigias noturnos.

"Como pai, não cuida o bastante dos filhos: pais humanos fazem isso melhor!" —

"É muito velho! Já não se preocupa com os filhos" — respondeu o outro vigia noturno.

"Mas ele tem filhos? Ninguém pode provar isso, se ele mesmo não provar! Há muito eu queria que ele o provasse totalmente."

"Provar? Como se *ele* tivesse alguma vez provado algo! Prova é algo difícil para ele; dá grande importância a que se *creia* nele."

"Sim, sim, a fé o torna bem-aventurado, a fé nele. São desse jeito as pessoas velhas. Conosco é assim também!" —

— Assim falaram um ao outro os dois velhos vigias noturnos e tementes da luz, e em seguida tocaram suas cornetas, preocupados: foi o que aconteceu ontem à noite, junto ao muro do jardim.

Mas em mim o coração se torceu de rir, querendo explodir, mas não sabia onde, e afundou no diafragma.

Em verdade, isto ainda será minha morte, sufocar de risos quando vejo asnos embriagados e ouço vigias noturnos a duvidar assim de Deus.

Pois *há muito* não passou o tempo também para essas dúvidas? Quem ainda se permitiria despertar essas velhas coisas adormecidas e tementes da luz?

Há muito tempo tiveram fim os velhos deuses — e, em verdade, foi um bom fim, alegre, de deuses!

Eles não tiveram um "crepúsculo": — isso é mentira! O que houve, isto sim, foi que um dia morreram de — *rir*!

Isso ocorreu quando as mais ímpias palavras saíram da própria boca de um deus: "Existe apenas um só Deus! Não deves ter nenhum outro deus além de mim!"[114] —

— um velho deus barbudo e raivoso, bastante ciumento, excedeu-se a esse ponto.

E todos os deuses caíram então na risada, mexeram-se nas

suas cadeiras e exclamaram: "Justamente isso não é divino, que haja deuses, mas nenhum Deus?".

Quem tem ouvidos, que ouça. —

Assim falou Zaratustra na cidade que amava e que chamam "A Vaca Malhada". Dali ele ainda precisava caminhar mais dois dias, para chegar até sua caverna e seus animais; mas sua alma estava exultante com a proximidade do regresso. —

O REGRESSO

Ó solidão! Solidão, pátria minha! Por tempo demais vivi selvagemente, em selvagens terras alheias, para não regressar a ti sem lágrimas!

Agora apenas me ameaça com o dedo, como fazem as mães, agora sorri para mim, como sorriem as mães, agora apenas fala: "E quem foi aquele que um dia, como um vendaval, escapou tempestuosamente de mim? —

— que partindo exclamou: por tempo demais fiquei junto à solidão, então desaprendi de calar! *Isso* — aprendeste agora?

Ó Zaratustra, sei de tudo; e também que no meio de muitos homens estavas mais *abandonado*, único que és, do que jamais estiveste comigo!

Uma coisa é o abandono, outra é a solidão. *Isso* — aprendeste agora! E que sempre serás, entre os homens, selvagem e alheio:

— selvagem e alheio ainda quando te amem: pois antes de tudo eles querem ser *poupados*!

Mas aqui estás contigo e em casa; aqui podes falar tudo e desabafar todas as razões; nada, aqui, se envergonha de sentimentos escondidos, empedernidos.

Aqui todas as coisas vêm afagantes ao encontro da tua palavra, e te lisonjeiam: pois querem cavalgar no teu dorso. Em cada símbolo cavalgas aqui até cada verdade.

De forma direita e direta podes falar aqui a todas as coisas:

e, em verdade, aos seus ouvidos soa-lhes como um louvor que alguém fale com todas as coisas sem rodeios!

Diferente, todavia, é ser abandonado. Pois ainda te lembras, ó Zaratustra? Quando o teu pássaro gritou acima de ti, quando estavas na floresta, sem saber para onde ir, indeciso, próximo de um cadáver: —

— quando falaste: que os meus animais me conduzam! Vi mais perigo entre os homens do que entre os animais: — *Isso* era abandono!

E ainda te lembras, ó Zaratustra? Quando estavas em tua ilha, uma fonte de vinho entre cântaros vazios, dando e dividindo, regalando e repartindo entre os sedentos:

— até que finalmente eras o único sedento entre os bêbados e à noite lamentavas: 'Não é mais venturoso receber do que dar? E ainda mais venturoso roubar do que receber?' — *Isso* era abandono!

E ainda te lembras, ó Zaratustra? Quando chegou tua hora mais silenciosa e te arrastou para longe de ti mesmo, quando falou num malvado sussurro: 'Fala e te despedaça!' —

— quando fez que te arrependesses de todo o teu esperar e silenciar e que esmorecesse tua humilde coragem: *isso* era abandono!" —

Ó solidão! Solidão, pátria minha! Quão terna e bem-aventurada me fala a tua voz!

Nós não interrogamos um ao outro, não reclamamos um ao outro, passamos, um ao outro aberto, por portas abertas.

Pois contigo é tudo aberto e claro; e mesmo as horas correm aqui com pés mais leves. De fato, no escuro o tempo é mais pesado que na luz.

Aqui se abrem para mim as palavras e arcas de palavras de todo o ser: todo o ser quer vir a ser palavra, todo vir-a-ser quer comigo aprender a falar.

Lá embaixo, porém — lá toda fala é em vão! A melhor sabedoria, lá, é esquecer e passar ao largo: *isso* — aprendi eu agora!

Quem quisesse tudo compreender nos homens, precisaria tudo acometer.[115] Mas para isso tenho mãos demasiado limpas.

Nem seu hálito me agrada inalar; ah, como vivi tanto tempo em meio a seu ruído e mau hálito?

Oh, venturoso silêncio ao meu redor! Oh, puros odores ao meu redor! Oh, como este silêncio extrai ar puro do peito profundo! Oh, como escuta este venturoso silêncio!

Mas lá embaixo — ali tudo fala e nada é ouvido. Alguém pode anunciar sua verdade com sinos: os merceeiros do mercado lhe cobrirão o som com o tilintar dos níqueis!

Entre eles todos falam, e ninguém mais entende. Tudo vai por água abaixo, nada mais fica em poços profundos.

Entre eles todos falam, e nada mais vinga e chega ao fim. Todos cacarejam, mas quem fica sentado em silêncio no ninho, para chocar os ovos?

Entre eles todos falam, e tudo é estropiado com palavras. E aquilo que ontem ainda era duro demais para o tempo e seus dentes: hoje pende, roído e rasgado, das bocas dos homens de hoje.

Entre eles todos falam, tudo é revelado. E o que um dia era segredo e reserva de almas profundas, hoje pertence aos trombeteiros das ruas e outras borboletas.

Ó ser humano, singular criatura! Ruído em becos escuros! Agora te achas novamente detrás de mim: — meu maior perigo se acha detrás de mim!

Poupar e compadecer sempre foi meu maior perigo — e todo ser humano quer ser poupado e compadecido.

Com verdades contidas, com mãos de tolo e coração tolamente enamorado, e pródigo nas pequenas mentiras da compaixão: — assim sempre vivi entre os homens.

Disfarçado me sentava entre eles, disposto a *me* desconhecer para melhor suportar *a eles*, e de bom grado me dizendo: "Tolo, não conheces os homens!".

Desaprende-se a conhecer os homens ao viver entre eles: há "fachada"[116] em demasia em todos os homens — que têm a fazer, *ali*, olhos que veem longe, que desejam o longe?

E, quando me desconheciam: eu, tolo, poupava-os mais do que a mim mesmo por isso — habituado à dureza comigo e muitas vezes vingando-me em mim mesmo por poupá-los.

Picado por moscas venenosas e furado, como uma pedra, por muitas gotas de maldade, assim me sentava entre eles, ainda dizendo a mim mesmo: "Tudo pequeno é inocente de sua pequenez!".

Especialmente os que se chamam "os bons" percebi como as moscas mais venenosas: eles picam com toda a inocência, mentem com toda a inocência; como *conseguiriam*, em relação a mim — ser justos?

Àquele que vive entre os bons a compaixão ensina a mentir. A compaixão torna bafiento o ar para todas as almas livres. Pois insondável é a estupidez dos bons.

Ocultar a mim mesmo e a minha riqueza — *isso* aprendi lá embaixo: pois todos me pareceram ainda pobres de espírito. Essa foi a mentira de minha compaixão, o fato de que em cada um eu sabia,

— de que em cada um via e cheirava o que lhe era espírito *suficiente* e o que já lhe era espírito *demais*!

Seus rígidos sábios: eu os chamei sábios, não rígidos — assim aprendi a engolir palavras. Seus coveiros: eu os chamei pesquisadores e examinadores — assim aprendi a trocar palavras.

Os coveiros cavam doenças para si. Sob velhos escombros descansam vapores ruins. Não se deve revolver o lodaçal. Deve-se viver nas montanhas.

Com narinas venturosas respiro novamente a liberdade dos montes! Finalmente redimido se acha meu nariz do odor de seres humanos!

Por agudos ventos titilada, como que por espumantes vinhos, minha alma *espirra* — espirra e brinda a si mesma: Saúde!

Assim falou Zaratustra.

DOS TRÊS MALES

1. Num sonho, no último sonho da manhã, eu estava hoje num promontório — além do mundo, eu segurava uma balança e *pesava* o mundo.

Oh, cedo demais chegou a aurora: acordou-me com seu ardor, a ciumenta! Sempre tem ciúmes de como ardem meus sonhos matinais.

Mensurável para aquele que tem tempo, sopesável para um bom pesador, sobrevoável para asas fortes, adivinhável para divinos quebra-nozes:[117] assim meu sonho encontrou o mundo: —

Meu sonho, um audaz velejador, meio barco, meio ventania, silencioso como as borboletas, impaciente como os falcões: mas como teve hoje tempo e paciência para pesar o mundo!

Teria lhe falado em segredo minha sabedoria, minha risonha e alerta sabedoria diurna, que zomba de todos os "mundos infinitos"? Pois ela diz: "Onde há força, também o *número* se torna senhor: ele tem mais força".

Com que segurança olhava meu sonho para esse mundo finito, não com anseio do novo ou do velho, não com temor ou com rogos: —

— como se uma maçã inteira se ofertasse à minha mão, uma madura maçã de ouro, com pele fresca, suave e sedosa: — assim se me ofertava o mundo: —

— como se uma árvore me acenasse, frondosa, voluntariosa, curvada para encosto e até para apoio do pé do caminhante cansado: assim se achava o mundo em meu promontório: —

— como se mãos graciosas me trouxessem um relicário — um relicário aberto, para encanto de olhos pudicos e adoradores; assim vinha hoje o mundo ao meu encontro: —

— não enigma bastante para afugentar o amor dos homens, não solução suficiente para adormecer a sabedoria dos homens: — uma coisa humanamente boa era hoje para mim o mundo, do qual tanta coisa ruim se fala!

Como agradeço a meu sonho matinal eu haver assim pesado o mundo hoje cedo! Como algo humanamente bom veio ele a mim, este sonho e consolador do coração!

E, para que eu faça como ele durante o dia, dele aprendendo e imitando o que é melhor: vou agora pôr na balança as três coisas mais ruins e sopesá-las humanamente bem. —

Quem ali ensinou a abençoar, também ensinou a amaldiçoar: quais são, no mundo, as três coisas mais bem amaldiçoadas? Essas eu porei na balança.

Volúpia, ânsia de domínio, egoísmo: essas três foram até agora as mais bem amaldiçoadas e mais terrivelmente caluniadas e aviltadas — essas três vou agora sopesar humanamente bem.

Pois bem! Aqui está meu promontório e ali o mar: *esse* rola até meus pés, peludo, lisonjeador, o velho, fiel monstro-cão de cem cabeças que eu amo.

Pois bem! Aqui vou segurar a balança sobre o mar que rola: e também uma testemunha escolho, para que observe — a ti, árvore solitária, a ti, de forte aroma e ampla copa, que eu amo! —

Por qual ponte vai o hoje para o algum dia? Sob qual coação o que é alto se obriga a descer ao que é baixo? E o que diz ao mais alto para ainda — crescer mais? —

Agora a balança está quieta e equilibrada: três difíceis questões eu lancei, três difíceis respostas estão no outro prato.

2. Volúpia: aguilhão e estaca para todos os desprezadores do corpo que vestem cilício, e amaldiçoada como "mundo" por todos os trasmundanos: pois escarnece e ludibria todos os mestres da confusão e do erro.

Volúpia: para a gentalha, o fogo lento em que é consumida; para toda madeira carcomida, para todos os trapos malcheirosos, o forno aceso e fervoroso.

Volúpia: para os corações livres, inocência e liberdade, a felicidade edênica na terra, a transbordante gratidão de todo futuro ao presente.

Volúpia: apenas para o emurchecido um adocicado veneno, mas para os de vontade leonina o grande estimulador do coração e o veneravelmente reservado vinho dos vinhos.

Volúpia: a grande imagem de felicidade para superior felicidade e suprema esperança. Pois para muitos é prometido o casamento e mais que o casamento, —

— para muitos que são mais estranhos a si mesmos que o

homem à mulher: — e quem compreendeu totalmente *quão estranhos* um ao outro são o homem e a mulher?

Volúpia: — mas quero que haja cercas em volta de meus pensamentos e também de minhas palavras: para que os porcos e entusiastas não irrompam em meus jardins! —

Ânsia de domínio: tição e açoite dos mais duros entre os duros de coração; o horrendo martírio reservado ao mais cruel; a sombria chama das fogueiras que vivem.

Ânsia de domínio: o maldoso moscardo[118] imposto aos povos mais vaidosos; a escarnecedora de toda virtude incerta; que monta cada cavalo e cada orgulho.

Ânsia de domínio: o terremoto que rompe e quebra tudo que é podre e cavo; a estrondeante, punitiva destruidora de sepulcros caiados; a coruscante interrogação junto a respostas prematuras.

Ânsia de domínio: ante seu olhar o homem rasteja, se curva, se submete e se torna mais baixo do que serpente e porco: — até que finalmente o grande desprezo grita de dentro dele —,

Ânsia de domínio: a terrível professora do grande desprezo, que prega na face de cidades e reinos: "Fora contigo!" — até que de dentro deles mesmos se grita: "Fora *comigo*!".

Ânsia de domínio: que, no entanto, também sobe sedutoramente aos puros e solitários e até alturas que bastam a si mesmas, ardente como um amor que sedutoramente pinta purpúreas bem-aventuranças no céu da terra.

Ânsia de domínio: mas quem chamaria "ânsia"[119] quando o que é alto desce, desejando o poder? Em verdade, nada há de malsão e sôfrego em tal desejar e descer!

Que a altura solitária não permaneça eternamente solitária e bastando a si mesma; que a montanha chegue ao vale e os ventos da altura cheguem às baixadas: —

Oh, quem encontraria o nome certo de virtude para batizar esta ânsia? "Virtude dadivosa" — assim denominou Zaratustra um dia o inominável.

E também aconteceu então — em verdade, pela primeira vez! — que sua palavra beatificasse o *egoísmo*, o sadio, inteiro egoísmo que brota de uma alma poderosa: —

— de uma alma poderosa, a que pertence o corpo elevado, o corpo bonito, vitorioso, animador, em redor do qual tudo se torna espelho:

O corpo flexível e convincente, o dançarino cujo símbolo e epítome é a alma que se compraz em si. O prazer-consigo[120] desses corpos e almas chama a si mesmo "virtude".

Com suas palavras sobre o que é bom e ruim, esse prazer-consigo se protege como com bosques sagrados; com os nomes de sua felicidade, bane de sua presença tudo que é desprezível.

Bane para longe de si tudo que é covarde; diz: "Ruim — *isso é covarde*!". Desprezível lhe parece quem sempre está a se preocupar, lamentar, suspirar, e quem recolhe até as mínimas vantagens.

Despreza também toda sabedoria lamuriante: pois, em verdade, há também a sabedoria que floresce na escuridão, uma sabedoria de sombras noturnas: a qual sempre suspira: "Tudo é vão!".

A desconfiança timorata vale pouco para ele, assim como todo aquele que prefere juramentos a olhares e mãos: e também toda sabedoria desconfiada demais — pois tal é a maneira das almas covardes.

Menos ainda vale para ele o obsequioso fácil, o ser canino, que imediatamente se deita de costas, o humilde; e há também sabedoria que é humilde, canina, devota, e facilmente obsequiosa.

É-lhe odioso, e até mesmo nojento, quem jamais quer se defender, quem engole escarros venenosos e olhares maus, o ser demasiado paciente, com tudo tolerante, com tudo satisfeito: pois isso é maneira de servo.

Seja alguém servil ante os deuses e os pontapés divinos ou ante os homens e as estúpidas opiniões humanas: em *toda* maneira de servo ele cospe, esse bem-aventurado egoísmo!

Ruim: assim chama ele a tudo que se curva e é tacanho-servil, aos submissos olhos que pestanejam, aos corações oprimidos e àquela falsa maneira indulgente que beija com lábios amplos e covardes.

E pseudossabedoria: assim chama ele a tudo que gracejam os servos, idosos e cansados; e, em especial, toda a feia, delirante, demasiado engenhosa tolice dos sacerdotes!

Os pseudossábios, porém, todos os sacerdotes, os cansados do mundo e aqueles cuja alma tem a maneira da mulher e do servo — oh, que terríveis peças pregaram desde sempre no egoísmo!

E que precisamente isto fosse considerado e chamado virtude, pregar terríveis peças no egoísmo! E "sem-ego" — assim desejariam ser, com bom motivo, todos esses covardes e aranhas-de-cruz cansados do mundo!

Mas para todos eles está chegando o dia, a transformação, a espada da justiça, *o grande meio-dia*: muita coisa será então revelada![121]

E quem proclama o Eu sadio e sagrado e o egoísmo bem-aventurado, em verdade também proclama aquilo que sabe e profetiza: "*Vê, ele está chegando, ele está próximo, o grande meio-dia!*".

Assim falou Zaratustra.

DO ESPÍRITO DE GRAVIDADE

1. Minha língua — é do povo: falo de modo grosseiro e franco demais para os delicados. E ainda mais estranhas soam minhas palavras para todos os borra-tintas escrevinhadores.

Minha mão — é uma mão de tolo: ai de todas as mesas e paredes e o que mais tiver lugar para rabiscos e arabescos de tolo!

Meu pé — é um pé de cavalo; com ele troto e galopo à rédea solta, para lá e para cá, alegre como o Diabo de tanto correr.

Meu estômago — será um estômago de águia? Pois gosta principalmente de carne de cordeiro. Sem dúvida, é um estômago de ave.

Nutrido de pouco, e de coisas inocentes, pronto e impaciente para voar, voar embora — eis agora a minha maneira: como não teria ela algo da maneira das aves?

E sobretudo que eu seja inimigo do espírito de gravidade, isso é maneira de ave: e, em verdade, inimigo de morte, arqui--inimigo, protoinimigo! Oh, para onde já não voou e se extraviou minha inimizade?

Sobre isso eu até poderia cantar uma canção — — e *vou* cantar: embora me encontre só na casa vazia e tenha de cantá-la para meus próprios ouvidos.

É certo que existem cantores que apenas com a casa cheia têm a garganta macia, a mão eloquente, o olhar expressivo, o coração alerta: — Não sou como eles. —

2. Quem um dia ensinar os homens a voar, deslocará todos os marcos de limites; os marcos mesmos voarão pelos ares, e esse alguém batizará de novo a terra — de "a Leve".

A avestruz corre mais velozmente que o mais ligeiro cavalo, mas também enfia a cabeça pesadamente na terra pesada: assim também o homem que ainda não sabe voar.

Pesadas são, para ele, terra e vida; e assim *quer* o espírito de gravidade! Mas quem quiser ficar mais leve, tornando-se pássaro, tem de amar a si mesmo: — é o que ensino *eu*.

Não, decerto, com o amor dos enfermos e alquebrados: pois neles até o amor-próprio cheira mal!

Deve-se aprender a amar a si mesmo — é o que ensino — com um amor são e saudável: de modo a se tolerar estar consigo e não vaguear.

Esse vaguear batiza a si mesmo de "amor ao próximo": foi com essa expressão que melhor mentiram e fingiram até hoje, especialmente aqueles que pesavam para todos.

E, em verdade, não é este um mandamento para hoje e amanhã, *aprender* a se amar. Entre todas as artes, é antes a mais sutil, mais astuciosa, a derradeira e mais paciente.

Pois tudo que é de si próprio se acha bem escondido do possuidor; de todas as cavernas de tesouros, a própria é a última a ser escavada — assim dispõe o espírito de gravidade.

Quase no berço já nos dão pesados valores e palavras: "bem" e "mal" — é como se chama esse dote. Por causa dele nos perdoam que vivamos.

E deixam que vão a si as criancinhas, a tempo de impedir que elas amem a si próprias: assim dispõe o espírito de gravidade.

E nós — carregamos fielmente o que nos dão em dote, em duros ombros e por ásperas montanhas! E, se suamos, nos dizem: "Sim, a vida é um fardo!".

Mas apenas o homem é um fardo para si mesmo! Isso porque carrega nos ombros muitas coisas alheias. Tal como o camelo, põe-se de joelhos e deixa que o carreguem bastante.

Em especial o homem forte, resistente, no qual é inerente a veneração: demasiados valores e palavras pesados *alheios* põe ele sobre si — e então a vida lhe parece um deserto!

E, em verdade! Também muita coisa *própria* é difícil de carregar! E muito do interior do homem é como a ostra, ou seja, repugnante, escorregadio e difícil de agarrar —,

— de maneira que uma casca nobre, com nobres adornos, precisa interceder a seu favor. Mas também essa arte se deve aprender, a de *ter* casca, aparência formosa e sagaz cegueira!

E engana sobre muita coisa no homem o fato de muitas cascas serem pobres, tristes, cascas demais. Muita força e bondade oculta não é jamais adivinhada; os mais deliciosos petiscos não acham apreciadores!

As mulheres sabem disso, as mais deliciosas: um pouco mais magra, um pouco mais gorda — oh, quanto destino se acha em tão pouco!

O homem é difícil de descobrir, e descobrir a si mesmo, o mais difícil de tudo; com frequência, o espírito mente acerca da alma. Assim dispõe o espírito de gravidade.

Mas descobriu a si mesmo quem diz: "Este é meu bem e meu mal": com isso fez calar o anão e toupeira que diz "Bom para todos, mau para todos".

Em verdade, também não gosto daqueles para quem cada coisa é boa e este mundo é inclusive o melhor. A esses denomino os contentes com tudo.

O contentamento com tudo, que sabe de tudo gostar: este não é o melhor gosto! Respeito os estômagos e línguas rebeldes e exigentes, que aprenderam a dizer "Eu", "Sim" e "Não".

Mas tudo mastigar e digerir — isso é uma autêntica maneira de porco! Sempre dizer "I-A"[122] — isso apenas o asno aprendeu, e quem tem seu espírito! —

O amarelo profundo e o vermelho quente: é o que deseja o *meu* gosto — ele mistura sangue a todas as cores. Mas quem caia sua casa, esse revela uma alma caiada.

Uns enamorados de múmias, outros, de fantasmas; e todos igualmente hostis à carne e ao sangue — oh, como repugnam ao meu gosto! Pois eu amo o sangue.

E não quero viver e estar ali onde todo mundo cospe e escarra: pois esse é *meu* gosto — preferiria viver entre bandidos e perjuros. Ninguém tem ouro na boca.

Ainda mais repugnantes me são os puxa-sacos; e o mais repugnante animal que encontrei entre os homens denominei parasita: esse não queria amar e, no entanto, queria viver de amor.

Desventurados chamo a todos aqueles que têm uma só escolha: tornar-se maus animais ou maus domadores de animais: entre eles eu jamais levantaria tendas.

Desventurados também chamo aqueles que sempre devem *esperar* — eles repugnam ao meu gosto: todos os alfandegários, merceeiros, reis e outros guardiães de terras e de lojas.

Em verdade, aprendi também a esperar, e bastante — mas somente a esperar *por mim*. E sobretudo aprendi a ficar em pé, andar, correr, saltar, escalar e dançar.

Mas este é o meu ensinamento: quem um dia quiser aprender a voar, deve primeiramente aprender a ficar em pé, andar, correr, saltar, escalar e dançar: — não se aprende a voar voando!

Com escadas de corda aprendi a escalar muitas janelas, com pernas ágeis subi em altos mastros: estar sobre altos mastros do conhecimento não me pareceu bem-aventurança pequena, —

— cintilar como pequenas flamas sobre altos mastros: uma luz pequena, decerto, mas um grande consolo para navegantes e náufragos perdidos! —

Por muitos caminhos e meios diferentes alcancei minha verdade; não apenas por uma escada subi às alturas de onde meu olho vagueia pelas distâncias que são minhas.

E somente com relutância perguntei pelos caminhos — isto sempre repugnou ao meu gosto! Preferi perguntar e tentear os próprios caminhos.

Um perguntar e tentear era todo o meu andar: — e, em verdade, deve-se *aprender* também a responder a tal perguntar! Mas este — é meu gosto:

— não que seja bom ou seja ruim, mas *meu* gosto, de que não me envergonho nem escondo.

"Este — é o *meu* caminho, — qual é o vosso?", assim respondi aos que me perguntaram pelo "caminho". Pois *o* caminho — não existe!

Assim falou Zaratustra.

DE VELHAS E NOVAS TÁBUAS

1. Aqui me acho sentado, esperando, com velhas tábuas partidas ao meu redor, e também novas tábuas inscritas pela metade. Quando chegará minha hora?

— a hora de minha descida, meu declínio: pois ainda uma vez quero ir até os homens.

Por isso espero agora; pois primeiro devem me chegar os sinais de que é a *minha* hora — o leão rindo e o bando de pombas.

Entrementes falo comigo mesmo, como uma pessoa que tem tempo. Ninguém me conta algo novo: assim, conto-me a mim mesmo.

2. Quando vim até os homens, encontrei-os sentados sobre uma velha presunção: todos eles presumiam, havia muito tempo, saber o que é bom e mau para o homem.

Toda conversa a respeito da virtude lhes parecia coisa velha e surrada; e quem queria dormir bem falava ainda de "bem" e "mal" antes de ir deitar-se.

Perturbei esta sonolência ao ensinar que *ninguém sabe ainda o que é bom e mau* — a não ser aquele que cria!

— Mas esse é aquele que cria a meta para os homens e dá à terra seu sentido e seu futuro: apenas ele *faz com que* algo seja bom ou mau.

E disse-lhes para derrubar suas velhas cátedras e tudo aquilo em que se havia sentado aquela velha presunção; disse-lhes para rir de seus grandes mestres da virtude, santos, poetas e redentores do mundo.

De seus sombrios sábios também lhes disse para rir, e de quem alguma vez se sentara como negro espantalho, admoestando, na árvore da vida.

Sentei-me em sua grande avenida de túmulos e entre carcaças e abutres — e ri de todo o seu outrora e da cansada e arruinada magnificência deste.

Em verdade, como os pregadores e os loucos lancei gritos de raiva e lamento sobre todas as suas coisas grandes e pequenas, — o que têm de melhor é tão pequeno! o que têm de pior é tão pequeno! — desse modo eu ri.

Assim gritou e riu meu sábio anseio que nasceu nas montanhas, uma selvagem sabedoria, em verdade! — meu grande anseio com asas ruidosas.

E com frequência ele me arrastou consigo, para longe e para cima, em meio à risada: então voei trêmulo, uma flecha em êxtase embriagado de sol:

— para distantes futuros que sonho nenhum viu, para Suis mais quentes do que jamais sonharam os artistas: lá onde os deuses dançantes se envergonham de toda vestimenta: —

— pois falo por símiles e, como os poetas, claudico e gaguejo: e, em verdade, envergonho-me de ainda ter de ser poeta! —

Onde todo o vir-a-ser me parecia dança e exuberância de deuses, e o mundo, solto e desenfreado e fugindo de volta para si mesmo: —

— como um eterno fugir e buscar novamente a si de muitos

deuses, como o bem-aventurado contradizer-se, novamente escutar-se, novamente pertencer-se de muitos deuses: —

Onde todo o tempo me parecia uma bem-aventurada zombaria dos momentos, onde a necessidade era a própria liberdade, que venturosamente brincava com o aguilhão da liberdade: —

Onde reencontrei meu velho demônio e arqui-inimigo, o espírito de gravidade e tudo o que ele criou: coação, estatuto, necessidade, consequência, finalidade, vontade, bem e mal: —

Pois não tem de existir aquilo *sobre* o qual se dance e se ultrapasse dançando? Não têm de existir, em prol dos leves, levíssimos, toupeiras e pesados anões? — —

3. Foi também lá que recolhi do caminho a palavra "super-homem", e que o homem é algo que tem de ser superado,

— que o homem é uma ponte e não um fim: declarando-se bem-aventurado por seu meio-dia e entardecer, como o caminho para novas auroras:

— a palavra de Zaratustra do grande meio-dia, e o que mais suspendi sobre os homens, como segundas auroras purpúreas.

Em verdade, também novas estrelas os fiz ver, junto com novas noites; e sobre as nuvens, o dia e a noite estendi o riso, como uma tenda multicor.

Ensinei-lhes todo o meu engenho e esforço: compor e transformar em um o que no homem é pedaço, enigma e apavorante acaso, —

— como poeta, decifrador de enigmas e redentor do acaso ensinei-lhes a criar com o futuro, a redimir criadoramente tudo aquilo que — *foi*.

Redimir o passado no homem e recriar todo "Foi assim", até que a vontade diga: "Mas assim eu quis! Assim quererei —".

— a isso denominei redenção para eles, apenas isso lhes ensinei a denominar redenção. — —

Agora espero *minha* redenção —, que eu vá pela última vez até eles.

Pois ainda uma vez quero ir até os homens: *entre* eles quero declinar: morrendo quero lhes dar minha maior dádiva!

Do sol aprendi isso, quando ele se põe, o riquíssimo: derrama ouro sobre o mar, de sua inesgotável riqueza, —

— de modo que até o mais pobre dos pescadores rema com *remo de ouro*! Pois isso vi certa vez, e minhas lágrimas não cessavam de correr enquanto meus olhos contemplavam. — —

Tal como o sol quer Zaratustra declinar: agora ele se acha aqui sentado, esperando, com velhas tábuas partidas ao seu redor e também novas tábuas — inscritas pela metade.

4. Olha, eis aqui uma nova tábua: mas onde estão meus irmãos, que a levem comigo ao vale e aos corações de carne?[123] —

Assim exige meu grande amor aos mais distantes: *não poupes teu próximo*! O homem é algo que tem de ser superado.

Há muitos caminhos e modos de superação: deves *tu* cuidar disso! Mas somente um palhaço pensa: "O homem também pode ser *saltado*".

Supera a ti mesmo também no teu próximo: e um direito que podes arrebatar, não deixes que te seja dado!

Aquilo que fazes, ninguém pode fazer a ti. Vê, não existe retribuição.

Quem não pode comandar a si mesmo, deve obedecer. E muitos *podem* comandar a si mesmos, mas ainda falta muito para que também obedeçam a si!

5. Esta é a maneira das almas nobres: elas nada querem ter *de graça*, muito menos a vida.

Quem é da plebe quer viver de graça; mas nós, a quem a vida se deu, — nós sempre refletimos sobre o que de melhor podemos dar *em troca*!

E, em verdade, é falar nobremente dizer: "O que a vida promete a nós, isso vamos cumprir — com a vida!".

Não se deve querer fruir quando não se dá fruição. E — não se deve *querer* fruir!

Pois fruição e inocência são as coisas mais vergonhosas: nenhuma das duas quer ser buscada. Deve-se *tê-las* — mas deve-se antes buscar a dor e a culpa! —

6. Ó meus irmãos, quem é primogênito sempre será sacrificado.[124] Mas agora somos nós os primogênitos.

Todos nós sangramos em secretos altares de sacrifícios, todos nós assamos e ardemos em honra de velhos ídolos.

O que temos de melhor ainda é jovem: isso atrai os velhos paladares. Nossa carne é tenra, nossa pele é somente uma pele de cordeiro: — como não atrairíamos velhos sacerdotes de ídolos?

Dentro de nós mesmos ainda habita ele, o velho sacerdote de ídolos, que assa para banquete o que temos de melhor. Ah, meus irmãos, como não seriam vítimas os primogênitos?

Mas assim é nossa maneira; e eu amo aqueles que não querem preservar a si mesmos. Amo com todo o meu amor aqueles que declinam: pois eles passam para o outro lado. —

7. Ser verdadeiro — poucos *são capazes* disso! E quem pode, não o quer ainda! Menos capazes de todos, porém, são os bons.

Oh, esses bons! *Homens bons jamais dizem a verdade*; para o espírito, ser bom de tal modo é uma doença.

Eles cedem, esses bons, eles concedem, seu coração repete as palavras, seu fundo obedece: mas quem obedece *não escuta a si mesmo*!

Tudo o que os bons chamam mau deve se juntar, para que nasça uma verdade: ó meus irmãos, sois também vós maus o bastante para *essa* verdade?

O temerário ousar, a demorada desconfiança, o cruel Não, o fastio, o cortar na carne viva — como é raro *isso* juntar-se! Mas dessa semente é — gerada a verdade!

Ao lado da má consciência cresceu até agora toda *ciência*! Destroçai, ó homens do conhecimento, destroçai as velhas tábuas!

8. Quando há pranchas sobre a água, quando passarelas e parapeitos se erguem sobre a corrente: então ninguém acredita, em verdade, naquele que diz: "Tudo flui".[125]

Pelo contrário, até os imbecis o contradizem. "Como", dizem eles, "tudo flui? Passarelas e parapeitos estão *acima* do que flui!"

"*Acima* do que flui está tudo firme, todos os valores das coisas, pontes, conceitos, todo o 'bem' e o 'mal': tudo isso está *firme*!" —

Mas, quando vem o duro inverno, o domador de rios, até mesmo os mais espirituosos aprendem a desconfiar; e, em verdade, não apenas os imbecis falam então: "Não deveria tudo — *ficar parado*?".

"No fundo está tudo parado" — eis um verdadeiro ensinamento invernal, uma boa coisa para tempos infecundos, um bom consolo para os que hibernam e ficam junto à estufa.

"No fundo está tudo parado" —: mas *contra isso* prega o vento do degelo!

O vento do degelo, um touro que não é boi de arado — um touro raivoso, um destruidor, que com chifres furiosos rompe o gelo! Mas o gelo — — *rompe passarelas*!

Ó meus irmãos, *agora* não se acha tudo *a fluir*? Não foram por água abaixo todos os corrimãos e passarelas? Quem ainda se agarraria a "bem" e "mal"?

"Ai de nós! Viva nós! O vento do degelo sopra!" — Assim pregai, ó meus irmãos, por todas as ruas!

9. Há uma velha ilusão chamada bem e mal. A roda dessa ilusão girou, até agora, em torno de videntes e astrólogos.

Outrora se *acreditava* em adivinhos e astrólogos: *por isso* acreditava-se: "Tudo é destino: tu deves, pois tens de!".

Então se desconfiava de todos os adivinhos e astrólogos: *por isso* acreditava-se: "Tudo é liberdade: tu podes, pois queres!".

Ó meus irmãos, sobre as estrelas e o futuro houve apenas ilusão e não conhecimento até agora: *por isso*, sobre bem e mal houve apenas ilusão e não conhecimento até agora!

10. "Não roubarás! Não matarás!" — essas palavras eram ditas sagradas antigamente; diante delas dobravam-se cabeças e joelhos e tiravam-se os sapatos.

Mas eu vos pergunto: onde houve, algum dia, ladrões e assassinos maiores do que eram essas palavras?

Em toda a vida mesma não existe — roubar e matar? E, ao serem ditas sagradas essas palavras, a verdade mesma não foi assim — assassinada?

Ou era uma pregação da morte, que disse ser sagrado o que contradizia e contrariava toda a vida? — Ó meus irmãos, destroçai, destroçai as velhas tábuas!

11. Esta é a minha compaixão por tudo que é passado: que eu o veja abandonado —

— abandonado à mercê, ao espírito, à loucura de toda geração, que vem e reinterpreta tudo o que foi como uma ponte para si!

Um grande tirano poderia vir, um astucioso monstro que, com sua clemência ou inclemência, compelisse e espremesse tudo que é passado: até que este se tornasse uma ponte para ele, e prenúncio, arauto e canto de galo.

Mas este é o outro perigo, e minha outra compaixão: — a memória de quem é da plebe remonta até o avô — com o avô, porém, o tempo acaba.

Assim tudo passado é abandonado: pois poderia suceder que um dia a plebe se tornasse senhora e afogasse todo o tempo em águas rasas.

Por isso, ó meus irmãos, é necessário ter uma *nova nobreza*, que seja inimiga de toda plebe e toda tirania e novamente escreva a palavra “nobre” em novas tábuas.

Pois são necessários muitos e diferentes nobres *para que haja nobreza*! Ou, como um dia falei, em alegoria: “Justamente isso é divino, que haja deuses, mas nenhum Deus!”.

12. Ó meus irmãos, eu vos dirijo e consagro a uma nova nobreza: deveis tornar-vos procriadores e cultivadores, e semeadores do futuro, —

— não a uma nobreza, em verdade, que pudésseis comprar

como os merceeiros e com ouro de merceeiros: pois muito pouco valor tem aquilo que tem preço.

Não de onde vindes farei que seja vossa honra, mas aonde ireis! Vossa vontade e vosso pé, que deseja ir além de vós mesmos — seja isso vossa nova honra!

Não, em verdade, que tenhais servido a um príncipe — que importam ainda os príncipes! — ou vos tornado o bastião daquilo que está em pé, para que fique mais sólido!

Não que vossa geração se tenha tornado, nas cortes, cortesã, e tenhais aprendido a ficar longas horas em pé, como coloridos flamingos, em baixas lagoas.

— Pois *conseguir* ficar em pé constitui um mérito entre os cortesãos; e todos os cortesãos acreditam que é parte da bem-aventurança após a morte — *poder* sentar-se!

E tampouco que um espírito, que eles afirmavam santo, tenha conduzido vossos ancestrais a terras prometidas que *eu* não posso louvar: pois ali onde cresceu a pior de todas as árvores, a cruz — naquela terra não há o que louvar! —

— e, em verdade, aonde quer que esse "espírito santo" conduzisse seus cavaleiros, sempre andavam, *na frente* dessas marchas — cabras, gansos e atravessados aloprados!

Ó meus irmãos, vossa nobreza não deve olhar para trás, mas *adiante*! Deveis ser expulsos de todas as terras pátrias e avoengas!

A terra de vossos filhos deveis amar: seja este amor vossa nova nobreza — a terra ainda não descoberta, no mais longínquo mar! É essa que ordeno a vossas velas que busquem!

Em vossos filhos deveis *compensar* que sejais filhos de vossos pais: tudo que é passado devereis *assim* redimir! Essa nova tábua eu ponho acima de vós!

13. "Para que viver? Tudo é vão! Viver — é debulhar palha; viver — é queimar e, contudo, não se aquecer." —

Esse palavrório antigo ainda é considerado "sabedoria"; embora seja velho e embolorado, *por isso* é ainda mais respeitado. Também o mofo enobrece. —

Crianças poderiam falar assim: elas *receiam* o fogo, porque as queimou! Há muita criancice nos velhos livros de sabedoria.

E aqueles que sempre "debulham palha", como teriam o direito de blasfemar contra a debulha? Deveríamos amordaçar a boca desses loucos!

Eles se sentam à mesa e nada trazem consigo, nem mesmo uma boa fome; e agora blasfemam: "Tudo é vão!".

Mas bem comer e bem beber, ó meus irmãos, não é verdadeiramente uma arte vã! Destroçai, destroçai as tábuas dos jamais contentes!

14. "Para os puros, tudo é puro" — assim fala o povo. Mas eu vos digo: para os porcos, tudo se torna porco!

Por isso pregam os fanáticos e cabisbaixos, em que também o coração pende para baixo: "O próprio mundo é uma monstruosa imundície".

Pois todos esses têm o espírito sujo; mas em especial aqueles que não têm paz nem repouso se não olham o mundo *de trás* — os trasmundanos!

A eles digo no rosto, ainda que não soe agradável: nisso o mundo se parece com o homem, que tem um traseiro — *isso* é verdade!

Há muita sujeira no mundo: *isso* é verdade! Mas nem por isso o próprio mundo é uma monstruosa imundície!

Há sabedoria no fato de muita coisa no mundo cheirar mal: o próprio asco gera asas e forças que pressentem fontes!

Mesmo no melhor ainda há algo que gera asco; e ainda o melhor é algo que tem de ser superado! —

Ó meus irmãos, há muita sabedoria no fato de haver muita sujeira no mundo! —

15. Tais sentenças escutei devotos trasmundanos dizerem a sua consciência; e, em verdade, sem perfídia e falsidade — embora nada exista de mais falso no mundo, nem mais pérfido.

"Deixa o mundo ser o mundo! Não levantes um dedo contra isso!"

"Deixa estrangular, apunhalar, cortar e estripar as pessoas aquele que assim quiser: não levantes um dedo contra isso! Desse modo aprenderão elas a renunciar ao mundo."

"E tua própria razão — deves tu mesmo esganar e estrangular; pois é uma razão deste mundo — desse modo aprenderás tu mesmo a renunciar ao mundo." —

— Destroçai, ó meus irmãos, destroçai essas velhas tábuas dos devotos! Destroçai as sentenças dos negadores do mundo!

16. "Quem muito aprende, desaprende todo anseio veemente" — eis o que hoje sussurram entre si as pessoas, em todas as ruas escuras.

"Sabedoria cansa, nada — vale a pena; não deves desejar!" — essa nova tábua encontrei pendurada até nos mercados abertos.

Destroçai, ó meus irmãos, destroçai também essas *novas* tábuas! Os cansados do mundo e os pregadores da morte as penduraram, e também os esbirros: pois, vede, é também uma prédica da servidão! —

De aprenderem mal e não o melhor, e tudo cedo demais e depressa demais: de *comerem* mal, daí lhes veio aquele estômago estragado, —

— pois um estômago estragado é seu espírito: *ele* aconselha a morrer! Pois verdadeiramente, irmãos, o espírito *é* estômago!

A vida é manancial de prazer: mas para aqueles em que fala o estômago estragado, o pai da aflição, para eles todas as fontes são envenenadas.

Conhecer: isso é *prazer* para quem tem o querer do leão! Mas quem se cansou, este será apenas objeto do querer, com ele jogam todas as ondas.

E esta foi sempre a maneira dos fracos: eles se perdem em seus caminhos. E, afinal, também seu cansaço pergunta: "Para que percorremos caminhos? É tudo igual!".

Aos ouvidos *desses* soa agradável que se pregue: "Nada vale a pena! Não deveis querer!". Mas isso é uma prédica da servidão.

Ó meus irmãos, como uma rajada de vento fresco Zaratustra

chega para todos os cansados do caminho; muitos narizes ele ainda fará espirrar!

Também através dos muros sopra meu livre alento, e para dentro de prisões e espíritos aprisionados!

Querer liberta: pois querer é criar: assim ensino eu. E *somente* para criar deveis aprender!

E também a aprender deveis primeiramente comigo *aprender*, a bem aprender! — Quem tem ouvidos, que ouça!

17. Ali está o barco — por lá talvez se vá para o grande nada. — Mas quem quer embarcar nesse “talvez”?

Nenhum de vós quer subir ao barco da morte! Então como pretendem estar *cansados do mundo*?

Cansados do mundo! E nem sequer vos tornastes desprendidos da terra! Sempre vos encontrei ainda cobiçosos da terra, ainda enamorados do próprio cansaço da terra!

Não é sem motivo que tendes o lábio caído: — um pequeno desejo da terra ainda se acha nele! E no olhar — não paira uma nuvenzinha de não esquecido prazer da terra?

Há muitas boas invenções na terra, algumas úteis, outras agradáveis: por elas há que amar a terra.

E muita coisa tão bem inventada existe nela, como os seios da mulher: úteis e agradáveis ao mesmo tempo.

Mas vós, cansados do mundo! Vós, preguiçosos da terra! A vós deve-se bater com varas! Com golpes de varas devem ser animadas nossas pernas!

Pois: se não sois doentes e decrépitos coitados, de que a terra está cansada, então sois espertos bichos preguiçosos ou gatos deleitados e gulosos. E, se não quereis tornar a *correr* alegremente, então deveis — partir de vez!

Não se deve querer ser médico de incuráveis: assim ensina Zaratustra: — então deveis partir de vez!

Mas requer mais coragem dar um fim do que fazer um novo verso: todos os médicos e poetas sabem disso. —

18. Ó meus irmãos, há tábuas que foram criadas pela fadiga e tábuas que foram criadas pela preguiça, a podre;[126] embora falem igualmente, devem ser ouvidas de forma diferente. —

Vede este homem que morre de sede! Acha-se apenas a um palmo de sua meta, mas devido ao cansaço deitou-se, teimoso, aqui no pó: esse valente!

Devido ao cansaço, boceja ante o caminho, a terra e a meta, e ante si mesmo: não quer dar um passo mais — esse valente!

Agora o sol arde sobre ele, e os cachorros lambem seu suor:[127] mas ele jaz em sua teimosia e quer antes morrer de sede: —

— a um palmo de sua meta morrer de sede! Em verdade, vós ainda tereis de puxá-lo pelos cabelos até seu céu — esse herói!

Melhor ainda, deixai-o onde se deitou, para que lhe venha o sono, o consolador, com uma chuva refrescante a murmurejar:

Deixai-o deitado até que acorde por si mesmo — até que ele mesmo renegue todo o cansaço e o que o cansaço através dele ensinou!

Apenas, meus irmãos, espantai de junto dele os cachorros, os indolentes sorrateiros, e todo o enxame de insetos: —

— todo o enxame de insetos dos "cultos", que no suor do herói — se regala! —

19. Eu traço círculos e sagradas fronteiras em torno a mim; cada vez menos homens sobem comigo a montes cada vez mais altos — eu construo uma cordilheira de montes cada vez mais sagrados. —

Mas aonde quer que desejeis subir comigo, ó meus irmãos, cuidai para que um *parasita* não suba convosco!

Parasita: é um verme rastejante, insinuante, que quer engordar em vossos cantos enfermos e feridos.

E *esta* é sua arte, adivinhar, nas almas que sobem, os pontos em que se acham cansadas: em vosso desalento e mau humor, em vosso delicado pudor ele constrói seu ninho nojento.

Onde o forte é fraco, onde o nobre é suave demais — ali dentro ele constrói seu ninho nojento: o parasita habita onde o grande tem pequenos cantos feridos.

Qual a mais alta espécie de tudo que existe, e qual a mais baixa? O parasita é a espécie mais baixa; mas quem é da mais alta, alimenta o maior número de parasitas.

Pois a alma que tem a mais longa escada e pode descer mais fundo: como não se acharia nela o maior número de parasitas? —

— a alma mais ampla, dentro da qual mais se pode correr, errar e vagar; a mais necessária, que por prazer se precipita no acaso: —

— a alma que é, e que mergulha no vir-a-ser; a que possui, e *quer* lançar-se no querer e ansiar: —

— a que foge de si mesma, que a si mesma alcança no círculo mais amplo; a alma mais sábia, à qual a tolice fala do modo mais doce: —

— a mais amante de si mesma, na qual todas as coisas têm sua corrente e contracorrente, seu fluxo e refluxo: — oh, como a *alma mais elevada* não teria os piores parasitas?

20. Ó meus irmãos, então sou cruel? Mas eu digo: ao que cai, deve-se ainda empurrar!

Tudo de hoje — cai, decai: quem ia querer segurá-lo? Mas eu — eu *quero* ainda empurrá-lo!

Conheceis a volúpia que rola pedras para profundezas abruptas? — Esses homens de hoje: vede como rolam pedras para minhas profundezas!

Um prelúdio sou eu para melhores intérpretes, ó meus irmãos! Um exemplo! *Fazei* conforme o meu exemplo![128]

E a quem não ensinais a voar, ensinai-lhe a — *mais rapidamente cair*!

21. Eu amo os valentes: mas não basta ser espadachim — é preciso também saber *a quem* golpear!

E muitas vezes há mais valentia em se conter e passar ao largo: *a fim de* poupar-se para um inimigo mais digno!

Deveis[129] ter apenas inimigos para serem odiados, não inimigos para desprezar: tendes de ser orgulhosos de vosso inimigo: assim já ensinei uma vez.

Para o inimigo mais digno vos deveis poupar, ó meus irmãos; por isso tendes de passar ao largo de muita coisa, —

— em especial de muita gentalha que vos atroa os ouvidos a falar de povo e povos.

Mantende livre de seus prós e contras o vosso olhar! Ali há muita justiça, muita injustiça: quem observa, se aborrece.

Olhar, golpear — ali são uma só coisa: por isso, ide embora para os bosques e deixai adormecer vossa espada!

Segui os *vossos* caminhos! E deixai o povo e os povos seguirem os seus! — caminhos escuros, em verdade, onde não mais lampeja uma só esperança!

Que o merceeiro domine, ali onde tudo o que reluz é — ouro de merceeiro! Não é mais tempo de reis: o que hoje se denomina povo não merece reis.

Vede como esses povos mesmos fazem agora como os merceeiros: catam as menores vantagens em todo lixo varrido!

Espreitam um ao outro, subtraem algo um ao outro — a isso chamam "boa vizinhança". Oh, bem-aventurados tempos remotos em que um povo dizia a si mesmo: "Quero ser — *senhor* de outros povos!".

Pois, meus irmãos: o melhor deve dominar, o melhor também *quer* dominar! E onde o ensinamento é outro, ali — *falta* o melhor.

22. Ai, se *esses* — tivessem pão de graça! Pelo que clamariam eles? Seu sustento — é seu verdadeiro entretenimento; e deverá ser duro para eles!

Animais de rapina é o que são: em seu "trabalho" — há também rapina; em seu "ganho" — há também logro! Por isso deverá ser duro para eles!

Assim, deverão se tornar melhores animais de rapina, mais refinados, mais sagazes, de maior *semelhança humana*: pois o homem é o melhor animal de rapina.

A todos os animais o homem já lhes roubou as virtudes: ou seja, entre todos os animais, para o homem foram mais difíceis as coisas.

Somente as aves ainda estão acima dele. E, se o homem ainda aprendesse a voar, *a que altura*, ai — sua rapacidade voaria!

23. Assim quero o homem e a mulher: apto para a guerra, um; apta para a procriação, a outra; mas ambos aptos para a dança, com a cabeça e as pernas.

E perdido seja o dia em que não dançamos uma vez sequer! E consideremos falsa toda verdade em que não houve ao menos uma risada!

24. Vossos matrimônios: cuidai para que não sejam *más conclusões*! Concluístes muito rapidamente: daí se *seguem* — rompimentos![130]

E ainda é melhor romper do que torcer o casamento, trapacear no casamento. Assim falou-me uma mulher: "É certo que traí o matrimônio, mas antes ele — me destruiu!".

As pessoas malcasadas sempre me pareceram as mais vingativas: fazem o mundo inteiro pagar pelo fato de não mais serem solteiras.

Por isso quero que os indivíduos honestos digam um ao outro: "Nós nos amamos: deixai-nos *tratar* de manter o sentimento! Ou nossa promessa terá sido um engano?".

— "Dai-nos um prazo, um pequeno matrimônio, para ver se servimos para o grande matrimônio! É uma grande coisa estar sempre a dois!"

Assim aconselho a todos os indivíduos honestos; e o que seria meu amor ao super-homem e a tudo que virá, se eu aconselhasse e falasse de outro modo?

Não apenas a vos propagar, mas a vos *elevar* — a isso, ó meus irmãos, vos ajude o jardim do matrimônio!

25. Quem se tornou sábio acerca das velhas origens, eis que acabará por buscar as fontes do futuro e as novas origens. —

Ó meus irmãos, não passará muito e *novos povos* surgirão e novas fontes descerão, rumorejantes, em novas profundezas.

Pois o tremor de terra — obstrui muitas fontes, produz

muita morte por sede: mas também traz à luz forças íntimas e segredos.

O tremor de terra torna visíveis novas fontes. No tremor de terra de velhos povos irrompem novas fontes.

E quem ali exclama: "Eis aqui uma fonte para muitos sedentos, *um* coração para muitos desejosos, *uma* vontade para muitos instrumentos"; — em torno a ele se junta um *povo*, ou seja: muitos que ensaiam.

Quem pode mandar, quem deve obedecer — *isso ali se ensaia*! Ah, com tantas buscas, conjecturas, fracassos, aprendizados e novos ensaios![131]

A sociedade humana: é um ensaio, como eu ensino — uma longa busca: mas ela busca aquele que manda! —

— um ensaio, ó meus irmãos! E *não* um "contrato"![132] Destroçai, destroçai essa palavra dos corações débeis e meio-isso, meio-aquilo!

26. Ó meus irmãos! Onde se acha o grande perigo para o futuro do homem? Não se acha nos bons e justos? —

— naqueles que dizem e sentem no coração: "Já sabemos o que é bom e justo, e também o possuímos; ai daqueles que ainda buscam!".

E, sejam quais forem os danos que façam os maus: o dano dos bons é o mais danoso dos danos!

E, sejam quais forem os danos que façam os caluniadores do mundo: o dano dos bons é o mais danoso dos danos.

Ó meus irmãos, alguém olhou certa vez no coração dos bons e justos e disse: "São os fariseus". Mas não foi compreendido.

Os próprios bons e justos não puderam compreendê-lo: o espírito deles está aprisionado em sua boa consciência. A estupidez dos bons é insondavelmente sagaz.

Mas esta é a verdade: os bons *têm* de ser fariseus — não têm escolha!

Os bons *têm* de crucificar aquele que inventa sua própria virtude! *Esta* é a verdade!

Mas o segundo a descobrir seu país, o país, coração e terreno dos bons e justos: foi aquele que perguntou: "A quem odeiam eles mais que tudo?".

Àquele que cria odeiam eles mais que tudo: àquele que quebra tábuas e velhos valores, ao quebrador — a ele chamam infrator.

Pois os bons — eles não *conseguem* criar: eles são sempre o começo do fim: —

— eles crucificam aquele que escreve novos valores em novas tábuas, eles sacrificam *a si mesmos* o futuro — eles crucificam todo o futuro dos homens!

Os bons — sempre foram o começo do fim. —

27. Ó meus irmãos, compreendestes também essas palavras? E o que uma vez eu disse do "último homem"?

Onde se acha o grande perigo para o futuro do homem? Não se acha nos bons e justos?

Destroçai, destroçai os bons e justos! — Ó meus irmãos, compreendestes também essas palavras?

28. Fugis de mim? Estais apavorados? Tremeis ante essas palavras?

Ó meus irmãos, quando vos mandei destroçar os bons e as tábuas dos bons: somente então embarquei o homem para seu alto-mar.

E somente agora lhe vem o grande pavor, o grande olhar ao redor, a grande doença, o grande nojo, o grande enjoo do mar.

Falsos litorais e falsas certezas vos ensinaram os bons; nas mentiras dos bons fostes nascidos e criados. Tudo se acha, no fundo, mentido e torcido pelos bons.

Mas quem descobriu a terra "homem" também descobriu a terra "futuro do homem". Agora deveis ser navegantes, bravos e pacientes navegantes!

Andai retos a tempo, ó meus irmãos, aprendei a andar retos! O mar arrebenta: muitos querem se reerguer com vossa ajuda.

O mar arrebenta: tudo está no mar. Muito bem! Vamos, ó velhos corações de marinheiros!

Que terra pátria? Nosso leme quer rumar para onde é a *terra dos nossos filhos*: lá onde, mais tempestuoso que o mar, arrebenta nosso grande anseio!

29. "Por que tão duro?" — falou certa vez ao diamante o carvão de cozinha; "não somos parentes próximos?" —

Por que tão moles? Ó meus irmãos, assim vos pergunto eu: pois não sois meus — irmãos?

Por que tão moles, tão amolecidos e condescendentes? Por que há tanta negação, abnegação em vossos corações? Tão pouco destino em vosso olhar?

E, se não quereis ser destinos e inexoráveis: como podereis comigo — vencer?

E, se a vossa dureza não quer cintilar, cortar e retalhar: como podereis um dia comigo — criar?

Pois os que criam são duros. E terá de vos parecer bem-aventurança imprimir vossa mão nos milênios como se fossem cera, —

— bem-aventurança escrever na vontade de milênios como se fossem bronze — mais duros que bronze, mais nobres que bronze. Apenas o mais nobre é perfeitamente duro.

— Esta nova tábua, ó meus irmãos, ponho acima de vós: *tornai-vos duros*!

30. Ó vontade minha! Tu, afastamento de toda necessidade, tu, *minha* necessidade! Guarda-me de todas as pequenas vitórias!

Tu, predestinação de minha alma, que eu chamo destino! Tu-em-mim! Acima-de-mim! Guarda-me e poupa-me para *um* grande destino!

E tua derradeira grandeza, ó minha vontade, poupa-a para teu derradeiro embate — para seres inexorável *em* tua vitória! Ah, quem não sucumbiu a sua própria vitória?

Ah, a quem não se obscureceram os olhos nesse ébrio crepúsculo? Ah, a quem não cambalearam as pernas e desaprenderam de — ficar em pé na vitória?

— Para que um dia eu esteja pronto e maduro no grande meio-dia: pronto e maduro como o bronze incandescente, a nuvem prenhe de raios e o úbere inchado de leite: —

— pronto para mim mesmo e minha mais recôndita vontade: um arco sequioso de sua flecha, uma flecha sequiosa de sua estrela: —

— uma estrela pronta e madura em seu meio-dia, incandescente, trespassada, bem-aventurada com as destruidoras flechas do sol: —

— um sol ela mesma e inexorável vontade solar, pronta para a destruição na vitória!

Ó vontade, afastamento de toda necessidade, ó *minha* necessidade! Poupa-me para *uma* grande vitória! — —

Assim falou Zaratustra.

O CONVALESCENTE

1. Certa manhã, não muito tempo após seu retorno à caverna, Zaratustra pulou da cama como um louco, gritando com voz terrível e gesticulando como se lá estivesse mais alguém que não queria levantar-se; e de tal modo soava a voz de Zaratustra que seus animais acorreram assustados, e de todas as cavernas e tocas que eram vizinhas da caverna de Zaratustra saíram todos os bichos — voando, esvoaçando, rastejando, saltando, conforme o tipo de asa ou pata que lhe fora dado. Então Zaratustra disse estas palavras:

Sobe, pensamento abismal, de minha profundeza! Eu sou teu galo e teu alvorecer, verme adormecido! De pé, de pé! Minha voz te despertará como o canto do galo!

Desata os grilhões de teus ouvidos: escuta! Pois eu quero ouvir-te! De pé, de pé! Aqui há trovão bastante, até os túmulos aprenderão a ouvir!

E limpa o sono dos teus olhos, e tudo de imbecil e cego!

Escuta-me também com teus olhos: minha voz é um remédio também para cegos de nascença.

E, uma vez desperto, deverás ficar eternamente desperto. Não é meu hábito acordar bisavós para dizer-lhes que — continuem a dormir!

Tu te moves, te espreguiças, rouquejas? De pé, de pé! Não deves rouquejar — mas falar! Zaratustra te chama, o sem-deus!

Eu, Zaratustra, o advogado da vida, o advogado do sofrimento, o advogado do círculo — chamo a ti, meu pensamento mais abismal!

Viva! Estás vindo — eu te ouço! Meu abismo *fala*, minha derradeira profundeza eu consegui trazer à luz!

Viva! Vem! Dá-me a mão — — ah! Larga! Ah! Ah! — Nojo, nojo, nojo — — — ai de mim!

2. Mal dissera essas palavras, Zaratustra caiu como um morto e por muito tempo ficou como um morto. Quando voltou a si, estava pálido, tremia, permaneceu deitado no chão e por muito tempo não quis comer ou beber. Nesse estado ficou sete dias; mas seus animais não o abandonaram nem de dia nem de noite, exceto a águia, quando voou para buscar alimento. E o que ela apanhou e saqueou, pôs sobre o leito de Zaratustra: de modo que afinal Zaratustra se achou deitado entre frutinhas amarelas e vermelhas, uvas, jambos, pinhas e folhas de cheiro. E a seus pés havia dois cordeiros, que a águia havia penosamente arrebatado a seus pastores.

Por fim, após sete dias Zaratustra se ergueu no leito, pegou um jambo, cheirou-o, e achou agradável seu aroma.[133] Então seus animais acharam que era tempo de lhe falar.

"Ó Zaratustra", disseram eles, "há sete dias estás assim deitado, com os olhos pesados: não queres, enfim, pôr-te novamente em pé?

Sai de tua caverna: o mundo te espera como um jardim. O vento brinca com intensos aromas que querem chegar a ti; e todos os riachos desejam ir atrás de ti.

Todas as coisas anseiam por ti, desde que ficaste sete dias a sós — sai de tua caverna! Todas as coisas querem ser médicos para ti!

Veio-te um novo conhecimento, amargo e pesado? Como uma massa fermentada estiveste aí deitado, tua alma inchou e transbordou por todas as margens. —"

— Ó meus animais, respondeu Zaratustra, continuai falando e deixai-me escutar! Anima-me bastante que falais: ali onde se fala, o mundo já me parece um jardim.

Como é agradável que existam sons e palavras: não são eles arco-íris e pontes aparentes entre aquilo que se acha eternamente separado?

A cada alma corresponde outro mundo; para cada alma, cada outra alma é um mundo por trás.

Entre aqueles que são mais semelhantes, a aparência mente do modo mais belo; pois o menor abismo é o mais difícil de transpor.

Para mim — como haveria um fora-de-mim? Não existe um fora! Mas isso esquecemos a cada som; como é agradável que esqueçamos!

Nomes e sons não foram regalados às coisas para que o homem se reanime com as coisas? Bela tolice é a fala: com ela, o homem dança por sobre todas as coisas.

Como são agradáveis toda fala e toda mentira dos sons! Com os sons, nosso amor dança por sobre arco-íris multicores. —

— "Ó Zaratustra", disseram então os animais, "para os que pensam como nós, as próprias coisas dançam: vêm, dão-se as mãos, riem, fogem — e retornam.

Tudo vem, tudo retorna; rola eternamente a roda do ser. Tudo morre, tudo volta a florescer, corre eternamente o ano do ser.

Tudo se rompe, tudo é novamente ajeitado; eternamente constrói-se a mesma casa do ser. Tudo se despede, tudo volta a se saudar; eternamente fiel a si mesmo permanece o anel do ser.

Em cada instante começa o ser; em redor de todo Aqui rola

a esfera Ali. O centro está em toda parte. Curva é a trilha da eternidade." —

— Ó bufões e realejos que sois!, respondeu Zaratustra novamente sorrindo, como bem sabeis o que teve de se cumprir em sete dias: —

— e como aquele monstro me entrou na garganta e me sufocou! Mas eu lhe cortei a cabeça com os dentes e a cuspi para longe.

E vós — vós já fizestes disso uma canção de realejo? Mas agora estou aqui, ainda cansado desse morder e cuspir, ainda doente de minha própria redenção.

E fostes espectadores de tudo isso?, ó meus animais, também vós sois cruéis? Quisestes assistir a minha grande dor, como fazem os homens? Pois o homem é o animal mais cruel.

Foi com tragédias, touradas e crucificações que até agora ele se sentiu melhor na terra; e, quando inventou o inferno, este foi seu céu na terra.

Quando o grande homem grita —: logo o pequeno homem vem correndo; e tem a língua fora da boca, de concupiscência. Mas a isso ele chama sua "compaixão".

O pequeno homem, em especial o poeta — com que fervor acusa a vida com palavras! Escutai-o, mas não deixeis de ouvir o prazer que há em toda acusação!

Esses acusadores da vida: a vida os supera com um piscar de olhos. "Me amas?", diz a insolente; "espera mais um pouco, ainda não tenho tempo para ti."

O homem é, consigo mesmo, o mais cruel animal; e, em todos os que chamam a si próprios "pecadores", "portadores da cruz" e "penitentes", não deixeis de ouvir a volúpia que há nesse lamento e acusação!

E eu próprio — quero, com isso, ser o acusador do homem? Ah, meus animais, apenas isto aprendi até agora: que ao homem é necessário o que tem de pior para ter o que tem de melhor, —

— que o que tem de pior é sua melhor *força*, e a mais dura pedra para o mais alto criador; e que o homem tem de se tornar melhor *e* pior: —

Não a *esse* pau de tortura me achava eu preso, de saber que o homem é mau — e sim gritava, como ninguém ainda gritou: "Ah, como é pequeno até o que tem de pior! Ah, como é pequeno até o que tem de melhor!"

O grande fastio pelo homem — *isso* me sufocou, me havia entrado na garganta: e o que o vidente vaticinou: "Tudo é igual, nada vale a pena, o saber sufoca".

Um longo crepúsculo claudicava à minha frente, uma tristeza cansada de morte, ébria de morte, que falava com uma boca bocejante.

"Eternamente ele retorna, o homem de que estás cansado, o pequeno homem" — assim bocejava minha tristeza, e arrastava os pés e não podia adormecer.

Numa caverna transformou-se para mim a terra dos homens, seu peito afundou, tudo vivo tornou-se para mim decomposição humana, ossos e passado podre.

Meu suspirar se achava em todos os túmulos humanos e não podia mais levantar-se; meu suspirar e questionar era agourento, sufocava, corroía e lamentava dia e noite:

— "Ah, o homem retorna eternamente! O pequeno homem retorna eternamente!" —

Vira os dois nus um dia, o maior homem e o menor homem: demasiado semelhantes um ao outro — demasiado humano inclusive o maior!

Demasiado pequeno o maior! — Esse era meu fastio pelo homem! E eterno retorno inclusive do menor! — Esse era meu fastio por tudo que existe!

Ah, nojo! Nojo! Nojo! — — Assim falou Zaratustra, e suspirou e tremeu; pois lembrou-se de sua doença. Mas então seus animais não o deixaram falar mais.

"Não fales mais, ó convalescente!" — assim lhe responderam seus animais, "e vai para fora, onde o mundo espera por ti como um jardim.

Vai para fora, até as rosas, abelhas e bandos de pombas!

Mas especialmente até as aves canoras: para com elas aprender a *cantar*!

Pois cantar é para convalescentes; o são pode falar. E, quando também o são quer canções, quer canções diferentes das do convalescente."

— Ó bufões e realejos, calai-vos! — respondeu Zaratustra, e sorriu de seus animais. Como sabeis bem do consolo que inventei para mim durante sete dias!

Que eu tenho de voltar a cantar — *esse* consolo inventei para mim, e *essa* cura: também disso quereis logo fazer uma canção de realejo?

— "Não fales mais", responderam-lhe os animais novamente; "prepara antes uma lira para ti, uma nova lira!

Pois vê, ó Zaratustra! Para tuas novas canções necessitas novas liras.

Canta e extravasa, ó Zaratustra, cura tua alma com novas canções: para que possas carregar teu grande destino, que ainda não foi destino de homem nenhum!

Pois teus animais bem sabem, ó Zaratustra, quem tu és e tens de tornar-te: eis que *és o mestre do eterno retorno* — é esse agora o *teu* destino!

Que tenhas de ser o primeiro a ensinar essa doutrina — como esse grande destino não seria também teu maior perigo e maior doença?

Vê, sabemos o que ensinas: que todas as coisas eternamente retornam, e nós mesmos com elas, e que eternas vezes já estivemos aqui, juntamente com todas as coisas.

Ensinas que há um grande ano do vir-a-ser, uma monstruosidade de grande ano:[134] tal como uma ampulheta, ele tem de virar sempre de novo, a fim de novamente escorrer e transcorrer: —

— de modo que todos esses anos são iguais a si mesmos, nas coisas maiores e também nas menores — de modo que nós mesmos somos iguais a nós mesmos em cada grande ano, nas coisas maiores e também nas menores.

E, se agora quisesses morrer, ó Zaratustra: vê, nós também sabemos como falarias então contigo mesmo: — mas teus animais te pedem que ainda não morras!

Falarias sem tremer, antes com aliviado suspiro de bem-aventurança; pois um peso grande e sufocante seria retirado de sobre ti, ó pacientíssimo! —

'Agora morro e desapareço', falarias, 'e num instante serei nada. As almas são tão mortais quanto os corpos.

Mas o nó de causas em que estou emaranhado retornará — ele me criará novamente! Eu próprio estou entre as causas do eterno retorno.

Eu retornarei, com este sol, com esta terra, com esta águia, com esta serpente — *não* para uma vida nova ou uma vida melhor ou uma vida semelhante:

— Retornarei eternamente para esta mesma e idêntica vida, nas coisas maiores e também menores, para novamente ensinar o eterno retorno de todas as coisas, —

— para novamente enunciar a palavra do grande meio-dia da terra e dos homens, para novamente anunciar aos homens o super-homem.

Falei minha palavra, me despedaço em minha palavra: assim quer minha eterna sina — como anunciador pereço!

Chegou a hora em que aquele que declina abençoa a si mesmo. Assim — *acaba* o declínio de Zaratustra.'" — —

Depois de haverem dito essas palavras, os animais silenciaram e aguardaram que Zaratustra lhes dissesse algo: mas Zaratustra não ouviu que silenciavam. Permaneceu deitado, imóvel, de olhos fechados como alguém que dorme, embora não dormisse: pois conversava com sua alma. Mas a serpente e a águia, ao vê-lo assim calado, respeitaram o grande silêncio que o rodeava e se afastaram cuidadosamente.

Ó minha alma, eu te ensinei a dizer "hoje" assim como "um dia" e "outrora" e a dançar tua ciranda[135] sobre todo aqui, ali e acolá.

Ó minha alma, eu te redimi de todos os recantos, livrei-te de pó, aranhas e penumbra.

Ó minha alma, eu te lavei o pequeno pudor e a virtude dos recantos e te convenci a estar nua ante os olhos do sol.

Com a tempestade que se chama "espírito" soprei sobre teu mar em ondas; todas as nuvens expulsei, até mesmo estrangulei o estrangulador que se chama "pecado".

Ó minha alma, eu te dei o direito de dizer Não como a tempestade e dizer Sim como o céu aberto diz Sim: quieta como a luz estás agora, e andas por tempestades de negação.

Ó minha alma, eu te devolvi a liberdade sobre o que foi criado e sobre o não criado: e quem conhece, como tu, a volúpia do que é futuro?

Ó minha alma, eu te ensinei o desprezar que não vem como verme roedor, o grande, amoroso desprezar, que mais ama onde mais despreza.

Ó minha alma, eu te ensinei a convencer de tal modo que convences as razões mesmas: como o sol, que convence o mar a chegar até sua altura.

Ó minha alma, eu tirei de ti todo obedecer, dobrar de joelhos e dizer "senhor"; dei-te eu próprio o nome "afastamento da necessidade".

Ó minha alma, eu te dei novos nomes e coloridos brinquedos, chamei-te "destino" e "circunferência das circunferências" e "cordão umbilical do tempo" e "sino cor de anil".

Ó minha alma, ao teu solo dei toda a sabedoria para beber, todos os vinhos novos e todos os vinhos imemorialmente velhos e fortes da sabedoria.

Ó minha alma, todo sol derramei sobre ti, toda noite, todo silêncio e todo anseio: — então cresceste como uma vinha.

Ó minha alma, opulenta e pesada estás agora, uma vinha com úberes inchados e abarrotados cachos de uva dourada: —

— abarrotada e premida por tua felicidade, esperando por causa de tua abundância, e ainda envergonhada de tua espera.

Ó minha alma, em nenhum lugar há agora uma alma que seja mais amorosa e mais abrangente e continente! Onde estariam mais próximos o futuro e o passado, senão em ti?

Ó minha alma, eu te dei tudo, e todas as minhas mãos se esvaziaram por ti: — e agora? Agora me dizes, sorrindo e cheia de melancolia: "Quem de nós dois deve agradecer? —

— o doador não deve agradecer que o recebedor receba? Dar não é uma necessidade? Receber não é — misericórdia?" —

Ó minha alma, eu compreendo o sorriso de tua melancolia: tua própria opulência estende agora mãos que anseiam!

Tua abundância lança o olhar sobre mares que estrondeiam, e busca e espera; o anseio da superabundância olha desde o céu de teus olhos sorridentes!

E, em verdade, ó minha alma, quem veria teu sorriso e não se desfaria em lágrimas? Os próprios anjos se desfazem em lágrimas ante a superbondade do teu sorriso.

É tua bondade ou superbondade que não quer lamentar e chorar: e, contudo, ó minha alma, teu sorriso anseia por lágrimas, e tua boca trêmula, por soluções.

"Todo choro não é um lamento? E todo lamento não é uma acusação?" Assim falas contigo mesma, e por isso, ó minha alma, queres antes sorrir do que desafogar teu sofrimento.

— em lágrimas copiosas desafogar todo o teu sofrimento por tua abundância e por toda a ânsia da vinha pelo viticultor e sua podadeira!

Mas, se não quiseres chorar, chorar totalmente tua purpúrea melancolia, terás então de *cantar*, ó minha alma! — Vê, eu próprio sorrio ao te predizer isto:

— cantar com estrondeante canto, até que todos os mares se aquietem para ouvir teu anseio, —

— até que o barco flutue em mares quietos e anelantes, o

dourado prodígio em torno de cujo ouro saltitam todas as coisas boas, ruins e prodigiosas: —

— e também muitos bichos grandes e pequenos, e tudo que possui pés leves e prodigiosos para correr por trilhas azul-violeta, —

— rumo ao dourado prodígio, o barco voluntário, e seu senhor: mas esse é o viticultor, que aguarda com sua diamantina podadeira, —

— teu grande liberador, ó minha alma, o sem-nome — — para o qual somente as canções futuras acharão nome! E, em verdade, teu hálito já recende a canções futuras! — —

— já ardes e sonhas, já bebes sequiosa em todas as profundas, ressonantes fontes de consolo, tua melancolia já repousa na bem-aventurança de futuras canções! — —

Ó minha alma, agora te dei tudo, também a última coisa que tinha, e todas as minhas mãos se esvaziaram por ti: — *que eu te mandasse cantar*, vê, foi essa minha última coisa!

Que eu te mandasse cantar, diz, diz então: *quem* de nós dois deve agora — agradecer? Melhor ainda: canta, ó minha alma, canta! E deixa-me agradecer!

Assim falou Zaratustra.

O OUTRO CANTO DA DANÇA

1. "Em teus olhos olhei há pouco tempo, ó vida: vi ouro reluzir em teu olhar noturno — meu coração parou ante essa volúpia:

— uma canoa dourada vi reluzir em águas noturnas, uma ondeante canoa que afundava, fazia água, tornava a acenar!

Para meus pés, frenéticos dançarinos, lançaste um olhar, ondeante olhar que sorria, indagava, se dissolvia:

Apenas duas vezes, com mãos pequenas, agitaste o chocalho — e já meus pés se moveram em frenesi dançante. —

Meus calcanhares se erguiam, meus dedos atentavam para

te compreender: pois o dançarino tem o ouvido — nos dedos dos pés!

Em direção a ti saltei: então recuaste ante o meu pulo; e dardejavam-me as línguas de teu cabelo a flutuar e fugir!

Pulei, afastando-me de ti e tuas serpentes: e lá já estavas tu, meio virada, o olhar pleno de desejo.

Com olhares oblíquos — me ensinas sendas oblíquas; por sendas oblíquas meus pés aprendem — astúcias!

Receio-te próxima, amo-te longínqua; teu fugir me atrai, teu buscar me retrai: — sofro, mas o que não sofreria de bom grado por ti!

Tu, cuja frieza acende, cujo ódio seduz, cuja fuga enlaça, cuja zombaria — comove:

— quem não te odiaria, grande enlaçadora, enredadora, tentadora, buscadora, achadora! Quem não te amaria, inocente, impaciente, fugaz como o vento, pecadora de olhos infantis?

Para onde me arrastas agora, portento e desenfreio? E agora tornas a fugir de mim, doce e ingrata traquinas?

Sigo-te a dançar, mesmo em teus menores traços. Onde estás? Dá-me a mão! Ou um dedo apenas!

Aqui há cavernas e matas: vamos nos extraviar! — Alto! Para! Não vês corujas e morcegos a voejar?

Coruja! Morcego! Queres troçar de mim? Onde estamos? Com os cães aprendeste esse uivar e ganir.

Amavelmente me arreganhas teus brancos dentinhos, teus olhos maus saltam contra mim entre as melenas!

Esta é uma dança que atravessa campos e matos: eu sou o caçador — queres ser meu cão ou minha corça?

Agora junto a mim! Rápido, saltadora malvada! Agora para cima! Para o outro lado! — Ai! Eu próprio caí ao saltar!

Ah, olha-me estendido, ó exuberante, e a rogar por mercê! De bom grado percorreria contigo — trilhas mais amáveis!

— a trilha do amor, entre arbustos quietos e coloridos! Ou ali, ao longo do lago: ali nadam e dançam peixes-dourados!

Estás cansada agora? Lá se acham ovelhas e entardeceres: não é belo dormir quando os pastores tocam suas flautas?

Estás muito cansada? Eu te carregarei até lá, apenas deixa cair os braços! E, se tiveres sede — eu bem teria algo, mas tua boca não o quereria beber! —

— Oh, essa maldita, ágil, flexível serpente e bruxa escorregadia! Para onde foste? Mas sinto, no rosto, duas marcas de tua mão, duas manchas vermelhas!

Estou verdadeiramente cansado de ser sempre teu cordato pastor! Até hoje cantei para ti, ó bruxa, agora deves *tu* para mim — gritar!

No ritmo de meu chicote deves dançar e gritar para mim! Mas não esqueci o chicote? Não!" —

2. Então a vida me respondeu assim, tapando os graciosos ouvidos:

"Ó Zaratustra! Não estales o chicote dessa maneira terrível! Bem sabes que o barulho mata os pensamentos — e agora me vêm pensamentos tão ternos.

Nós somos dois autênticos imprestáveis para o bem e para o mal. Além do bem e do mal encontramos nossa ilha e nosso verde prado — somente nós dois! Por isso temos de ser bons um para o outro!

E, ainda que não nos amemos desde o fundo — é preciso que dois seres tenham rancor um do outro quando não se amam desde o fundo?

E que sou boa contigo, às vezes boa demais, isso tu sabes: e a razão disso é que tenho ciúmes de tua sabedoria. Ah, essa velha tola sabedoria!

Se um dia a tua sabedoria te abandonasse, ah, logo o meu amor também te abandonaria." —

Com isso, a vida lançou um olhar pensativo atrás e ao redor de si e falou baixinho: "Ó Zaratustra, não me és tão fiel!

Estás longe de me amar tanto quanto dizes; sei que pensas que em breve me deixarás. Há um velho sino, bastante pesado, que à noite ribomba até lá em cima, na tua caverna: —

— quando ouves esse sino bater as horas à meia-noite, pensas nisso entre uma e doze horas —

— pensas, ó Zaratustra, eu sei, que em breve me deixarás!" —

"Sim, respondi eu hesitante, mas tu sabes também —." E eu lhe disse algo no ouvido, entre as desalinhadas, amarelas, tolas mechas de seu cabelo.

"Tu *sabes* isso, ó Zaratustra? Ninguém sabe isso. — —"

E nós nos olhamos e contemplamos o prado verde, sobre o qual andava então a noite fresca, e choramos juntos. — Mas naquele tempo a vida me era mais cara do que toda a minha sabedoria. —

Assim falou Zaratustra.

3.

Uma!

Ó homem, presta atenção!

Duas!

Que diz a meia-noite profunda?

Três!

"Eu dormia, eu dormia —,

Quatro!

De um sonho profundo acordei: —

Cinco!

O mundo é profundo,

Seis!

Mais profundo do que pensava o dia

Sete!

Profunda é sua dor —,

Oito!

O prazer — mais profundo ainda que o pesar:

Nove!

A dor diz: Passa!

Dez!

Mas todo prazer quer eternidade —,

Onze!

— quer profunda, profunda eternidade!"

Doze!

OS SETE SELOS

(Ou: a canção do Sim e Amém)[136]

1. Se eu sou um adivinho, e pleno daquele espírito vaticinador que anda por um elevado cume entre dois mares, —

anda entre passado e futuro como pesada nuvem hostil a sufocantes baixadas e tudo que é cansado e não pode morrer nem viver:

pronta, em seu escuro seio, para o clarão e o redentor raio de luz, prenhe de coriscos que dizem Sim!, riem Sim!, relâmpagos vaticinadores; —

— mas bem-aventurado é aquele assim grávido! E, em verdade, longamente tem de pairar sobre os montes como nuvem carregada, quem um dia deve acender a luz do futuro! —

oh, como não ansiaria eu ardentemente pela eternidade e pelo nupcial anel dos anéis — o anel do retorno!

Jamais encontrei a mulher da qual desejaria filhos, a não ser esta mulher a quem amo: pois eu te amo, ó eternidade!

Pois eu te amo, ó eternidade!

2. Se algum dia minha cólera destruiu túmulos, deslocou marcos de fronteira e rolou velhas tábuas partidas para dentro de precipícios:

Se algum dia meu escárnio espalhou ao vento palavras apodrecidas, e eu desci como vassoura sobre as aranhas-de-cruz e como rajada de ar sobre os velhos sepulcros bolorentos:

Se algum dia me sentei contente onde velhos deuses jaziam

enterrados, abençoando e amando o mundo, junto aos monumentos de velhos caluniadores do mundo: —

— pois amo inclusive as igrejas e sepulcros de deuses, quando o céu olha de olho puro através de seus telhados destruídos; de bom grado me vejo, como o capim e a papoula-vermelha, no interior das igrejas destruídas —

Oh, como não ansiaria eu ardentemente pela eternidade e pelo nupcial anel dos anéis — o anel do retorno!

Jamais encontrei a mulher da qual desejaria filhos, a não ser esta mulher a quem amo: pois eu te amo, ó eternidade!

Pois eu te amo, ó eternidade!

3. Se algum dia recebi um bafejo do sopro criador e da celestial necessidade que obriga até os acasos a dançar a ciranda das estrelas:

Se algum dia eu ri a risada do raio criador, ao qual segue, resmungão mas obediente, o demorado trovão do ato:

Se algum dia joguei dados com deuses na divina mesa terrena, de modo que a terra tremeu, partiu-se e lançou rios de fogo: —

— pois uma mesa é a terra para os deuses, trêmula de novas palavras criadoras e lances de dados dos deuses: —

Oh, como não ansiaria eu ardentemente pela eternidade e pelo nupcial anel dos anéis — o anel do retorno!

Jamais encontrei a mulher da qual desejaria filhos, a não ser esta mulher a quem amo: pois eu te amo, ó eternidade!

Pois eu te amo, ó eternidade!

4. Se algum dia bebi largamente do espumante jarro de aromas onde se acham bem misturadas todas as coisas:

Se algum dia minha mão verteu as coisas mais distantes nas mais próximas, e fogo no espírito, alegria na dor e o mais ruim no mais bondoso:

Se eu mesmo sou um grão daquele sal redentor que faz com que todas as coisas se misturem bem nesse jarro: —

— pois existe um sal que liga o bem com o mal; e também

o que é mais malvado é digno de ser aroma e fazer transbordar a espuma: —

Oh, como não ansiaria eu ardentemente pela eternidade e pelo nupcial anel dos anéis — o anel do retorno!

Jamais encontrei a mulher da qual desejaria filhos, a não ser esta mulher a quem amo: pois eu te amo, ó eternidade!

Pois eu te amo, ó eternidade!

5. Se quero bem ao mar e a tudo que semelha o mar, e mais ainda quando ele, colérico, me contraria:

Se há em mim aquele prazer de buscar que empurra as velas para o não descoberto, se há um prazer de navegador em meu prazer:

Se algum dia meu júbilo exclamou: "Desapareceu a costa — agora caiu meu último grilhão —

— o ilimitado estrondeia ao meu redor, espaço e tempo brilham ao longe para mim, muito bem, vamos, velho coração!" —

Oh, como não ansiaria eu ardentemente pela eternidade e pelo nupcial anel dos anéis — o anel do retorno!

Jamais encontrei a mulher da qual desejaria filhos, a não ser esta mulher a quem amo: pois eu te amo, ó eternidade!

Pois eu te amo, ó eternidade!

6. Se minha virtude é a virtude de um dançarino, e muitas vezes saltei com os dois pés para um enlevo ouro-esmeralda:

Se minha maldade é uma maldade sorridente, que se sente em casa entre roseirais e sebes de lírios:

— pois no riso tudo que é mau se acha concentrado, mas santificado e absolvido por sua própria bem-aventurança: —

E, se é meu alfa e ômega que tudo pesado se torne leve, todo corpo, dançarino, e todo espírito, pássaro: e, em verdade, esse é meu alfa e ômega! —

Oh, como não ansiaria eu ardentemente pela eternidade e pelo nupcial anel entre os anéis — o anel do retorno!

Jamais encontrei a mulher da qual desejaria filhos, a não ser esta mulher a quem amo: pois eu te amo, ó eternidade!

Pois eu te amo, ó eternidade!

7. Se algum dia estendi céus serenos sobre mim, e com asas próprias voei em céus próprios:

Se nadei brincando em profundas distâncias de luz, e veio a sabedoria de pássaro da minha liberdade: —

— mas assim fala a sabedoria de pássaro: "Vê, não existe acima, não existe abaixo! Joga-te para o lado, para cima, para trás, ó criatura leve! Canta! Não fales mais!

— todas as palavras não foram feitas para os seres pesados? Não mentem as palavras todas para aquele que é leve? Canta! Não fales mais!" —

Oh, como não ansiaria eu ardentemente pela eternidade e pelo nupcial anel entre os anéis — o anel do retorno!

Jamais encontrei a mulher da qual desejaria filhos, a não ser esta mulher a quem amo: pois eu te amo, ó eternidade!

Pois eu te amo, ó eternidade!

QUARTA PARTE

Ah, onde foram feitas maiores tolices, no mundo, do que entre os compassivos? E o que produziu mais sofrimento no mundo do que as tolices dos compassivos?
Ai de todos os que amam e que não atingiram uma altura acima de sua compaixão!
Assim me falou certa vez o Demônio: "Também Deus tem seu inferno: é seu amor aos homens".
E recentemente o ouvi dizer isto: "Deus está morto; morreu de sua compaixão pelos homens".
Assim falou Zaratustra, "Dos compassivos" (II, p. 85)

A OFERENDA DO MEL

— E novamente passaram luas e anos sobre a alma de Zaratustra, e ele não se apercebeu disso; mas seus cabelos ficaram brancos. Um dia, quando estava sentado numa pedra diante de sua caverna e olhava ao longe em silêncio — mas dali se vê o mar, além de sinuosos abismos —, seus animais andaram pensativamente ao seu redor e, por fim, colocaram-se à sua frente.

"Ó Zaratustra", disseram eles, "procuras com os olhos a tua felicidade?" — "Que importa a felicidade!", respondeu ele, "há muito tempo não viso a minha felicidade, viso a minha obra." — "Ó Zaratustra", voltaram a falar os animais, "falas isso como alguém que está farto do que é bom. Não te achas num lago azul-celeste de felicidade?" — "Bufões!", respondeu Zaratustra sorrindo, "como escolhestes bem a imagem! Mas sabeis também que minha felicidade é pesada, não é como uma onda fluida: ela me oprime e não quer soltar-se de mim, age como o breu derretido." —

De novo os animais andaram pensativamente ao seu redor e se colocaram à sua frente. "Ó Zaratustra", disseram eles, "então é por isso que tu mesmo ficas cada vez mais escuro e amarelo, embora teu cabelo pareça branco e como o linho? Olha, estás no breu!"[137] — "Que dizeis, meus animais", disse Zaratustra e sorriu, "em verdade, eu blasfemei ao falar em breu. Comigo acontece o mesmo que aos frutos que amadurecem. É o *mel* em minhas veias que torna meu sangue mais espesso e minha alma mais sossegada." — "Deve ser isso, ó Zaratustra", responderam os animais comprimindo-se junto a ele; "mas não queres, hoje, subir a uma alta montanha? O ar está limpo, enxerga-se mais do mundo do que antes." — "Sim, meus animais", respondeu ele, "vosso conselho é bom e conforme ao meu coração: hoje quero subir a uma alta montanha! Mas cuidai para que lá eu disponha de mel, amarelo, branco, bom, fresco, áureo mel de colmeia. Pois sabei que lá em cima quero fazer a oferenda do mel." —

Quando Zaratustra chegou ao cume, porém, enviou para casa os animais que o haviam acompanhado e encontrou-se só: — então riu com todo o coração, olhou ao redor e falou assim:

Falar de oferendas, de oferenda de mel, foi apenas um ardil e, em verdade, uma útil bobagem! Aqui em cima posso falar mais livremente do que diante de cavernas de eremitas e domésticos animais de eremitas.

Oferecer ou sacrificar o quê? Eu esbanjo o que me é presenteado, eu, esbanjador com mil mãos: como poderia chamar a isso — oferenda?

E, quando desejei mel, desejava apenas isca, o doce e viscoso líquido que dá água na boca até mesmo de ursos resmungões e pássaros ranzinzas, estranhos e maus:

— a melhor isca de que necessitam pescadores e caçadores. Pois, se o mundo é uma escura floresta de animais e jardim de delícias para todos os caçadores furtivos, ele me parece mais ainda, e de preferência, um mar abundante e abissal,

— um mar cheio de coloridos peixes e caranguejos, que faria até os deuses ter vontade de se tornar pescadores e lançar redes: tão rico é o mundo de coisas prodigiosas, tanto pequenas como grandes!

Em especial o mundo dos homens, o mar dos homens: — *nesse* lanço agora minha áurea vara de pesca e digo: abre-te, ó abismo dos homens!

Abre-te e lança-me teus peixes e cintilantes caranguejos! Com minha melhor isca pesco hoje os mais prodigiosos peixes-homens!

— é minha própria felicidade que lanço a todas as latitudes e distâncias, entre alvorecer, meio-dia e poente, para ver se muitos peixes-homens aprendem a puxar e se debater em minha felicidade.

Até que, mordendo meu afiado anzol oculto, os mais coloridos peixes abissais tenham de subir à *minha* altura, tenham de vir até o mais malvado de todos os pescadores de homens.

Pois *tal* sou eu, no fundo e desde o início, a puxar, atrair, erguer, elevar, um puxador, preceptor e tratador, que um dia, não em vão, instou a si mesmo: "Torna-te o que és!".[138]

Assim, que os homens agora *subam* até mim: pois ainda espero pelos sinais de que é chegado o tempo para minha descida, ainda não desço eu próprio para o meio dos homens, como devo.

Por isso espero aqui, astuto e zombeteiro nas altas montanhas, nem impaciente nem paciente, antes como alguém que desaprendeu a paciência — porque não mais "padece".

Pois meu destino está me dando tempo: terá me esquecido? Ou estará sentado na sombra, atrás de uma grande pedra, apanhando moscas?

E, em verdade, sou-lhe reconhecido, ao meu eterno destino, por não me açular e apressar, e deixar-me tempo para brincadeiras e maldades: de modo que hoje subi a essa alta montanha para uma pescaria.

Alguma vez um homem pegou peixes em altas montanhas? E, ainda que seja uma tolice o que eu aqui desejo e faço: melhor isso do que tornar-me solene lá embaixo por esperar, e verde e amarelo —

— alguém crispado e encolerizado por esperar, um sagrado temporal que uiva das montanhas, um impaciente que grita em direção aos vales: "Escutai, ou eu vos açoito com o chicote de Deus!".

Não que eu me irritasse com tais raivosos por isso: eles me fornecem o bastante de que rir! Eles têm de ser impacientes, esses grandes tambores ruidosos, que ou tomam a palavra hoje ou nunca!

Mas eu e meu destino — nós não falamos para o hoje, nem para o nunca: temos paciência para falar e tempo, mais que tempo. Pois um dia ele tem de vir, e não pode passar ao largo.

Quem tem de vir um dia e não pode passar ao largo? Nosso

grande *bazar*,[139] nosso grande e distante reino dos homens, o reino de mil anos de Zaratustra — —

Quão distante pode ser esse "distante"? Que me importa! Mas nem por isso é menos certo para mim —, com os dois pés me acho firme nesse chão,

num chão eterno, em dura pedra primeva, nessa altíssima, duríssima montanha primeva, à qual todos os ventos acorrem como a um divisor de climas, perguntando "Onde?", "De onde?" e "Para onde?".

Ri aqui, ri, minha clara e sadia maldade! Lança para baixo, dos altos montes, teu cintilante riso de escárnio! Atrai, com tua centelha, os mais belos peixes humanos!

E aquilo que em todos os mares me pertence, meu em-e--para-mim em todas as coisas — pesca *isso* para mim, traz *isso* cá para cima: por ele espero eu, o mais malvado dos pescadores!

Para longe, para longe, meu anzol! Para dentro, para baixo, isca da minha felicidade! Destila teu mais doce orvalho, mel do meu coração! Morde, meu anzol, no ventre de toda negra aflição!

Para longe, para longe, meu olhar! Oh, quantos mares ao meu redor, que alvorecentes futuros humanos! E acima de mim — que rósea quietude! Que desanuviado silêncio!

O GRITO DE SOCORRO

No dia seguinte, Zaratustra estava novamente sentado em sua pedra diante da caverna, enquanto os animais andavam pelo mundo lá fora, buscando novo alimento — e também novo mel: pois Zaratustra havia dissipado e esbanjado até o fim o velho mel. Mas, quando estava assim sentado, com uma vara na mão, cobrindo o desenho de sua sombra no chão, refletindo — não, em verdade, sobre si mesmo e sua sombra! —, assustou-se de repente e estremeceu: pois viu outra sombra ao lado da sua. E, ao olhar rapidamente em torno e se levantar, eis que ao seu lado se encontrava o adivinho, o mesmo ao qual ele havia dado de comer e de beber em sua própria mesa, o anunciador do grande cansaço, que ensinava: "Tudo é igual, nada vale a pena, o mundo é sem sentido, o saber sufoca". Mas seu rosto havia se transformado nesse meio-tempo; e, quando Zaratustra o olhou nos olhos, seu coração novamente se assustou: tantos presságios ruins e relâmpagos cor de cinza passavam por aquele rosto.

O adivinho, que percebera o que sucedia na alma de Zaratustra, passou a mão no rosto, como se quisesse apagá-lo; a mesma coisa fez Zaratustra. E, depois que assim se recompuseram em silêncio, deram a mão um ao outro, como sinal de que queriam reconhecer-se.

"Sê bem-vindo", disse Zaratustra, "ó adivinho do grande cansaço; não deve ser em vão que um dia foste meu convidado e comensal. Come e bebe também hoje em minha casa, e perdoa que um velho divertido se sente à mesa contigo!" — "Um velho divertido?", respondeu o adivinho, balançando a cabeça: "quem quer que tu sejas ou queiras ser, ó Zaratustra, já ficaste muito tempo aqui em cima — em breve a tua canoa não estará mais no seco!" — "Então estou seco?",[140] perguntou Zaratustra, rindo. "As ondas ao redor de tua montanha", respondeu o adivinho, "sobem sem parar, as ondas de grande miséria e aflição: logo elas erguerão também tua canoa e te levarão." — Zaratustra fez silêncio, admirado. — "Ainda não ouves nada?", continuou o adivinho: "não chega aqui o rugido e fragor que vem da profundidade?" — Zaratustra guardou silêncio e atentou: então ouviu um grito longo, longuíssimo, que os abismos lançavam um ao outro e passavam adiante, pois nenhum deles queria retê-lo: tão mau ele soava.

"Ó anunciador de coisas ruins", falou enfim Zaratustra, "isso é um grito de socorro, o grito de um homem, que bem pode vir de um negro mar. Mas que me interessa a miséria dos homens? Meu derradeiro pecado, o que me foi guardado para o fim, — sabes como se chama?"

— "*Compaixão!*", o adivinho respondeu com o coração transbordante, e ergueu as duas mãos — "oh, Zaratustra, eu venho para induzir-te ao teu derradeiro pecado!" —

Mal lhe saíram da boca essas palavras e novamente ecoou o grito, mais longo e mais angustiado do que antes, e também mais próximo. "Ouves? Ouves, Zaratustra?", exclamou o adivinho, "o grito é para ti, é a ti que ele chama: vem, vem, chegou o tempo, é mais do que tempo!" —

Zaratustra silenciou, confuso e abalado; enfim perguntou, como alguém que hesita interiormente: "E quem é esse que me chama?".

"Tu o sabes muito bem", respondeu veemente o adivinho, "o que escondes de ti mesmo? É o *homem superior* que grita por ti!"

"O homem superior?", gritou Zaratustra, tomado de horror: "que quer ele? Que quer ele? O homem superior! Que quer ele aqui?" — e sua pele cobriu-se de suor.

Mas o adivinho não respondeu à angústia de Zaratustra, apenas atentou para o que vinha da profundeza. Quando ali se fez silêncio por bastante tempo, voltou o olhar para Zaratustra e o viu em pé, a tremer.

"Ó Zaratustra", começou a dizer com voz triste, "não pareces alguém a quem a própria felicidade faz girar: terás de dançar para não cair!

Mas, ainda que quisesses dançar e dar todos os saltos à minha frente, ninguém poderá me dizer: 'Olha, aí dança o último homem alegre!'.

Em vão viria a estas alturas alguém que o procurasse: cavernas encontraria certamente, e cavernas atrás de cavernas, esconderijos para seres escondidos, mas não poços e tesouros de felicidade ou novos veios de ouro de felicidade.

Felicidade — como se haveria de achar felicidade entre esses enterrados e eremitas? Terei de procurar a felicidade última em ilhas bem-aventuradas e distantes mares esquecidos?

Mas tudo é igual, nada vale a pena, de nada serve procurar, e tampouco existem mais ilhas bem-aventuradas!" — —

Assim suspirou o adivinho; nesse último suspiro, porém, Zaratustra ficou novamente lúcido e seguro, como alguém que sai de um fundo precipício para a luz. "Não! Não! Três vezes não!", exclamou com voz forte e alisou a barba. "*Isso* eu sei mais! Ainda há ilhas bem-aventuradas! Não fales *disso*, lamuriento saco de aflições!

Para de rumorejar sobre isso, ó nuvem de chuva em plena manhã! Não vês que já estou molhado de tua aflição, encharcado como um cão?

Agora vou me sacudir e correr de ti, para novamente secar: não deves te surpreender com isso! Pareço-te pouco cortês? Mas aqui é a *minha* corte.

Quanto ao teu homem superior: muito bem! Vou procurá-lo naqueles bosques: *de lá* veio seu grito. Talvez um animal ruim o ameace.

Ele está em *minha* área: aqui não deve sofrer nenhum dano! E, em verdade, há muitos animais ruins aqui comigo." —

Com essas palavras Zaratustra se virou para partir. Então disse o adivinho: "Ó Zaratustra, tu és um malandro!

Já sei: queres te livrar de mim! Preferes ir aos bosques atrás de animais ruins!

Mas de que te adianta isso? À noite me verás novamente, estarei sentado em tua própria caverna, paciente e pesado como tronco de madeira — esperando por ti!"

"Assim seja!", gritou Zaratustra ao partir: "e o que há em minha caverna também pertence a ti, meu hóspede!

E, se ainda encontrares mel lá dentro, muito bem, toma-o inteiramente, urso resmungão, e adoça tua alma! Pois à noite devemos estar bem-dispostos,

— bem-dispostos e contentes por esse dia terminar! E tu mesmo deverás dançar minhas canções, como meu urso dançarino.

Não acreditas nisso? Balanças a cabeça? Muito bem! Adiante, velho urso! Mas eu também sou — um adivinho."

Assim falou Zaratustra.

CONVERSA COM OS REIS

1. Zaratustra ainda não havia andado uma hora em seus montes e vales quando viu um estranho cortejo.[141] Justamente no caminho que ele queria descer vinham dois reis, adornados de coroas e cinturões púrpura e coloridos como flamingos; levavam à sua frente um jumento carregado. "Que querem esses reis no meu reino?", falou Zaratustra com seu coração, espantado, e escondeu-se rapidamente atrás de um arbusto. Quando os reis se aproximavam, porém, disse à meia-voz, como alguém que fala consigo: "Estranho! Estranho! Como entender isso? Vejo dois reis — e um só jumento!".

Então os dois reis pararam, sorriram, olharam para o lugar de onde vinha a voz e depois se entreolharam. "Coisas assim também se pensam entre nós", disse o rei da direita, "mas não se falam."

Mas o rei da esquerda encolheu os ombros e disse: "Pode ser um pastor de cabras. Ou um eremita que viveu tempo demais entre rochas e árvores. A falta de qualquer sociedade estraga também os bons costumes".

"Os bons costumes?", replicou o outro rei, amargo e contrariado: "mas de quem estamos escapando? Não é dos 'bons costumes'? De nossa 'boa sociedade'?

Em verdade, antes viver entre eremitas e pastores de cabras do que com nossa dourada, falsa e arrebicada plebe — ainda que se chame 'boa sociedade',

— ainda que se chame 'nobreza'. Mas ali é tudo falso e podre, a começar pelo sangue, graças a velhas doenças ruins e curandeiros ainda piores.

O melhor, e o que prefiro, continua a ser um sadio camponês, tosco, astucioso, teimoso, tenaz: esse é, hoje, o tipo mais nobre.

O camponês é hoje o melhor; e o tipo do camponês deveria dominar! Mas este é o reino da plebe — já não me deixo enganar. Mas plebe significa: mixórdia.

Mixórdia plebeia: ali tudo está misturado com tudo, santo, gatuno, fidalgo, judeu e toda espécie de bicho da arca de Noé.

Bons costumes! Tudo entre nós é falso e podre. Ninguém mais sabe venerar: justamente *disso* estamos escapando. São cachorros adocicados e importunos, eles douram as palmas.

Este é o nojo que me sufoca: nós mesmos, reis, nos tornamos falsos, cobertos e disfarçados pela antiga e amarelecida pompa de nossos avôs, medalhões para os mais estúpidos e os mais espertos e todo aquele que hoje em dia barganha com o poder!

Nós *não somos* os primeiros — e, no entanto, temos que *aparentar* sê-lo: desse embuste estamos fartos e enojados finalmente.

Escapamos da gentalha, de todos esses vociferadores e varejeiras escrevinhadoras, do fedor de merceeiros, da agitada ambição, do mau hálito —: arre, viver com a gentalha,

— arre, aparentar ser os primeiros no meio da gentalha! Ah, nojo! Nojo! Nojo! Que importamos ainda nós, os reis?" —

"Tua velha doença te acomete", disse então o rei da esquerda, "o nojo te acomete, meu pobre irmão. Mas sabes que alguém nos ouve."

Zaratustra, que era todo ouvidos e olhos para essas falas, imediatamente se levantou de seu esconderijo, apareceu ante os reis e começou:

"Quem vos escuta, quem com prazer vos escuta, ó reis, chama-se Zaratustra.

Eu sou Zaratustra, que um dia falou: 'Que ainda importam os reis?'. Perdoai-me, alegrei-me quando vos ouvi dizer: 'Que importamos ainda nós, os reis?'.

Mas aqui é *meu* reino e meu domínio: que podeis buscar em meu reino? Porém, talvez tenhais achado no caminho aquilo que *eu* busco: o homem superior."

Ao escutar isso, os reis bateram com a mão no peito e falaram com uma só voz: "Fomos reconhecidos!

Com a espada dessas palavras penetraste a mais densa treva de nossos corações. Descobriste nossa necessidade; pois, olha, viajamos a fim de encontrar o homem superior —

— o homem que é mais alto que nós: embora sejamos reis.

Para ele conduzimos esse jumento. Pois o homem superior também deve ser, na terra, o mais alto senhor.

Não ocorre mais dura desgraça, em todo o destino humano, do que quando os poderosos da terra não são também os primeiros dos homens. Tudo então se torna falso, torto e monstruoso.

E, quando eles são até mesmo os últimos, mais bichos que homens: então sobe sem parar a estima da plebe, e afinal a virtude da plebe chega a falar: 'Olha, eu sou a única virtude!'." —

Que acabo de ouvir?, respondeu Zaratustra; quanta sabedoria nos reis! Estou encantado, e, em verdade, já sinto o desejo de fazer versos com isso: —

— também podem ser versos que não sirvam para todos os ouvidos. Há muito tempo desaprendi qualquer consideração por orelhas compridas. Muito bem! Adiante!

(Mas aqui aconteceu que também o asno tomou a palavra: ele disse, claramente e com má intenção: "I-A".)

Certa vez — creio que o ano I era corrido —
Falou a Sibila, ébria sem ter bebido:
"Ai, agora se acabará o mundo!
Ruína! Ruína! Nunca se desceu tão fundo!
Roma se reduziu a prostituta e bordel[142]
O César de Roma se fez animal, e o próprio Deus — um judeu!"

2. Os reis se deleitaram com esses versos de Zaratustra; o rei da direita falou: "Ó Zaratustra, como fizemos bem em nos pôr a caminho para te ver!

Teus inimigos nos mostraram tua imagem em seu espelho: ali aparecias com a cara de um demônio e uma risada escarninha: de modo que tivemos receio de ti.

Mas de que adiantou? Sempre voltavas a nos penetrar o ouvido e o coração com tuas frases. Então dissemos afinal: Que nos importa a sua aparência!

Temos de *ouvi-lo*, a ele que ensina: 'Deveis amar a paz como meio para novas guerras, e mais à paz breve do que à longa!'.

Ninguém jamais falou palavras mais guerreiras: 'O que é bom? Ser bravo é bom. É a boa guerra que santifica toda causa'.

Ó Zaratustra, o sangue de nossos pais agitou-se em nosso corpo com essas palavras: foi como a primavera falando a antigos tonéis de vinho.

Quando as espadas se entrechocavam como serpentes de manchas vermelhas, então nossos pais gostavam da vida; o sol da paz lhes parecia morno e frouxo, e a longa paz lhes fazia vergonha.

Como suspiravam nossos pais, quando viam espadas cintilantes e secas penduradas na parede! Assim como elas, eram sedentos de guerra. Pois uma espada quer beber sangue, e cintila de desejo." —

— Enquanto os reis falavam e parolavam assim ardorosamente sobre a felicidade de seus pais, Zaratustra foi tomado de um desejo nada pequeno de zombar do seu ardor: pois evidentemente eram reis bastante pacíficos os que tinha à sua frente, com rostos velhos e delicados. Mas conteve-se. "Muito bem!", disse ele, "ali está o caminho para a caverna de Zaratustra; e este dia deverá ter uma longa noite! Agora, porém, um grito de socorro urgente me chama.

É uma honra, para minha caverna, que reis queiram sentar-se e esperar dentro dela: mas certamente havereis de esperar muito!

Ora! Que fazer? Onde melhor se aprende a esperar, hoje em dia, do que nas cortes? E toda a virtude que resta agora aos reis — não se chama ela: *saber* esperar?"

Assim falou Zaratustra.

A SANGUESSUGA

E Zaratustra continuou a descer, pensativo, através de florestas e ao longo de pântanos; mas, como sucede a todo aquele que reflete sobre coisas difíceis, pisou inadvertidamente em um homem. E eis que um grito de dor, duas pragas e vinte insultos pesados lhe atingiram o rosto: de modo que, num sobressalto, ergueu a vara e ainda golpeou aquele que havia pisado. Mas logo em seguida se recobrou; e riu, em seu coração, da tolice que acabara de fazer.

"Perdoa-me", disse ao homem pisado, que, furioso, havia soerguido o corpo e sentara-se; "perdoa-me e escuta, antes de tudo, uma parábola.

Como um andarilho que, sonhando com coisas distantes, numa estrada solitária, sem querer tropeça num cachorro que dorme, um cachorro deitado ao sol:

— e os dois se sobressaltam e se ameaçam como inimigos mortais, os dois mortalmente assustados: assim aconteceu conosco.

Porém! Porém — como faltou pouco para que trocassem carinhos, esse cachorro e esse solitário! Afinal, os dois são — solitários!"

— "Quem quer que sejas", disse, ainda furioso, o homem pisado, "ofendes-me com tua parábola também, não só com teu pé!

Olha para mim, por acaso sou um cachorro?" — e nisso levantou-se e tirou o braço nu do pântano. Pois no início estava estendido no solo, oculto e irreconhecível como esses que ficam à espreita da caça dos pântanos.

"Mas que é isso?", exclamou Zaratustra assustado, pois viu que muito sangue corria pelo braço nu, — "que te aconteceu? Mordeu-te um animal ruim, ó infeliz?"

O homem ensanguentado riu, ainda irritado. "Que te interessa isso?", respondeu, querendo ir embora. "Aqui estou em casa e no meu terreno. Quem quiser que me faça perguntas: mas não responderei a um imbecil."

"Tu te enganas", falou Zaratustra com pena, e segurou-o com firmeza; "te enganas: aqui não estás em tua casa, e sim no meu reino, onde ninguém deve sofrer nenhum dano.

Chama-me como quiseres — eu sou quem devo ser. Eu próprio chamo a mim Zaratustra.

Pois bem! Por ali sobe o caminho que conduz à caverna de Zaratustra: ela não fica longe — não queres pensar tuas feridas em minha casa?

As coisas andaram mal para ti nesta vida, ó infeliz: primeiro mordeu-te o animal, e depois — pisou-te o homem!" — —

Ao ouvir o nome de Zaratustra, porém, o homem pisado se transformou. "Que sucede comigo?", exclamou, "quem me importa ainda nesta vida, senão *este* homem, Zaratustra, e aquele animal que vive de sangue, a sanguessuga?

Por causa da sanguessuga eu estava deitado à beira desse pântano, como um pescador, e meu braço estendido já fora mordido dez vezes, e então uma sanguessuga ainda mais bela me chupou o sangue, o próprio Zaratustra!

Ó felicidade! Ó prodígio! Louvado seja o dia de hoje, que me trouxe a este pântano! Louvada seja a melhor, a mais viva ventosa que hoje existe, louvada seja a grande sanguessuga de consciências, Zaratustra!" —

Assim falou o homem pisado; e Zaratustra se alegrou com suas palavras e sua maneira fina e reverente. "Quem és tu?", perguntou, oferecendo-lhe a mão, "entre nós há muito a esclarecer e desanuviar: mas o dia já me parece mais puro e mais limpo."

"Eu sou *o consciencioso do espírito*", respondeu o homem, "e dificilmente alguém toma as coisas do espírito de modo mais estrito, duro e severo do que eu, excetuando aquele de quem aprendi, o próprio Zaratustra.

Melhor nada saber do que saber muita coisa pelo meio! Melhor ser um tolo por conta própria do que um sábio na conta dos outros! Eu — vou ao fundo:

— que importa se ele é grande ou pequeno? Se é denominado céu ou pântano? Um palmo de chão me basta: se ele for realmente chão e fundamento!

— um palmo de chão: sobre isso pode-se ficar em pé. Na autêntica ciência e consciência[143] não existe nada grande e nada pequeno."

"Então és talvez o conhecedor da sanguessuga?", perguntou Zaratustra; "e estudas realmente a fundo a sanguessuga, ó consciencioso?"

"Ó Zaratustra", respondeu o homem, "isto seria uma enormidade, como poderia eu me atrever a tanto?

Aquilo em que sou mestre e conhecedor é o *cérebro* da sanguessuga: — esse é o *meu* mundo!

E é de fato um mundo! Perdoa-me se aqui o meu orgulho toma a palavra, pois nisso não tenho mesmo igual. Por isso falei: 'Aqui estou em casa'.

Há quanto tempo venho estudando apenas isso, o cérebro da sanguessuga, de modo que a verdade esquiva já não se esquiva de mim! Aqui é o *meu* reino!

— por ele joguei fora tudo o mais, por ele tudo o mais se tornou indiferente para mim; e junto a meu saber se acha minha negra ignorância.

Minha consciência do espírito requer isso de mim, que saiba uma coisa e nada mais do resto: sinto nojo de todos os meios-termos do espírito, de tudo vaporoso, flutuante, fantasioso.

Ali onde acaba minha retidão, sou cego e também quero ser cego. Mas, ali onde quero saber, quero também ser reto, ou seja, duro, severo, estreito, cruel, inexorável.

Aquilo que certa vez disseste, ó Zaratustra: 'Espírito é a vida que corta na própria vida', foi o que me seduziu e conduziu para teu ensinamento. E, em verdade, com meu próprio sangue aumentei meu próprio saber!"

— "Como mostra a evidência", replicou Zaratustra; pois o sangue continuava a escorrer no braço nu do consciencioso, já que dez sanguessugas haviam se agarrado nele.

"Ó singular companheiro, quanta coisa me ensina esta evidência, ou seja, tu mesmo! E nem tudo, talvez, deveria eu lançar em teu ouvido severo!

Muito bem! Aqui nos separamos! Mas bem gostaria de encontrar-te novamente. Por ali sobe o caminho que conduz à minha caverna: hoje à noite serás meu hóspede bem-vindo lá em cima!

Também gostaria de remediar teu corpo pelo que te fez o

pé de Zaratustra: pensarei sobre isso. Agora, porém, um grito de socorro urgente me chama."

Assim falou Zaratustra.

O FEITICEIRO

1. Mas, quando Zaratustra contornava uma rocha, eis que enxergou, um pouco abaixo de si, no mesmo caminho, um homem que agitava os membros como um louco furioso, e que afinal caiu de bruços na terra. "Alto", falou Zaratustra ao seu coração, "aquele ali deve ser o homem superior, veio dele aquele terrível grito de socorro — vamos ver se posso ajudar." Mas, quando chegou ao lugar onde estava o homem deitado, encontrou um velho trêmulo, com o olhar fixo; e, por mais que Zaratustra se empenhasse em erguê-lo e fazê-lo ficar em pé, tudo era em vão. O desgraçado também não parecia notar que alguém se ocupava dele; pelo contrário, ficava olhando ao redor com gestos tocantes, como um ser abandonado e isolado pelo mundo inteiro. Por fim, após muitos tremores, convulsões e contorções, assim começou a lamuriar:

Quem me aquece, quem me ama ainda?
    Dai-me mãos quentes!
    Dai-me braseiros para o coração!
Estirado, arrepiado,
Como um semimorto a quem se aquecem os pés,
Sacudido, ai!, por febres desconhecidas,
Tremendo com setas agudas e gélidas,
Perseguido por ti, pensamento!
Inominável! Oculto! Horrível!
Tu, caçador por trás das nuvens!
Derrubado por teus raios,
Tu, olhar escarninho que me olhas da escuridão:
— assim me acho deitado,

Torço-me, retorço-me, atormentado
Por todos os martírios eternos,
Golpeado
Por ti, caçador crudelíssimo,
Tu — deus desconhecido!

Golpeia mais fundo!
Golpeia mais uma vez!
Traspassa, traspassa este coração!
Por que este martírio
Com setas de pontas cegas?
Por que olhas novamente,
Ainda não cansado do tormento humano,
Com maldosos, divinos olhos relampejantes?
Não queres matar,
apenas martirizar, martirizar?
Para que martirizar — *a mim*,
Ó maldoso, desconhecido deus? —

Ah! Aproximas-te furtivamente
Nessa meia-noite?...
Que queres? Fala!
Tu me pressionas, me oprimes —
Ah! já perto demais!
Fora! Fora!
Ouves me respirar,
Espreitas meu coração,
ó ciumento —
Mas ciumento de quê?
Fora! Fora! Para que a escada?
Queres entrar *nele*,
No coração, subir,
Subir até meus mais
Secretos pensamentos?
Desavergonhado! Desconhecido — ladrão!
Que queres roubar,

Que queres espreitar,
Que queres obter com torturas,
Ó torturador!
Tu — deus-carrasco!
Ou devo eu, como um cão,
Espojar-me diante de ti?
Devotado, fora de mim de entusiasmo
Acenar-te amor — com a cauda?

Em vão! Fura mais,
Espinho crudelíssimo! Não,
Nenhum cão — apenas tua caça sou eu,
Caçador crudelíssimo!
Teu mais orgulhoso prisioneiro,
Tu, ladrão por trás das nuvens!
Fala enfim,
Que queres tu, salteador, de *mim*?
Tu, oculto em raios! Desconhecido! Fala,
Que *queres* tu, deus desconhecido? — —

Como? Resgate?
Quanto queres de resgate?
Exige muito — assim quer meu orgulho!
E fala pouco — assim quer meu outro orgulho!

Ah! Ah!
A mim — queres? A mim?
A mim — todo?...

Ah! Ah!
E me martirizas, tolo que és,
Martirizas meu orgulho?
Dá-me *amor* — quem me aquece ainda?
Quem me ama ainda? — dá-me mãos quentes,
Dá-me braseiros para o coração,
Dá a mim, ao mais solitário,

A quem o gelo, ai!, sétuplo gelo
Ensina a ansiar por inimigos,
Até por inimigos,
Dá, sim, rende,
Crudelíssimo inimigo,
Rende-*te* — a mim! —

Foi-se!
Fugiu até ele,
Meu último, único companheiro,
Meu grande inimigo,
Meu desconhecido,
Meu deus-carrasco! — —

— Não! Volta,
Com todos os teus martírios!
Para o derradeiro dos solitários
Oh, volta!
Todas as minhas lágrimas
Correm no teu rumo!
E a derradeira chama de meu coração
Arde *para ti*!
Oh, volta,
Meu deus desconhecido! Minha *dor*! Minha derradeira —
felicidade!...

2. — Nesse momento, Zaratustra não pôde mais conter-se, tomou sua vara e bateu com todas as forças no lamuriento. "Alto lá!", gritava-lhe, com furiosa risada, "alto lá, ó ator! Falsário! Mentiroso inveterado! Eu te reconheço!

Vou te esquentar as pernas, feiticeiro ruim, sei como escarmentar esse tipo que és!"

— "Para", disse o velho, levantando-se de um salto, "não batas mais, ó Zaratustra! Fiz isso apenas de brincadeira!

Isso faz parte de minha arte; eu quis te pôr à prova, ao te dar essa mostra! E, em verdade, penetraste meus pensamentos!

Mas tu também — deste de ti uma boa mostra: és *duro*, sábio Zaratustra! Duramente me golpeias com tuas 'verdades', teu porrete extrai de mim — *essa* verdade!"

— "Não me lisonjeies", respondeu Zaratustra, ainda exaltado e de olhar sombrio, "ator inveterado! És falso: por que falas de — verdade?

Ó pavão dos pavões, mar de vaidade, *o que* representaste diante de mim, feiticeiro ruim, *quem* devia eu pensar que eras, quando te lamuriavas daquela forma?"

"*O penitente do espírito*", disse o velho, "foi *ele* que representei: tu mesmo inventaste certa vez essa palavra —

— o poeta e feiticeiro que afinal volta contra si mesmo seu espírito, o homem transformado, que congela de sua má ciência e consciência.

E confessa: demorou bastante, ó Zaratustra, até que percebeste minha arte e fraude! *Acreditavas* na minha dor quando me seguraste a cabeça com as duas mãos, —

— ouvi-te lamentar: 'Ele foi muito pouco amado, muito pouco amado!'. Que eu te enganasse a tal ponto alegrou interiormente a minha maldade."

"Podes ter enganado gente mais sutil que eu", disse Zaratustra duramente. "Não fico em guarda contra enganadores, *tenho* de não ser cauteloso: assim quer minha sina.

Mas tu — *tens* de enganar: a esse ponto te conheço! Sempre tens de ser ambíguo, equívoco, multívoco! Também o que agora confessaste não é verdadeiro ou falso o bastante para mim!

Falsário ruim, como poderias ser diferente? Maquiarias tua própria doença, se te despisses para teu próprio médico.

E maquiaste para mim tua mentira quando disseste: 'Fiz isso *apenas* de brincadeira!'. Havia também *seriedade* nisso, *tens* mesmo algo de um penitente do espírito!

Já te adivinho: vieste a ser o enfeitiçador de todos, mas não te resta mais nenhuma mentira ou astúcia para ti mesmo — és desencantado contigo mesmo!

Colheste o nojo como tua única verdade. Em ti não há mais

nenhuma palavra genuína, somente a tua boca: isto é, o nojo colado em tua boca." — —

— "Mas quem és tu?", gritou o velho feiticeiro em tom desafiador, "quem pode falar assim *comigo*, com o maior dos homens vivos?" — e um raio verde partiu de seu olhar em direção a Zaratustra. Mas logo ele se transformou e disse tristemente:

"Ó Zaratustra, estou cansado disso, sinto nojo de minhas artes, não sou *grande*, de que serve fingir? Mas, como bem sabes — eu busquei a grandeza!

Quis passar por um grande homem e convenci muita gente: mas essa mentira estava além de minhas forças. Agora estou me destroçando por causa dela.

Ó Zaratustra, tudo em mim é mentira; mas que eu me destroce, — este meu destroçamento é *genuíno*!" —

"Teres buscado a grandeza", falou Zaratustra, com ar sombrio e olhando para baixo, "é algo que te faz honra, mas também te denuncia. Não és grande.

Ó velho feiticeiro ruim, é *isso* o que há de melhor e mais correto em ti, o que respeito em ti: que cansaste de ti mesmo e declaraste: 'Não sou grande'.

Nisso te respeito como penitente do espírito; e, embora apenas num abrir e fechar de olhos, nesse instante foste — genuíno.

Mas diz, o que buscas em minhas florestas e rochas? E, quando te puseste em *meu* caminho, que prova querias de mim? —

— em que pretendias me tentar?" —

Assim falou Zaratustra, e seus olhos faiscavam. O velho feiticeiro silenciou por um momento, e então disse: "Eu te tentei? Eu apenas — busco.

Ó Zaratustra, eu busco um homem genuíno, direito, singelo, unívoco, de toda retidão, um receptáculo da sabedoria, um santo do conhecimento, um grande homem!

Ó Zaratustra, então não sabes? *Eu busco Zaratustra*."

— Aqui houve um longo silêncio entre os dois; Zaratustra ensimesmou-se profundamente, a ponto de fechar os olhos. Mas depois, voltando a seu interlocutor, tomou a mão do feiticeiro e falou, pleno de solicitude e astúcia:

"Muito bem! Ali está o caminho para a caverna de Zaratustra. Nela podes buscar quem gostarias de achar.

E pede conselho a meus animais, a minha águia e minha serpente: elas deverão te ajudar na busca. Mas minha caverna é grande.

Eu mesmo, certamente — não vi ainda um grande homem. Hoje em dia, até os olhos mais sutis são grosseiros demais para o que é grande. É o reino da plebe.

Já encontrei mais de um que se inchava e enchia, e o povo gritava: 'Vede, ali está um grande homem!'. Mas de que servem todos os foles? O vento sai, enfim.

Enfim estoura a rã que se encheu de ar por tempo demais: o vento sai. Espetar a barriga de um ser inflado, eis um bom passatempo. Escutai isso, meninos!

Esse dia de hoje é da plebe: quem ainda *sabe* o que é grande ou pequeno? Quem teve sucesso na busca da grandeza? Somente um tolo: os tolos têm sucesso.

Buscas um grande homem, ó tolo singular? Quem te *ensinou* isso? Hoje é o tempo para isso? Oh, mau buscador, por que — me tentas?"[144] — —

Assim falou Zaratustra, de coração aliviado, e continuou, rindo, pelo seu caminho.

APOSENTADO

Não muito tempo depois de livrar-se do feiticeiro, Zaratustra viu novamente uma pessoa sentada à beira de seu caminho, um homem alto, de preto, com o rosto magro e pálido: *esse* o incomodou enormemente. "Ai", falou a seu coração, "eis ali a aflição mascarada, do tipo sacerdotal, me parece: que querem *eles* em meu reino?

O quê? Mal escapei do feiticeiro e mais um nigromante me aparece no caminho, —

— um desses bruxos que usam as mãos, um taciturno milagreiro da graça de Deus, ungido caluniador do mundo, que o Diabo bem podia levar?

Mas o Diabo nunca está no lugar certo: sempre chega muito tarde, esse maldito anão de pés virados!" —

Assim amaldiçoou Zaratustra, com impaciência no coração, e pensou em como poderia, olhando para o outro lado, passar pelo homem de preto; mas aconteceu de forma diferente. Pois no mesmo instante o homem sentado o havia enxergado; e, de modo semelhante a alguém tocado por uma sorte imprevista, levantou-se num salto e abordou Zaratustra.

"Quem quer que sejas, ó andarilho", disse ele, "ajuda a alguém que se extraviou e que procura, a um velho que pode sofrer algum mal aqui!

Este mundo me é alheio e distante, e já escutei animais selvagens uivando; além disso, aquele que poderia me dar proteção não está mais aqui.

Eu buscava o último homem piedoso, um santo e eremita que, sozinho em sua floresta, não havia ainda escutado o que hoje o mundo inteiro sabe."

"E o que sabe hoje o mundo inteiro?", perguntou Zaratustra. "Seria, por acaso, que já não vive mais o velho Deus em quem o mundo inteiro acreditou um dia?"

"Tu o dizes", respondeu o velho, entristecido. "Eu servi esse velho Deus até a sua hora final.

Mas agora estou aposentado, sem senhor, e, contudo, não estou livre e não tenho um minuto de alegria, exceto em recordações.

Por isso vim a estas montanhas, para enfim celebrar novamente uma festa, como convém a um velho papa e pai da Igreja: pois, fica sabendo, eu sou o último papa! — uma festa de piedosas recordações e cultos divinos.

Mas agora ele próprio está morto, o mais pio dos homens, aquele santo da floresta que continuamente louvava seu Deus, cantando e sussurrando.

Não mais o encontrei, ao encontrar sua cabana, — e sim dois lobos que uivavam por causa de sua morte — pois todos os bichos o amavam. Então fui embora dali.

Teria vindo inutilmente a estas florestas e montanhas? Então meu coração decidiu que eu buscaria outro, o mais piedoso de todos aqueles que não acreditam em Deus — que eu buscaria Zaratustra!"

Assim falou o ancião, e olhou de modo penetrante para aquele que estava à sua frente; mas Zaratustra pegou a mão do velho papa e longamente a observou, com admiração.

"Olha, ó venerável", disse então, "que mão bela e comprida! É a mão de alguém que sempre repartiu bênçãos. Mas neste momento ela segura aquele que buscas, a mim, Zaratustra.

É Zaratustra, o sem-deus, quem aqui fala: quem é mais sem-deus do que eu, para que eu possa fruir dos seus ensinamentos?" —

Assim falou Zaratustra, e atravessou com seu olhar os pensamentos e intenções ocultas do velho papa. Enfim, este começou a dizer:

"Quem mais o amava e possuía, esse agora foi quem mais o perdeu —:

— vê, não sou eu agora, de nós dois, o mais sem-deus? Mas quem pode se alegrar disso?" —

"Tu, que o serviste até o fim", perguntou Zaratustra, pensativo, depois de um profundo silêncio, "sabes como ele morreu? É verdade o que se diz, que a compaixão o sufocou,

— que ele viu *o homem* pendurado na cruz e não suportou, que o amor ao homem veio a ser seu inferno e, afinal, sua morte?" — —

Mas o velho papa não respondeu, apenas olhou para o lado, timidamente, com uma expressão dolorosa e sombria.

"Deixa que se vá", disse Zaratustra após uma longa reflexão, ainda olhando fixamente os olhos do velho.

"Deixa que se vá, ele acabou. E, embora te faça honra só falares bem desse morto, sabes tão bem quanto eu *quem* era; e que estranhos caminhos ele seguia."

"Falando entre três olhos", disse o velho papa com ar divertido (pois ele era cego de um olho),[145] "em coisas de Deus sou mais ilustrado que até mesmo Zaratustra — e com todo o direito.

Meu amor serviu a ele por muitos anos, minha vontade sempre acompanhou a sua. Mas um servidor sabe tudo, inclusive coisas que o seu senhor esconde de si próprio.

Era um deus escondido, cheio de segredos.[146] Em verdade, até um filho lhe chegou por caminhos duvidosos. No portal de sua fé se acha o adultério.

Quem o exalta como deus do amor não tem o amor em alta conta. Não pretendia também ser juiz esse deus? Mas quem ama, ama acima do prêmio e do castigo.

Quando ele era jovem, esse deus do Oriente, era duro e vingativo, e construiu um inferno para o gozo de seus favoritos.

Afinal, porém, tornou-se velho, brando, mole e compassivo, mais semelhante a um avô do que a um pai, e ainda mais semelhante a uma vovó trôpega.

Ficava sentado, murcho, em seu canto da estufa, afligindo-se com a fraqueza das pernas, cansado do mundo, de vontade cansada, e um dia asfixiou-se com a compaixão demasiada." — —

"Ó velho papa", interveio Zaratustra, "viste isso com os próprios olhos? Pode ter acontecido assim; assim *e também* de outra forma. Quando os deuses morrem, morrem sempre muitos tipos de morte.

Mas muito bem! Desse modo ou daquele, desse e daquele — ele se foi! Ele ofendia o gosto de meus olhos e ouvidos; não gostaria de dizer coisa pior sobre ele.

Eu amo todos os que têm olhar claro e fala direta. Mas ele — tu sabes, velho sacerdote, havia algo da tua espécie nele, do tipo sacerdotal — ele era equívoco.

Também era pouco nítido. Como ele se irritava conosco, esse grande colérico, porque o entendíamos mal! Mas por que não falava com mais limpidez?

E, se o defeito estava em nossos ouvidos, por que nos deu ouvidos que o ouviam mal? Se havia barro em nossos ouvidos, muito bem! quem o pôs lá?

Muita coisa lhe saiu malograda, a esse oleiro[147] que não terminou o aprendizado! Mas ele se vingar de suas vasilhas e criaturas por lhe terem saído mal — isso foi um pecado contra o *bom gosto*.

Também na devoção há um bom gosto: foi este que disse finalmente: 'Fora com um deus *assim*! Antes nenhum deus, antes fazer o destino com a própria mão, antes ser tolo, antes ser deus em si mesmo!'."

— "Que estou ouvindo?", falou o papa, de orelhas em pé; "ó Zaratustra, és mais devoto do que crês, com tal descrença! Algum deus em ti te converteu a esse ateísmo.

Não é tua própria devoção que não te deixa mais acreditar num deus? Tua imensa retidão te levará até mesmo além do bem e do mal!

Pois olha: o que foi reservado para ti? Tens olhos, mãos e boca que foram eternamente predestinados a abençoar. Não se abençoa somente com as mãos.

Em tua vizinhança, embora pretendas ser o mais sem-deus entre os homens, sinto um secreto, sagrado aroma de prolongadas bênçãos: traz-me bem- e mal-estar ao mesmo tempo.

Deixa-me ser teu hóspede por uma só noite, ó Zaratustra! Em nenhum outro lugar da terra me sentirei melhor do que em tua casa!" —

"Amém! Assim seja!", falou Zaratustra com grande admiração, "ali está o caminho para a caverna de Zaratustra.

De bom grado, verdadeiramente, eu mesmo te acompanharia até lá, ó venerável, pois amo todos os homens devotos. Agora, porém, um grito de socorro urgente me chama.

Em minha área ninguém deve sofrer nenhum dano. Minha caverna é um bom porto. E o que eu mais gostaria seria deixar novamente cada pessoa triste em terra firme e com pés firmes.

Mas quem tiraria dos *teus* ombros a melancolia? Sou fraco demais para isso. Muito tempo, em verdade, podemos esperar, até que alguém ressuscite teu Deus.

Pois esse velho Deus não vive mais: está completamente morto." —

Assim falou Zaratustra.

O MAIS FEIO DOS HOMENS

— E novamente os pés de Zaratustra percorriam montanhas e florestas, e seus olhos buscavam e buscavam, mas em nenhum lugar aparecia aquele que queriam ver, o grande sofredor que gritava por socorro. Por todo o caminho, porém, ele se rejubilava em seu coração e estava agradecido. "Que boas coisas", dizia, "me presenteou este dia, em recompensa por haver começado tão mal! Que singulares interlocutores encontrei!

Agora vou mastigar demoradamente suas palavras, como boas sementes; meus dentes vão moê-las e esmagá-las, até que fluam como leite para dentro de minha alma!" —

Mas, quando o caminho novamente contornava uma rocha, a paisagem transformou-se de repente, e Zaratustra penetrou num reino de morte. Ali se erguiam penhascos negros e avermelhados: não havia grama, árvore ou voz de pássaro. Era um vale que todos os bichos evitavam, até os animais de rapina; somente cobras de uma espécie, feias, gordas e verdes, iam para lá quando envelheciam, a fim de morrer. Por isso os pastores chamavam a esse vale Morte das Serpentes.[148]

Zaratustra mergulhou em negra recordação, pois era como se já tivesse estado naquele vale uma vez. E muita coisa pesada lhe assomou ao espírito; de modo que andou lentamente, cada vez mais lentamente, e enfim se deteve. Mas então viu, ao levantar os olhos, algo à beira do caminho, com a forma de um homem e dificilmente parecendo um homem, algo indescritível. E de súbito sobreveio a Zaratustra uma grande vergonha de ter visto semelhante coisa: enrubescendo até a raiz dos cabelos brancos, afastou o olhar e moveu o pé, a fim de deixar aquele lugar ruim. Mas naquele instante o ermo sem vida produziu um som: algo saía do chão, gorgolejando e estertorando como a água gorgoleja e estertora ao passar, à noite, por canos obstruídos; e afinal aquilo se tornou voz humana e fala humana — que assim soou:

"Zaratustra! Zaratustra! Adivinha meu enigma! Fala, fala! O que é *a vingança contra a testemunha*?

Eu te chamo para trás, aqui há gelo escorregadio! Olha! Cuida para que teu orgulho não quebre as pernas aqui!

Acreditas ser sábio, ó orgulhoso Zaratustra? Então adivinha o enigma, ó duro quebrador de nozes, — o enigma que eu sou! Diz, então: quem sou *eu*?"

— Mas, depois de ouvir essas palavras, — que pensais que sucedeu na alma de Zaratustra? *A compaixão o assaltou*; e ele foi ao chão, como um carvalho que longamente resistiu a muitos lenhadores — de modo pesado, repentino, para assombro inclusive daqueles que queriam derrubá-lo. Mas logo se ergueu novamente, e seu rosto ficou duro.

"Eu bem te reconheço", disse ele com voz de ferro: "*és o assassino de Deus*! Deixa-me ir.

Não *suportaste* aquele que te viu, que sempre te viu e te escrutou, ó homem feiíssimo! Te vingaste daquela testemunha!"

Assim falou Zaratustra, e quis ir embora; mas o inominável agarrou uma ponta de sua roupa e novamente se pôs a gorgolejar e buscar palavras. "Fica!", disse ele afinal —

— "fica! Não sigas! Adivinhei qual machado te derrubou: Salve, ó Zaratustra, que estás novamente em pé!

Imaginaste,[149] sei bem, o que sente aquele que o matou — o assassino de Deus. Fica! Senta-te junto a mim, não será em vão.

Quem queria eu encontrar, senão a ti? Fica, senta! Mas não olhes para mim! Faz honra, assim — à minha feiura!

Eles me perseguem: és agora meu derradeiro refúgio. Mas *não* com seu ódio, *não* com seus esbirros: — oh, de tal perseguição eu zombaria e estaria orgulhoso e contente!

Todos os bem-sucedidos, até agora, não foram os bem perseguidos? E quem bem persegue logo aprende a *seguir*: — pois já está — atrás! É de sua *compaixão* —

— de sua compaixão que eu fujo e contigo me refugio. Ó

Zaratustra, protege-me, tu que és meu derradeiro refúgio, que és o único que me adivinhou:

— imaginaste o que sente aquele que matou *a ele*. Fica! E, se queres ir, ó impaciente: não vás pelo caminho por que vim. *Esse* caminho é ruim.

Estás irritado de tanto me ouvir tagarelando algaravias? De eu já te dar conselhos? Mas fica sabendo que eu, o mais feio dos homens,

— sou também o que tem os pés maiores e mais pesados. Onde *eu* estive, o caminho é ruim. Devasto e danifico todo caminho em que ando.

Mas que passavas por mim em silêncio, que enrubescias, isso eu notei: nisso te reconheci como Zaratustra.

Qualquer outro me teria lançado sua esmola, sua compaixão, com um olhar e uma palavra. Mas eu — não sou mendigo o bastante para isso, logo adivinhaste —

— sou *rico* demais para isso, rico do que é grande, terrível, feio, inominável! Tua vergonha, ó Zaratustra, *honrou-me*!

A duras penas escapei da multidão dos compassivos — a fim de encontrar o único que hoje ensina que 'compadecer é importunar' — a ti, ó Zaratustra!

— seja o compadecimento de um deus, seja o dos homens: a compaixão ofende a vergonha. E não querer ajudar pode ser mais nobre do que a virtude que se apressa e acode.

Mas *isso* é hoje considerado a própria virtude por toda a gente pequena, a compaixão: — não há reverência pelo grande infortúnio, a grande feiura, o grande malogro.

Olho por cima de toda essa gente, como o cão corre o olhar sobre os dorsos de um apinhado rebanho de ovelhas. Todas são pessoas pequenas, cinzentas, de boa vontade e boa lã.

Como uma garça olha desdenhosamente por cima de rasas lagoas, com a cabeça lançada para trás: assim olho por sobre a agitação de pequenas, cinzentas vontades, ondas e almas.

Por tempo demais se deu razão às pessoas pequenas: *assim* foi lhes dado, enfim, também o poder — e agora elas ensinam: 'Bom é apenas o que as pessoas pequenas dizem ser bom'.

E 'verdade', hoje, é o que afirmou o pregador que saiu do meio delas, aquele singular santo e advogado da gente pequena, que de si mesmo testemunhou: 'Eu — sou a verdade'.

Há tempos esse indivíduo imodesto faz a gente pequena andar de crista em pé — ele, que ensinou um erro nada pequeno ao dizer: 'Eu — sou a verdade'.

Alguma vez se deu resposta mais cortês a um imodesto? — Mas tu, ó Zaratustra, passaste por ele e disseste: 'Não! Não! Três vezes não!'.

Advertiste contra seu erro, foste o primeiro a advertir contra a compaixão — não a todos, não a ninguém, mas a ti mesmo e àqueles como tu.

Envergonhas-te da vergonha do grande sofredor; e, em verdade, quando dizes: 'Vem da compaixão uma grande nuvem, atenção, ó homens!'

— quando ensinas: 'Todos os que criam são duros, todo grande amor está acima de sua própria compaixão': ó Zaratustra, como me pareces entender os sinais do tempo!

Tu mesmo, porém — acautela-te também da *tua* compaixão! Pois muitos estão vindo ao teu encontro, muitos que sofrem, duvidam, desesperam, se afogam, morrem de frio —

Eu te acautelo também de mim. Adivinhaste meu melhor, meu pior enigma, eu próprio e o que eu fiz. Conheço o machado que te derruba.

Mas ele — *tinha* que morrer: ele via com olhos que *tudo* viam — ele via os fundamentos e profundezas do homem, toda a sua escondida ignomínia e feiura.

Sua compaixão não conhecia pudor: ele se insinuava em meus mais sujos recantos. Esse curioso entre os curiosos, esse superimportuno e supercompassivo tinha que morrer.

Ele sempre me via: de uma testemunha assim eu desejava me vingar — ou não mais viver.

O Deus que tudo via, *também o homem*: esse Deus tinha que morrer! O homem não *suporta* que viva uma testemunha assim."

Assim falou o mais feio dos homens. Mas Zaratustra se ergueu e se dispôs a ir embora: pois sentia frio até nas entranhas.

"Ó inominável", disse ele, "tu me advertiste sobre o teu caminho. Em agradecimento, louvo-te o meu. Vê, lá em cima se acha a caverna de Zaratustra.

Minha caverna é grande, profunda e tem muitos recantos; a mais oculta criatura ali encontra esconderijo. E bem junto dela há centenas de fendas e brechas para bichos que rastejam, voltejam e pulam.

Tu, proscrito que proscreveste a ti mesmo, não queres viver entre os homens e a compaixão humana? Muito bem, então faz como eu! Assim também aprendes comigo: somente quem faz aprende.

E fala, primeiro e antes de tudo, com os meus animais! O animal mais orgulhoso e o mais sagaz — eles bem podem ser, para nós dois, os conselheiros certos!" —

Assim falou Zaratustra e continuou seu caminho, ainda mais pensativo e mais lento do que antes: pois perguntava-se muitas coisas e não achava facilmente o que responder.

"Como é pobre o homem!", pensava em seu coração, "como é feio, como estertora, como é pleno de oculta vergonha!

Dizem-me que o homem ama a si mesmo: oh, como tem de ser grande esse amor-próprio! Quanto desprezo tem contra si!

Também esse aí amava a si mesmo ao se desprezar — é, para mim, um grande amador e um grande desprezador.

Não encontrei ninguém que tão profundamente desprezasse a si mesmo: também *isso* é elevação. Ai, era *ele* talvez o homem superior cujo grito escutei?

Eu amo os grandes desprezadores. Mas o homem é algo que tem de ser superado." — —

O MENDIGO VOLUNTÁRIO

Após deixar o mais feio dos homens, Zaratustra teve frio e sentiu-se só: pois muita coisa fria e solitária lhe passou pelo espírito, de modo que também seus membros se esfriaram por isso. Mas, à medida que continuava, subindo, descendo, passando por verdes prados e também por ermas e pedregosas ravinas, onde outrora um riacho impaciente fizera seu leito, sentiu-se novamente mais aquecido e mais animado.

"Que aconteceu comigo", perguntou-se, "algo quente e vivo me revigora, que deve estar próximo de mim.

Já estou menos só; companheiros e irmãos desconhecidos vagueiam ao meu redor, sua cálida respiração me toca a alma."

Porém, quando olhou ao redor, buscando os consoladores de sua solidão, eis que ali se achavam vacas, juntas e em pé sobre um outeiro; sua proximidade e seu cheiro lhe haviam aquecido o coração. Mas elas pareciam escutar avidamente alguém que falava e não deram atenção àquele que se aproximava. Ao chegar bem perto, porém, Zaratustra ouviu claramente uma voz humana que saía do meio das vacas; e todas elas tinham a cabeça voltada para aquele que falava.

Então Zaratustra galgou sofregamente o outeiro e empurrou os animais, afastando-os, pois receava que ali houvesse alguém ferido, a quem a compaixão das vacas não poderia ajudar. Mas nisso enganou-se; pois eis que um homem estava sentado no chão e parecia persuadir as vacas de que não o temessem, um homem pacífico, pregador da montanha,[150] de cujos olhos a própria bondade estava pregando. "Que procuras aqui?", exclamou Zaratustra, com espanto.

"Que procuro eu aqui?", respondeu o homem: "o mesmo que tu, desmancha-prazeres! Ou seja, a felicidade na terra.

Mas quero aprender sobre isso com estas vacas. Pois, fica sabendo, durante metade da manhã venho-as persuadindo, e já estavam a ponto de me instruir. Por que as incomodas?

Se não mudarmos e nos tornarmos como as vacas, não ingressaremos no reino dos céus. Pois deveríamos aprender uma coisa delas: a ruminação.

E, em verdade, se o homem ganhar o mundo inteiro e não aprender esta única coisa, a ruminação: que lhe aproveitará? Não se livrará de sua aflição

— de sua grande aflição: que hoje, porém, chama-se *nojo*. Quem, hoje, não tem nojo no coração, na boca e nos olhos? Tu também! Tu também! Mas olha para estas vacas!" —

Assim falou o pregador da montanha, e voltou o olhar para Zaratustra — pois até então o mantivera carinhosamente pousado nas vacas [illegible] mão nesse instante se transformou. "Quem é este com quem falo?", exclamou assombrado, erguendo-se do chão num pulo.

"Este é o homem sem nojo, este é Zaratustra em pessoa, o vencedor do grande nojo, estes são os olhos, esta é a boca, este é o coração do próprio Zaratustra."

E, assim dizendo, beijou as mãos daquele a quem falava, com olhos marejados, e comportou-se como alguém que inesperadamente recebia uma preciosa dádiva do céu. As vacas viam tudo isso e se admiravam.

"Não fales de mim, homem singular e amável!", disse Zaratustra, refreando aquela ternura; "fala-me primeiro de ti! És o mendigo voluntário que um dia se desfez de uma grande fortuna, —

— que se envergonhou de sua riqueza e dos ricos e fugiu para o meio dos pobres, a fim de lhes dar sua abundância e seu coração? Mas eles não o acolheram."

"Mas eles não me acolheram", disse o mendigo voluntário, "isso já sabes. Então fui para o meio dos animais e dessas vacas."

"Assim aprendeste", interrompeu-o Zaratustra, "que é mais difícil dar corretamente do que receber corretamente, e que presentear bem é uma *arte*, a derradeira e mais astuciosa mestria da bondade."

"Especialmente hoje em dia", respondeu o mendigo voluntário: "quando tudo que é baixo tornou-se rebelde e esquivo e, à sua maneira, arrogante: ou seja, à maneira da plebe.

Pois chegou a hora, bem sabes, da grande, ruim, longa e lenta rebelião da plebe e dos escravos: ela não para de crescer!

Agora os que são baixos se revoltam com toda beneficência e mesquinha doação; e os super-ricos que tomem cuidado!

Quem hoje, como bojudas garrafas, deixa pingar de gargantas estreitas demais: — é com prazer que hoje são partidas as gargantas dessas garrafas.

Lasciva cobiça, biliosa inveja, amarga sede de vingança, orgulho plebeu: tudo isso me saltou no rosto. Já não é verdade que os pobres são bem-aventurados. Mas o reino dos céus está entre as vacas."

"E por que não está entre os ricos?", perguntou Zaratustra, tentando-o, enquanto afastava as vacas que fungavam familiarmente o homem pacífico.

"Por que me tentas?", respondeu esse. "Tu mesmo sabes isso melhor do que eu. O que me levou para os pobres, ó Zaratustra? Não foi o nojo por nossos ricos?

— pelos presidiários da riqueza, que catam sua vantagem de todo lixo varrido, com olhos frios, pensamentos lúbricos, por essa gentalha cujo fedor chega ao céu,

— por essa dourada, falseada plebe, cujos pais eram ladrões, abutres ou trapeiros, com mulheres complacentes, lascivas, esquecidiças: — pois não estão longe de ser meretrizes —

Plebe em cima, plebe embaixo! O que é 'pobre' e 'rico' hoje em dia? Desaprendi a diferença — e então fugi, para longe, cada vez mais longe, até que cheguei a essas vacas."

Assim falou o homem pacífico, ele próprio fungando e suando: de modo que as vacas se admiraram de novo. Mas Zaratustra o olhava sempre com um sorriso no rosto, enquanto ele assim duramente falou, e meneava a cabeça em silêncio.

"Fazes violência a ti mesmo, ó pregador da montanha, quando utilizas palavras duras como essas. Nem tua boca nem teus olhos foram feitos para essa dureza.

E tampouco o teu estômago, ao que me parece: *a ele* repugna todo esse ódio, irritação e transbordamento. Teu estômago deseja coisas mais tenras: não és um açougueiro.

Pareces-me antes um indivíduo de plantas e raízes. Talvez tritures os grãos. Mas certamente és avesso às alegrias da carne e amas o mel."

"Adivinhaste bem o que sou", respondeu o mendigo voluntário, de coração aliviado. Amo o mel e também trituro grãos, pois sempre busquei o que torna o sabor agradável e o hálito puro:

— e também o que requer muito tempo, um dia de trabalho para a boca de afáveis ociosos e mandriões.

É certo que o maior êxito nisso tiveram essas vacas: inventaram a ruminação e o deitar-se ao sol. E se abstêm de todos os pensamentos pesados, que incham o coração."

— "Muito bem!", disse Zaratustra: "deverias também ver os *meus* animais, minha águia e minha serpente — hoje eles não têm iguais na terra.

Olha, eis ali o caminho que vai para a minha caverna: sê hóspede dela esta noite. E conversa com meus animais sobre a felicidade dos animais, —

— até que eu mesmo volte para casa. Pois agora um grito de socorro urgente me chama. Também acharás mel novo em minha casa, fresco, áureo mel de colmeia: come dele!

Mas agora despede-te rapidamente de tuas vacas, ó homem singular e amável, mesmo que seja difícil para ti! Pois são teus mais cálidos amigos e mestres!" —

"— Com exceção de um, que me é ainda mais caro", respondeu o mendigo voluntário. "Tu mesmo és bom, e ainda melhor do que uma vaca, ó Zaratustra!"

"Fora, fora contigo, terrível bajulador!", gritou Zaratustra maldosamente, "por que me estragas com tal louvor e mel de bajulação?"

"Fora, para longe de mim!", gritou mais uma vez, e brandiu sua vara na direção do afetuoso mendigo: mas este fugiu depressa dali.

A SOMBRA

Porém, mal o mendigo voluntário se foi e Zaratustra ficou só, ele ouviu atrás de si uma outra voz; ela gritou: "Alto, Zaratustra! Espera! Sou eu, ó Zaratustra, eu, tua sombra!". Mas Zaratustra não esperou, pois foi tomado de súbita irritação pelo movimento e ajuntamento de pessoas em seus montes. "Onde está minha solidão?", disse ele.

"Começo a achar isso demais, em verdade; esta montanha pulula de gente; meu reino não é mais *deste* mundo, preciso de novos montes.

Minha sombra me chama? Que importa minha sombra? Ela pode correr atrás de mim! Eu — corro dela."

Assim falou Zaratustra ao seu coração, e correu. Mas aquela que se achava atrás dele o seguiu; de maneira que logo havia três a correr: na frente o mendigo voluntário, depois Zaratustra e, mais atrás, sua sombra. Não fazia muito tempo que corriam quando Zaratustra se deu conta de sua tolice e, num repente, sacudiu de si a irritação e o dissabor.

"Ora!", exclamou, "não aconteceram sempre as coisas mais ridículas conosco, velhos eremitas e santos?

Em verdade, minha tolice cresceu aos montes! Agora escuto seis velhas pernas de malucos num tropel!

Mas pode Zaratustra recear uma sombra? Afinal, parece-me que ela tem pernas mais compridas que as minhas."

Assim falou Zaratustra, com o riso nos olhos e nas entranhas, e nisso parou e se voltou rapidamente — e eis que quase jogou ao chão seu perseguidor, sua sombra: tão rente ela o seguia, e tão fraca era. Quando a examinou com os olhos, assustou-se, como se enxergasse um fantasma: tão tênue, escuro, desgastado e oco parecia o perseguidor.

"Quem és tu?", perguntou Zaratustra com veemência, "que fazes aqui? E por que te chamas minha sombra? Não me agradas."

"Perdoa-me que o seja", replicou a sombra; "e, se não te agrado, muito bem, ó Zaratustra! Nisso devo louvar teu bom gosto.

Sou um andarilho que muito já andou nos teus calcanhares: sempre a caminho, mas sem meta, e também sem lar: de modo que, em verdade, pouco me falta para eterno judeu errante, salvo que não sou eterna, e tampouco judia.

O quê? Tenho que estar sempre a caminho? Sempre instável, impelida pelo turbilhão de todo vento? Ó terra, demasiado redonda te tornaste para mim!

Em toda superfície já estive, como a cansada poeira adormeci em vidraças e espelhos: tudo tira algo de mim, nada recebo, torno-me tênue — pareço uma sombra.

Mas atrás de ti, ó Zaratustra, voei e corri mais longamente, e, ainda ao me esconder de ti, fui tua melhor sombra: onde quer que paraste, também parei.

Contigo perambulei nos mundos mais distantes e frios, semelhante a um fantasma que voluntariamente anda pelos telhados invernais e pela neve.

Contigo me esforcei por entrar em tudo que é proibido, ruim, distante: se há em mim alguma virtude, é não haver receado proibição nenhuma.[151]

Contigo destrocei o que algum dia meu coração venerou, derrubei todos os marcos de fronteiras e as imagens, fui atrás dos mais perigosos desejos — em verdade, por todo crime passei alguma vez.

Contigo desaprendi a crença em palavras, valores e grandes nomes. Quando o Diabo muda de pele, não lhe cai também o nome? Esse também é pele. O próprio Diabo talvez seja — pele.

'Nada é verdadeiro, tudo é permitido':[152] assim falei comigo mesma. Nas mais frias águas pulei, de cabeça e coração. Ah, quantas vezes, depois, estava nua como um caranguejo-vermelho!

Ah, para onde foram todo bem, toda vergonha e toda fé nos bons? Ah, onde está aquela mendaz inocência que outrora possuí, a inocência dos bons e de suas nobres mentiras?

Com muita frequência, verdadeiramente, segui a verdade rente aos calcanhares: então ela me deu com o pé na cara. Às vezes eu acreditava mentir, e eis que só então encontrava — a verdade.

Coisas demais se fizeram claras para mim: agora nada mais me importa. Não vive nada mais que eu ame — como ainda amaria a mim mesma?

'Viver como me dá vontade, ou não viver': assim quero eu,

assim quer também o ser mais santo. Mas, ai! — como tenho ainda — vontade?

Tenho *eu* ainda — uma meta? Um porto para o qual *minha* vela rume?

Um bom vento? Ah, apenas quem sabe *para onde* vai, sabe também qual vento é bom e é seu vento favorável.

Que me restou ainda? Um coração cansado e atrevido; uma vontade instável; asas para esvoaçar; uma espinha dorsal partida.

Essa procura do *meu* lar: ó Zaratustra, bem o sabes, essa procura foi minha provação, ela me consome.

'Onde é — *meu* lar?' Por ele pergunto, busquei e busco, mas não o encontrei. Ó eterno em-todo-lugar, ó eterno em-lugar--nenhum, ó eterno — em vão!"

Assim falou a sombra, e o rosto de Zaratustra carregou-se ao ouvir essas palavras. "És minha sombra!", disse enfim, com tristeza.

"O perigo que corres não é pequeno, ó espírito livre e andarilho! Tiveste um dia ruim: cuida para que não te venha uma noite ainda pior!

Seres instáveis, como tu, terminam por achar bem-aventurada até mesmo uma prisão. Já viste como dorme um criminoso encarcerado? Eles dormem tranquilos, eles fruem a sua nova segurança.

Toma cuidado para que no fim não te aprisione uma fé estreita, uma dura e severa ilusão! Pois agora te seduz e tenta tudo que é estreito e firme.

Perdeste a meta: ai, como irás te desolar e te consolar dessa perda? Com isso — perdeste também o caminho!

Ó pobre errante, extravagante, ó cansada borboleta! Queres um repouso e uma casa esta noite? Então sobe para a minha caverna!

Ali está o caminho que conduz à minha caverna. E agora te deixo novamente. Algo como uma sombra já se estende sobre mim.

Quero correr só, para que de novo fique claro ao meu redor. Para isso, tenho de alegremente mover as pernas por muito tempo ainda. Mas ao anoitecer haverá dança lá em casa!" — —

Assim falou Zaratustra.

NO MEIO-DIA

E Zaratustra andou, andou e não encontrou ninguém mais, esteve só e sempre tornou a se reencontrar, fruiu e saboreou sua solidão e pensou em coisas boas — por horas seguidas. Na hora do meio-dia, porém, quando o sol estava a pino sobre sua cabeça, Zaratustra passou por uma árvore velha, retorcida e nodosa, que era abraçada e escondida de si mesma pelo rico amor de uma parreira; e desta pendiam amarelos cachos de uva, que prodigamente se ofereciam ao andarilho. Então lhe apeteceu saciar uma leve sede e arrancar um cacho de uvas; mas, quando já estendia o braço para isso, outra coisa lhe apeteceu ainda mais: deitar-se junto à árvore, na hora do perfeito meio-dia, e dormir.

Foi o que fez Zaratustra; e, tão logo se deitou no chão, em meio à quietude e ao silêncio da relva colorida, esqueceu a pouca sede e adormeceu. Pois, como diz o provérbio de Zaratustra: "Uma coisa é mais necessária do que outra".[153] Mas os seus olhos continuaram abertos: — é que não se fartavam de ver e louvar a árvore e o amor da parreira. E, ao adormecer, assim falou Zaratustra a seu coração:

"Silêncio! Silêncio! O mundo não se tornou perfeito nesse instante? Mas que acontece comigo?

Como um vento gracioso dança, invisível, sobre o liso e polido mar, leve, leve como uma pena: assim — dança o sono sobre mim.

Não me cerra os olhos, deixa-me acordada a alma. Leve é ele, verdadeiramente; leve como uma pena!

Ele me persuade, não sei como; toca-me de leve, interiormente, com mão de carícia; ele me compele. Sim, ele me compele de modo que minha alma se estire: —

— como se alonga fatigada, minha alma singular! O anoitecer de um sétimo dia chegou-lhe justamente ao meio-dia? Já demasiado tempo andou, bem-aventurada, por entre coisas boas e maduras?

Ela se estira, alonga-se — mais e mais! Ela jaz em silêncio, minha alma singular. Demasiadas coisas boas já saboreou, essa áurea tristeza a oprime, ela torce a boca.

— Como um navio que entrou na mais calma baía: — agora ele se encosta na terra, cansado das longas viagens e dos mares incertos. A terra não é mais fiel?

Como tal navio se achega, se aconchega à terra: — então basta que uma aranha teça até ele seu fio desde a terra. Nenhum cabo mais forte é necessário.

Como esse navio cansado na mais calma baía: assim descanso eu agora junto à terra, fiel, confiante, expectante, a ela ligado pelos mais suaves fios.

Ó felicidade! Ó felicidade! Desejas cantar, ó minha alma? Estás deitada na grama. Mas esta é a hora secreta e solene em que nenhum pastor toca a flauta.

Contém-te! Um ardente meio-dia dorme nos campos. Não cantes! Silêncio! O mundo está perfeito.

Não cantes, ó ave da relva, minha alma! Nem mesmo sussurres! Olha — em silêncio! — como dorme o velho meio-dia, como mexe a boca: não bebe neste momento uma gota de felicidade —

— uma velha gota castanha de áurea felicidade, de áureo vinho? Algo desliza por ele, sua felicidade ri. Assim — ri um deus. Silêncio! —

— 'Por felicidade, quão pouco basta para a felicidade!' Assim falei um dia, e julguei-me inteligente. Mas foi uma blasfêmia: *isso* agora aprendi. Tolos inteligentes falam melhor.

Justamente o mínimo, o mais ligeiro e mais leve, o rastejar de um pequeno lagarto, um sopro, um triz, um piscar de olhos — um *pouco* traz a *melhor* felicidade. Silêncio!

— Que aconteceu comigo? Escuta! O tempo voou embora? Não estou caindo? Não caí — escuta! — no poço da eternidade?

— Que acontece comigo? Silêncio! Sinto uma pontada — ai — no coração? No coração! Oh, despedaça-te, despedaça-te, coração, após essa felicidade, após essa pontada!

— Como? O mundo não se tornou perfeito nesse instante? Redondo e maduro? Oh, áureo e redondo aro — para onde voa? Corro atrás dele! Rápido!

Silêncio" — — (e aqui se estirou Zaratustra e sentiu que dormia)

"Levanta!", falou para si mesmo, "tu, dorminhoco! Tu, que dormes ao meio-dia! Muito bem, vamos, velhas pernas! É tempo e mais que tempo, ainda vos resta boa parte do caminho —

Agora dormistes bastante, quanto tempo mesmo? Uma meia eternidade! Muito bem, vamos, meu velho coração! Quanto tempo ainda levarás, após esse sono, para — acordar por inteiro?"

(Mas então ele adormeceu novamente, e sua alma o contradisse e resistiu, e deitou-se de novo) — "Deixa-me! Silêncio! O mundo não se tornou perfeito nesse instante? Oh, áurea e redonda esfera!" —

"Levanta", falou Zaratustra, "pequena ladra, preguiçosa que rouba o tempo! O quê? Ainda a espreguiçar, bocejar, suspirar, a cair em poços profundos?

Mas quem és tu? Ó minha alma!" (e aqui ele se assustou, pois um raio de sol caiu do céu em seu rosto)

"Ó céu sobre mim", falou, suspirando, e sentou-se a prumo, "olhas para mim? Escutas minha alma singular?

Quando sorverás essa gota de orvalho que caiu sobre todas as coisas terrenas, — quando sorverás essa estranha alma —

— quando, poço da eternidade? Sereno e aterrador abismo do meio-dia! Quando sorverás de volta a ti minha alma?"

Assim falou Zaratustra, e ergueu-se de seu lugar junto à árvore como se saísse de uma embriaguez desconhecida; e eis que o sol ainda se encontrava a pino sobre sua cabeça. Mas alguém poderia concluir, com razão, que Zaratustra não dormiu muito tempo.

A SAUDAÇÃO

Foi apenas ao entardecer que Zaratustra, após muito buscar e vagar inutilmente, voltou para sua caverna. Mas, quando se achava defronte dela, a não mais que vinte passos de distância, aconteceu o que menos esperava então: ouviu novamente o grande *grito de socorro*. E, coisa assombrosa, dessa vez ele vinha de sua própria caverna! Mas era um grito demorado, múltiplo, estranho, e Zaratustra percebeu claramente que se compunha de várias vozes: ainda que, ouvido de longe, pudesse soar como o grito de uma só boca.

Então Zaratustra se lançou para sua caverna, e eis que um espetáculo se oferecia aos seus olhos, após o concerto que lhe surpreendera os ouvidos. Pois lá se encontravam, sentados um ao lado do outro, todos aqueles com quem havia estado durante o dia: o rei da direita e o rei da esquerda, o velho feiticeiro, o papa, o mendigo voluntário, a sombra, o consciencioso do espírito, o adivinho triste e o jumento; o mais feio dos homens, porém, havia posto uma coroa e duas cintas de cor púrpura — pois, como todos os feios, amava disfarçar-se e embelezar-se. E no meio dessa tristonha companhia estava a águia de Zaratustra, inquieta e de penas eriçadas, pois devia responder a muitas coisas para as quais seu orgulho não tinha resposta; mas a sagaz serpente estava em volta de seu pescoço.

Zaratustra olhou tudo isso com espanto; depois examinou cada um de seus hóspedes com afável curiosidade, leu suas almas e novamente se espantou. Nesse meio-tempo, eles haviam se levantado de seus assentos e esperavam, respeitosamente, que Zaratustra se manifestasse. E Zaratustra lhes falou assim:

"Ó desesperados! Ó singulares! Então foi o *vosso* grito de socorro que ouvi? Agora sei também onde encontrar aquele que hoje busquei em vão: *o homem superior* —:

— em minha própria caverna ele está, o homem superior! Mas de que me admiro? Não o atraí eu mesmo até mim, com a oferenda do mel e os astutos chamarizes da minha felicidade?

Quer me parecer, no entanto, que não sois boa companhia um para o outro, que vossos corações se contrariam mutuamente quando estais aqui reunidos, ó vós que gritais por socorro? É preciso que antes apareça alguém,

— alguém que vos faça rir de novo, um alegre bufão, um dançarino, um pé de vento e doidivanas, um velho tolo qualquer: — que vos parece?

Perdoai-me, ó desesperados, que eu vos fale com essas palavras pequenas, indignas de tais hóspedes, em verdade! Mas não adivinhais *o que* torna voluntarioso o meu coração: —

— vós mesmos e a visão que ofereceis é que o tornam assim, perdoai-me! Torna-se voluntarioso todo aquele que observa um desesperado. Consolar um desesperado — para isso cada qual se julga forte o bastante.

Também a mim destes essa força — uma boa dádiva, eminentes hóspedes! Um adequado presente de hóspedes! Bem, não vos irriteis, então, se eu também vos ofereço algo de meu.

Este é meu reino e meu domínio: mas o que é meu deverá ser vosso nesta noite. Meus animais deverão vos servir: que a minha caverna seja o vosso pouso!

Em meu lar e morada ninguém deve se desesperar, em meu território protejo cada qual de seus próprios animais ferozes. Isto é a primeira coisa que vos ofereço: segurança!

Mas a segunda é: meu dedo mindinho. E, tendo *esse*, tomai simplesmente a mão inteira, muito bem, e além disso o coração! Bem-vindos aqui, bem-vindos, meus convidados!"

Assim falou Zaratustra, e riu de amor e de maldade. Após esta saudação, seus hóspedes se inclinaram mais uma vez, em respeitoso silêncio; mas o rei da direita respondeu-lhe em nome de todos.

"Ó Zaratustra, na maneira como nos saudaste e nos deste a mão te reconhecemos como Zaratustra. Tu te rebaixaste diante de nós; quase magoaste o nosso respeito —:

— mas quem, como tu, conseguiria rebaixar-se com tal orgulho? *Isso* mesmo já nos conforta, é um bálsamo para nossos olhos e corações.

De bom grado subiríamos a montanhas mais altas do que esta, apenas para ver isso. Pois viemos como espectadores curiosos, quisemos ver o que torna claros os olhos turvos.

E eis que cessaram todos os nossos gritos de socorro. Agora se abrem nossos sentidos e corações, e estão encantados. Pouco está faltando: e nosso ânimo se torna voluntarioso.

Nada mais alentador cresce na terra, ó Zaratustra, do que uma vontade elevada e forte: esta é sua planta mais bela. Toda uma paisagem se revigora com uma única árvore dessas.

Comparo ao pinheiro, ó Zaratustra, aquele que cresce como tu: comprido, silencioso, duro, só, soberano, da melhor e mais flexível madeira, —

— mas, enfim, estendendo-se com fortes ramos verdes para *seus* domínios, lançando fortes perguntas a ventos e tempestades e tudo que seja nativo das alturas,

— respondendo de maneira mais forte, um comandante, um vitorioso: oh, quem não subiria a elevadas montanhas para contemplar plantas assim?

Em tua árvore, ó Zaratustra, refresca-se também o mais sombrio, o malogrado, e à tua visão também o instável se torna seguro e obtém cura no coração.

E, em verdade, muitos olhos hoje se voltam para tua montanha e tua árvore; um grande anseio se formou, e não poucos começaram a perguntar: quem é Zaratustra?

E aqueles a quem uma vez instilaste no ouvido teu canto e teu mel: todos os escondidos, os eremitas, os eremitas a dois, falaram subitamente com seus corações:

'Ainda vive Zaratustra? Já não vale a pena viver, tudo é igual, tudo é em vão: ou então — temos que viver com Zaratustra!'

'Por que não vem ele, que por tanto tempo se anunciou?' é o que indagam muitos; 'a solidão o devorou? Ou devemos nós ir até ele?'

Agora sucede que a própria solidão fica frágil e se despedaça, como um túmulo que se despedaça e não mais retém seus mortos. Por toda parte se veem ressuscitados.

Agora não param de subir as ondas ao redor de tua montanha, ó Zaratustra. E, por mais elevado que seja o teu cume, muitas chegarão a ti; logo a tua canoa não estará mais no seco.

E que nós, desesperados, tenhamos vindo à tua caverna e já não mais desesperemos: isso é apenas indício e presságio de que outros melhores estão a caminho, —

— pois ele próprio está a caminho, o último resto de Deus entre os homens, ou seja: todos os homens do grande anseio, do grande nojo, do grande fastio,

— todos os que não querem viver, a menos que aprendam a *ter esperanças* de novo — a menos que aprendam contigo, ó Zaratustra, a *grande* esperança!"

Assim falou o rei da direita, e agarrou a mão de Zaratustra para beijá-la; mas Zaratustra defendeu-se de sua veneração e recuou assustado, calado e como que fugindo repentinamente para muito longe. Após um breve instante, porém, estava novamente junto a seus hóspedes, mirou-os com olhos claros e inquisitivos e falou:

"Ó meus hóspedes, ó homens superiores, quero falar em alemão e claramente[154] convosco. Não era por *vós* que eu esperava nesses montes."

("'Em alemão e claramente'? Deus tenha piedade!", disse aqui, à parte, o rei da esquerda; "nota-se que ele não conhece os caros alemães, este sábio do Oriente!

Mas ele quer dizer 'em alemão e toscamente' — muito bem! não é o pior dos gostos hoje em dia!")

"Vós todos podeis ser homens superiores, em verdade", prosseguiu Zaratustra, "mas para mim — ainda não sois elevados e fortes o bastante.

Para mim, isto é, para o inexorável que dentro de mim cala mas nem sempre calará. E, se pertenceis a mim, não é como meu braço direito.

Pois quem se sustenta sobre pernas enfermas e franzinas,

como vós, quer acima de tudo, saiba disso ou o esconda de si: ser *poupado*.

Mas meus barcos e minhas pernas não poupo, *eu não poupo meus guerreiros*: como poderíeis prestar para a *minha* guerra?

Convosco eu estragaria cada vitória minha. Não poucos de vós já cairiam ao apenas escutar o som de meus tambores.

Também não sois, para mim, bem-nascidos e bonitos o bastante. Necessito espelhos puros e limpos para meus ensinamentos; em vossa superfície se deforma a minha própria imagem.

Sobre vossos ombros pesam muitos fardos, muitas reminiscências; muitos anões ruins se aninham em vossos cantos. Há plebe escondida em vós também.

E, ainda que sejais elevados e de espécie superior: muita coisa em vós é torta e malformada. Não existe ferreiro no mundo que possa vos ajustar e endireitar para mim.

Sois apenas pontes: que homens superiores vos transponham! Sois degraus: não vos irriteis com aquele que sobe até *sua* altura, acima de vós!

De vossa semente talvez nasça, um dia, um autêntico filho e consumado herdeiro para mim: mas isso está longe. Vós mesmos não sois aqueles a quem tocam minha herdade e meu nome.

Não é por vós que aqui espero nestes montes, não é convosco que posso descer pela última vez. Viestes apenas como presságio de que homens mais elevados já estão a caminho, —

— *não* os homens do grande anseio, do grande nojo, do grande fastio, e aquilo a que chamastes o derradeiro resto de Deus.

Não! Não! Três vezes não! É por *outros* que aqui espero nestes montes, e sem eles não arredarei daqui o pé,

— por outros mais elevados, mais fortes, mais vitoriosos, mais bem-dispostos, de corpo e alma feitos a prumo: *risonhos leões* devem vir!

Ó meus hóspedes, ó singulares, — ainda não ouvistes nada de meus filhos? E que estão a caminho daqui?

Falai-me de meus jardins, de minhas ilhas bem-aventuradas, de minha nova e bela espécie — por que não me falais disso?

Esse presente de hóspedes solicito ao vosso amor, que me

falais de meus filhos. Neles eu sou rico, por eles fiquei pobre: o que não dei,

— o que não daria para ter *uma* coisa: *esses* filhos, *essa* viva plantação, *essas* árvores de vida da minha vontade e da minha mais alta esperança!"

Assim falou Zaratustra, e subitamente parou em sua fala: pois foi acometido de seu anseio e fechou os olhos e a boca, tanto era o movimento de seu coração. E todos os seus hóspedes também calaram, e permaneceram quietos e consternados: apenas o velho adivinho gesticulou e fez sinais com as mãos.

A ÚLTIMA CEIA[155]

Nesse ponto o adivinho interrompeu a saudação de Zaratustra e seus hóspedes: adiantou-se, como quem não pode perder tempo, tomou a mão de Zaratustra e exclamou: "Mas Zaratustra!

Uma coisa é mais necessária do que outra, assim dizes tu mesmo: muito bem, uma coisa, *para mim*, é agora mais necessária do que tudo o mais.

Uma palavra no momento justo: não me convidaste para uma refeição? E aqui estão muitos que viajaram um longo caminho. Queres nos alimentar com discursos?

Além disso, vós todos já lembrastes muito do resfriamento, afogamento, sufocamento e outras calamidades do corpo; mas ninguém se lembrou de *minha* calamidade, a fome —"

(Assim falou o adivinho; e, quando os animais de Zaratustra ouviram essas palavras, afastaram-se correndo, assustados. Pois viram que o que tinham arranjado durante o dia não bastaria nem mesmo para encher aquele adivinho.)

"E também a sede", continuou o adivinho. "Embora eu já ouça a água rumorejando aqui como discursos de sabedoria, ou seja, de modo abundante e incansável, eu quero — *vinho*!

Nem todo mundo é, como Zaratustra, um nato bebedor de água. E a água também não serve para os cansados e murchos:

para nós, adequado é o vinho — somente ele traz restabelecimento súbito e saúde de improviso!"

Nesse momento em que o adivinho solicitava vinho, aconteceu que também o rei da esquerda, o silencioso, tomou a palavra. "Do vinho", disse ele, "*nós* cuidamos, eu e meu irmão, o rei da direita: nós temos vinho suficiente — toda a carga de um jumento. Então falta apenas pão."

"Pão?", replicou Zaratustra, rindo. "Pão é o que os eremitas não têm. Mas nem só de pão vive o homem, também vive da carne de bons cordeiros, e tenho dois deles:

— *Esses* devem ser rapidamente abatidos e preparados com salva:[156] gosto assim. E não faltam raízes e frutos, que satisfazem também os gulosos e os degustadores; nem faltam nozes e outros enigmas para se quebrar.[157]

Assim, logo teremos uma boa refeição. Mas quem quiser comer deve colaborar na preparação, também os reis. Pois em casa de Zaratustra também um rei pode ser cozinheiro."

Essa proposta satisfez a todos: apenas aconteceu que o mendigo voluntário se opôs a carne, vinho e temperos.

"Escutai esse comilão do Zaratustra!", disse brincando; "as pessoas se retiram para cavernas e altas montanhas para fazer refeições assim?

Agora, sim, entendo o que ele um dia nos ensinou: 'Louvada seja a pequena pobreza!'. E por que ele quer suprimir os mendigos."

"Fica de bom ânimo", respondeu-lhe Zaratustra, "tal como estou. Permanece com teu costume, ó homem excelente; mói teus grãos, bebe tua água, louva tua comida, se ela te faz contente!

Eu sou uma lei apenas para os meus, não sou uma lei para todos. Mas quem estiver comigo deve ter ossos fortes, e também pés ligeiros, —

— deve ser animado para guerras e festas, não um ser sombrio, não um sonhador; tão disposto para o que for mais difícil como para sua festa, inteiro e sadio.

O que há de melhor pertence aos meus e a mim; e, se não

nos é dado, nós o tomamos: — o melhor alimento, o céu mais puro, os mais fortes pensamentos, as mais belas mulheres!" —

Assim falou Zaratustra; mas o rei da direita disse: "Estranho! Alguma vez já ouviram coisas tão sagazes da boca de um sábio?

E, na verdade, isso é o mais estranho num sábio, ser também sagaz e não um asno."

Assim falou o rei da direita, admirado; o asno, porém, comentou maldosamente essas palavras com um "I-A". Este foi o início daquela longa refeição que nos livros de histórias é chamada "a última ceia". Mas nela não se falou de outra coisa a não ser *o homem superior*.

DO HOMEM SUPERIOR

1. Quando fui pela primeira vez até os homens, cometi a tolice que cometem os eremitas, a grande tolice: postei-me na praça do mercado.

E, quando eu falava a todos, não falava com ninguém. À noite, equilibristas e cadáveres eram meus companheiros; e eu mesmo era quase um cadáver.

Mas com a nova manhã me chegou uma nova verdade: aprendi a falar "Que me interessam praça, plebe, barulho de plebe e longas orelhas de plebe?".

Ó homens superiores, aprendei isto de mim: ninguém, no mercado, acredita em homens superiores. E, se quiserdes lá discursar, muito bem! Mas a plebe pestaneja e diz: "Somos todos iguais".

"Ó homens superiores", — assim diz a plebe — "não há homens superiores, somos todos iguais, homem é homem, diante de Deus — todos somos iguais!"

Diante de Deus! — Mas agora morreu esse deus. E diante da plebe não queremos ser iguais. Ó homens superiores, ide embora do mercado!

2. Diante de Deus! — Mas agora morreu esse deus! Ó homens superiores, esse deus era vosso maior perigo.

Apenas depois que ele foi para o túmulo vós ressuscitastes. Somente agora vem o grande meio-dia, somente agora o homem superior torna-se — senhor!

Compreendestes essa palavra, ó irmãos? Estais assustados: sentem vertigens vossos corações? Abre-se para vós o abismo? Ladra para vós o cão do inferno?

Muito bem! Adiante, homens superiores! Somente agora vêm as dores do parto à montanha do futuro humano. Deus morreu: agora *nós* queremos — que o super-homem viva.

3. Os mais preocupados perguntam hoje: "Como conservar o homem?". Mas Zaratustra é o primeiro e único a perguntar: "Como *superar* o homem?".

O super-homem me está no coração, *ele* é o primeiro e único para mim — e não o homem: não o próximo, não o mais pobre, não o mais sofredor, não o melhor —

Ó irmãos, o que posso amar no homem é o fato de ser uma passagem e um declínio. Também em vós há muita coisa que me faz amar e esperar.

Desprezastes, ó homens superiores, e isso me faz ter esperança. Pois os grandes desprezadores são os grandes veneradores.

Desesperastes, e nisso há muito a reverenciar. Pois não aprendestes a vos entregar, não aprendestes as pequenas prudências. —

Pois agora as pessoas pequenas se tornaram senhores: pregam a modéstia, a entrega, a prudência, a diligência, a consideração e a longa lista de "etc." das pequenas virtudes.

O que é de natureza feminina, o que vem do que é servil e, especialmente, a mixórdia plebeia: *isso* quer agora se tornar senhor de todo o destino humano — oh, nojo, nojo, nojo!

Isso pergunta, pergunta e não se cansa: "Como se conserva o homem, da maneira melhor, mais duradoura, mais agradável?". Com isso — são os senhores do agora.

Superai esses senhores do agora, ó irmãos, — essas pessoas pequenas: *elas* são o maior perigo para o super-homem!

Superai, ó homens superiores, as pequenas virtudes, as pequenas prudências, as considerações de grãos de areia, o rebuliço de formigas, o deplorável bem-estar, a "felicidade da maioria" —![158]

E antes desesperai do que vos entregai. E, em verdade, eu vos amo porque não sabeis viver agora, ó homens superiores! Pois assim viveis — da melhor maneira!

4. Tendes coragem, ó irmãos? Sois intrépidos? *Não* coragem diante de testemunhas, mas coragem de eremita e de águia, que nem mesmo um deus presencia mais?

Almas frias, mulas, cegos e bêbados não são intrépidos para mim. Coragem tem aquele que conhece o medo mas *vence* o medo, que vê o abismo, mas com *orgulho*.

Quem vê o abismo, mas com olhos de águia, quem com garras de águia *agarra* o abismo: esse é valente.

5. "O homem é mau" — assim me falaram, como consolo, os homens mais sábios. Ah, se isso ainda fosse verdadeiro hoje! Pois o mal é a melhor força do homem.

"O homem tem de se tornar melhor e pior" — assim ensino *eu*. O pior é necessário para o melhor do super-homem.

Para aquele pregador da gente pequena pode ter sido bom que sofresse e carregasse o pecado do homem. Eu, porém, alegro-me do grande pecado como de meu grande *consolo*. —

Mas isso não é dito para as orelhas compridas. E não é toda palavra que convém a toda boca. São coisas delicadas e distantes: cascos de ovelhas não devem tocá-las!

6. Ó homens superiores, julgais que estou aqui para reparar o que fizestes mal?

Ou que quero preparar leitos mais cômodos para vós que sofreis? Ou mostrar veredas novas e mais fáceis a vós, instáveis, perdidos e extraviados na montanha?

Não! Não! Três vezes não! Cada vez mais e melhores homens de vossa espécie deverão perecer, — pois as coisas deverão ser cada vez mais duras e difíceis para vós. Somente assim —

— somente assim cresce o homem até as alturas em que o raio o atinge e despedaça: alto o bastante para o raio!

Meu pensamento e meu anseio vão para poucas, demoradas e distantes coisas: que me importaria vossa pequena, breve e copiosa miséria?

Não sofreis ainda o bastante para mim! Pois sofreis por vós, não sofrestes ainda *pelo homem*. Mentiríeis, se dissésseis o contrário! Nenhum de vós sofre do que *eu* sofri. — —

7. Não me basta que o raio já não cause dano. Eu não quero desviá-lo: ele deve aprender a — trabalhar *para mim*. —

Há muito tempo minha sabedoria se adensa como uma nuvem, tornando-se mais quieta e mais escura. Assim faz toda sabedoria que *um dia* parirá raios. —

Para esses homens de hoje não quero ser *luz*, ser chamado de luz. *Esses* — eu quero cegar: raio de minha verdade, vaza-lhes os olhos!

8. Nada queirais acima de vossa capacidade: há uma maligna falsidade naqueles que querem acima de sua capacidade.

Em especial quando querem grandes coisas! Pois eles geram desconfiança das grandes coisas, esses finos falsários e atores: —

— até que terminam por serem falsos perante si mesmos, de olhar oblíquo, caiada madeira carcomida, encoberta por palavras fortes, por virtudes de fachada, por cintilantes obras falsas.

Tende cuidado, ó homens superiores! Nada me parece hoje mais raro e mais precioso do que retidão.

Este Hoje não pertence à plebe? Mas a plebe não sabe o que é grande, o que é pequeno, o que é reto e honesto: é inocentemente torta, sempre mente.

9. Tende uma boa desconfiança hoje, ó homens superiores, ó corajosos, de coração aberto! E mantende secretas as vossas razões! Este Hoje é da plebe.

Aquilo que um dia a plebe aprendeu a acreditar sem razões, quem poderia derrubá-lo com razões?

E no mercado se convence com gestos. Mas razões tornam a plebe desconfiada.

E, se a verdade alcançou ali a vitória alguma vez, perguntai com boa desconfiança: "Que forte erro lutou em favor dela?".

Guardai-vos também dos eruditos! Esses vos odeiam: pois são infecundos! Têm olhos frios e ressequidos, diante dos quais todo pássaro jaz sem penas.

Eles se gabam de não mentir: mas a incapacidade de mentir está muito longe de ser amor à verdade. Guardai-vos!

Ausência de febre está muito longe de ser conhecimento! Não creio nos espíritos esfriados. Quem não é capaz de mentir não sabe o que é a verdade.

10. Se quereis subir alto, usai vossas pernas! Não vos deixeis *carregar* para cima, não vos senteis em costas e cabeças alheias!

Mas subiste a cavalo? Agora cavalgas veloz para a tua meta? Muito bem, meu amigo! Mas teu pé aleijado também está montado!

Quando chegares a tua meta, quando saltares do teu cavalo: precisamente em *tua* altura, ó homem superior — então tropeçarás!

11. Ó criadores, ó homens superiores! Apenas para o bem do próprio filho fica-se grávido.

Não vos deixeis persuadir, induzir! Pois quem é vosso próximo?[159] E, mesmo se agis "para o próximo" — não crieis para ele!

Desaprendei esse "para", ó criadores: precisamente vossa virtude pede que não façais coisa nenhuma "para", "por" e "porque". Deveis fechar os ouvidos a essas palavrinhas falsas.

Esse "para o próximo" é virtude somente das pessoas pequenas: ali se fala "todos iguais" e "uma mão lava a outra": — elas não têm o direito nem a força para o *vosso* egoísmo!

Em vosso egoísmo, ó criadores, está a prudência e providência da mulher grávida! Aquilo que nenhum olho viu, o fruto: esse é protegido, preservado e nutrido por vosso amor.

Onde se acha vosso amor, em vosso filho, ali também está

vossa virtude! Vossa obra, vossa vontade é vosso "próximo": não vos deixeis persuadir com falsos valores!

12. Ó criadores, ó homens superiores! Quem tem que dar à luz está doente; mas quem veio à luz está impuro.

Perguntai às mulheres: não se dá à luz porque dá prazer. A dor faz as galinhas e os poetas cacarejarem.

Ó criadores, em vós há muito de impuro. Isso porque tivestes que ser mães.

Um novo filho: oh, quanta sujeira nova também veio ao mundo! Ficai de lado! E quem nasceu deve limpar sua alma!

13. Não sejais virtuosos acima de vossas forças! E nada queirais de vós que não seja verossímil!

Segui os rastros que a virtude de vossos pais já seguiu! Como quereis subir alto, se a vontade de vossos pais não subir convosco?

Mas quem desejar ser o primeiro, que cuide para não se tornar o último! E ali onde se acham os vícios de vossos pais não deveis querer representar santos!

Aquele cujos pais gostavam de mulheres, vinhos fortes e porcos selvagens: como seria se quisesse a castidade para si?

Seria uma tolice! Em verdade, parece-me muito, para alguém assim, ser marido de uma, duas ou três mulheres.

E, se ele fundasse monastérios e inscrevesse acima da porta: "O caminho para a santidade", — eu diria: para quê? é uma nova tolice!

Ele fundou para si uma casa de correção e de refúgio: que lhe faça bem! Mas não creio nisso.

Na solidão cresce aquilo que para lá se leva consigo, também o animal interior. Por isso ela é desaconselhável para muitos.

Já houve coisa mais imunda na terra do que os santos do deserto? Em torno deles não apenas o diabo estava solto, mas também o porco.

14. Tímidos, envergonhados, canhestros, semelhantes a um tigre cujo bote malogrou: assim, ó homens superiores, eu vos vi muitas vezes, esgueirando-vos para o lado. Um *lance* vos malogrou.

Mas, ó lançadores de dados, que importa isso? Não aprendestes a jogar e zombar como se deve jogar e zombar! Não estamos sempre sentados a uma grande mesa onde se joga e se zomba?

E, se algo de grande vos malogrou, vós mesmos — malograstes por isso? E, se vós mesmos malograstes, malogrou por isso — o homem? Mas, se malogrou o homem: muito bem! adiante!

15. Quanto mais elevada sua espécie, tanto mais raramente logra uma coisa. Vós, homens superiores aqui presentes, não sois todos — malogrados?

Não desanimeis! Que importa? Quanta coisa é ainda possível! Aprendei a rir de vós mesmos, tal como se deve rir!

Não surpreende que malograstes e meio que lograstes, ó meio-destroçados! Dentro de vós não empurra e abre caminho o — *futuro* do homem?

O que no homem é mais distante, mais profundo, alto como as estrelas, sua tremenda força: tudo isso não ferve e se embate em vossa panela?

Não surpreende que muitas panelas se despedacem! Aprendei a rir de vós, tal como se deve rir! Ó homens superiores, quanta coisa é ainda possível!

E, em verdade, quanta coisa já vingou! Como é rica essa terra em pequenas coisas boas e perfeitas, naquilo que vingou![160]

Cercai-vos de pequenas coisas boas e perfeitas, ó homens superiores! Sua áurea madureza cicatriza o coração. O que é perfeito ensina a esperança.

16. Qual foi, até agora, o maior pecado aqui na terra? Não foi a palavra daquele que disse: "Ai daqueles que agora riem!"?

Ele próprio não achou na terra motivos para rir? Então procurou mal. Até mesmo uma criança encontra motivos.

Aquele — não amou o suficiente: senão teria amado também a nós, os risonhos! Mas ele nos odiou e escarneceu de nós, prometeu-nos muito choro e ranger de dentes.

Deve-se amaldiçoar quando não se ama? Isso — parece-me de mau gosto. Mas assim ele fez, esse homem incondicional. Ele veio da plebe.

E ele próprio não amou bastante: de outro modo, não se zangaria tanto por não o amarem. O que todo grande amor *quer* não é amor: — quer mais.

Evitai os incondicionais como esse! É uma espécie doente e pobre, uma espécie plebeia: eles veem a vida com maus olhos, lançam o mau-olhado a essa terra.

Evitai os incondicionais como esse! Eles têm pés pesados e corações carregados: — eles não sabem dançar. Como poderia a terra lhes ser leve?

17. É de maneira torta que todas as coisas boas se aproximam de sua meta. Tal como gatos, arqueiam o dorso e ronronam intimamente ante a felicidade iminente — todas as coisas boas riem.

O passo revela se alguém já anda em *sua* trilha: então olhai-me a andar! Mas quem se aproxima de sua meta, dança.

E, em verdade, não me converti em estátua nem estou aqui plantado, embotado, petrificado, como uma coluna; eu amo o andar veloz.

E, embora na terra também haja pântano e espessa aflição: quem tem pés ligeiros passa inclusive por sobre a lama, e dança como em gelo polido.

Erguei vossos corações bem alto, meus irmãos! Mais alto! E não esqueçais as pernas! Erguei também vossas pernas, ó bons dançarinos, e melhor ainda: ficai de cabeça para baixo!

18. Esta coroa do homem que ri, esta coroa de rosas: eu mesmo a pus em mim, eu mesmo declarei santa a minha risada. Nenhum outro encontrei, hoje, forte o bastante para isso.

Zaratustra, o dançarino, Zaratustra, o leve, que acena com

as asas, pronto para o voo, fazendo sinal a todas as aves, pronto e disposto, venturosamente ligeiro: —

Zaratustra, o adivinho risonho, nada impaciente, nada intransigente, alguém que ama saltos e pulos para o lado; eu próprio me pus essa coroa!

19. Erguei vossos corações bem alto, meus irmãos! Mais alto! E não esqueçais as pernas! Erguei também vossas pernas, ó bons dançarinos, e melhor ainda: ficai de cabeça para baixo!

Também na felicidade há animais lerdos, há pés pesados de nascença. Estranhamente se esforçam, como um elefante que se empenha em ficar de cabeça para baixo.

Mas ainda é melhor ser tolo de felicidade que tolo de infelicidade, melhor dançar toscamente que andar coxeando. Aprendei, então, da minha sabedoria: mesmo a pior coisa tem dois bons reversos, —

— mesmo a pior coisa tem boas pernas para dançar: aprendei então vós mesmos, ó homens superiores, a vos manter em vossas pernas certas!

Desaprendei, então, o cultivo da aflição e toda tristeza plebeia! Oh, como hoje me parecem tristes até mesmo os bufões da plebe! Mas esse Hoje é da plebe.

20. Fazei como o vento quando sai de suas cavernas na montanha: conforme sua própria música deseja dançar, e os mares tremem e pulam sob seus passos.

Aquele que dá asas aos jumentos, que ordenha leoas, louvado seja esse bom espírito indomável, que chega como um tufão a todo o Hoje e a toda a plebe, —

— que é inimigo das cabeças cavilosas e espinhosas e das folhas murchas e ervas daninhas: louvado seja esse bom, selvagem e livre espírito de tempestade, que dança sobre pântanos e aflições como em prados!

Aquele que odeia os doentes cães plebeus e toda a corja sombria e malograda: louvado seja esse espírito de todos os espíritos livres, a risonha tempestade que lança poeira nos olhos de todos os biliosos e ulcerosos!

Ó homens superiores, o pior que há em vós é: não aprendestes a dançar como se deve dançar — indo além de vós mesmos! Que importa se malograstes?

Quanta coisa é ainda possível! Então *aprendei* a rir indo além de vós mesmos! Erguei vossos corações, ó bons dançarinos! Mais alto! E não esqueçais o bom riso tampouco!

Esta coroa do homem que ri, esta coroa de rosas: a vós, irmãos, arremesso esta coroa! Declarei santo o riso; ó homens superiores, *aprendei* a — rir!

O CANTO DA MELANCOLIA

1. Quando Zaratustra fez esses discursos, estava próximo à entrada de sua caverna; ao dizer as últimas palavras, no entanto, escapuliu de seus hóspedes e fugiu para fora por alguns instantes.

"Oh, puros aromas ao meu redor", exclamou, "oh, bem-aventurado silêncio ao meu redor! Mas onde estão meus animais? Vinde, minha águia e minha serpente!

Dizei-me, meus animais: todos esses homens superiores — *cheiram* mal, talvez? Oh, puros aromas ao meu redor! Somente agora sei e sinto como vos amo, meus animais."

— E Zaratustra disse de novo: "Eu vos amo, meus animais!". A águia e a serpente avizinharam-se dele, quando falou essas palavras, e para ele levantaram o olhar. Desse modo ficaram os três juntos, em silêncio, e aspiraram e sorveram conjuntamente o bom ar. Pois ali o ar era melhor do que entre os homens superiores.

2. Mal havia Zaratustra deixado sua caverna, porém, o velho feiticeiro levantou-se, olhou astutamente ao redor e falou: "Ele saiu!

E já, homens superiores — para vos titilar a vaidade com

esse nome de louvor e lisonja, como ele faz —, já me assalta meu maligno espírito de engano e sortilégio, meu melancólico demônio,

— que é um adversário[161] extremo desse Zaratustra: perdoai-o por isso! Agora ele quer fazer feitiço diante de vós, esta é justamente a *sua* hora; em vão tenho lutado com esse mau espírito.

A todos vós, sejam quais forem os nomes honrosos que vos deis, quer vos chameis 'os espíritos livres' ou 'os homens verazes', ou 'os penitentes do espírito', ou 'os libertos das cadeias', ou 'os do grande anseio' —

— a todos vós, que sofreis do *grande nojo* tal como eu, para os quais o velho Deus morreu e nenhum novo Deus se acha envolto em faixas num berço — a todos vós o meu mau espírito e demônio do feitiço é afeiçoado.

Eu vos conheço, ó homens superiores, e conheço a ele — conheço também esse monstro que amo a contragosto, esse Zaratustra: muitas vezes ele me parece uma bela máscara de santo,

— um novo e estranho disfarce em que se compraz meu mau espírito, o demônio melancólico: — eu amo Zaratustra, muitas vezes assim me parece, por causa do meu mau espírito. —

Mas ele já me assalta e me compele, esse espírito da melancolia, esse demônio do crepúsculo: e, em verdade, ó homens superiores, ele deseja —

— abri bem os olhos! — ele deseja vir *nu*, em forma de homem ou de mulher, não sei ainda: mas ele vem, ele me compele, ai! Abri vossos sentidos!

O dia decai, a noite chega para todas as coisas, inclusive as melhores; escutai e vede agora, ó homens superiores, que demônio, homem ou mulher, é esse espírito da melancolia da noite!"

Assim falou o velho feiticeiro, e olhou astutamente ao redor e pegou sua harpa.

3.
No ar desanuviado,
Quando o consolo do orvalho
Já se estende sobre a terra,
Invisível, também não ouvido: —
Pois calçados leves tem o orvalho consolador,
Como todos os que suavemente consolam —:
Tu recordas então, recordas, ardente coração,
Como uma vez tinhas sede
De lágrimas celestes e de orvalhos,
Crestado e fatigado,
Enquanto nas trilhas de erva seca
Maliciosos olhares do sol vespertino
Corriam ao teu redor por entre árvores negras,
Ofuscantes olhares do sol em brasa, de alegre maldade.

"Pretendente da *verdade* — tu?" — assim zombavam eles —
"Não! Apenas poeta!
Um bicho, ardiloso, de rapina, insinuante,
Que tem de mentir,
Que ciente, voluntariamente tem de mentir,
Ávido de presa,
Disfarçado de cores,
Para si mesmo um disfarce,
Para si mesmo uma presa,
Isso — pretendente da Verdade?...
Apenas louco! Apenas poeta!
Falando somente coisas coloridas,
Falando a partir de máscaras de tolo,
Subindo por mentirosas pontes de palavras,
Por arco-íris de mentiras,
Entre falsos céus
Vagueando, deslizando —
Apenas tolo! *Apenas* poeta!

Isso — pretendente da Verdade?...

Não calmo, hirto, liso, frio,
Feito imagem,
Pilar de Deus,
Não erguido diante de templos,
Guardião da porta de um Deus:
Não! Hostil a essas estátuas da verdade,
Em todo ermo mais em casa do que em templos,
Com petulância de felino
A saltar por toda janela
Zás! para todo acaso,
Farejando em cada floresta virgem,
Farejando ansioso e anelante:
Que corresses em florestas virgens
Entre bestas de jubas coloridas
Pecaminosamente sadio e belo e colorido corresses
Com ávidos beiços,
Feliz-zombeteiro, feliz-infernal, feliz-sanguinolento,
Corresses rapinando, deslizando, *mentindo*...

Ou como a águia, que longamente,
Longamente olha, hirta, nos abismos,
em *seus* abismos: — —
Oh, como eles se encaracolam
Para baixo, para dentro,
Em cada vez mais fundas profundezas! —
Então,
De repente,
Em voo direto,
Em súbito arremesso
Cair sobre cordeiros,
Bruscamente para baixo, voraz,
Cobiçando cordeiros,
Irritado com todas as almas de cordeiro,
Ferozmente irritado com tudo que olha
Como ovelha, com olhos de cordeiro, de lã crespa,
Cinzento, com benevolência de cordeiro-ovelha!

*

Portanto,
Aquilinos, de pantera
São os anseios do poeta,
São *teus* anseios sob milhares de disfarces,
Ó tolo! Ó poeta!

Tu, que olhaste o homem
Como deus e como carneiro —:
Dilacerar o deus no homem
Como o carneiro no homem,
E *rir* dilacerando —

Isso, isso é tua bem-aventurança!
Bem-aventurança de uma pantera e águia!
Bem-aventurança de um poeta e tolo!" — —

No ar desanuviado,
Quando já a foice da lua
Entre rubores purpúreos
Verde se insinua e invejosa,
— inimiga do dia,
A cada passo secretamente
Ceifando pendentes redes
de rosas, até caírem
Pálidas, noite abaixo: — —

Assim caí eu mesmo uma vez
De minha loucura da verdade,
De meus anseios diurnos,
Cansado do dia, doente da luz,
— caí para baixo, para a noite, para a sombra:
Queimado e sedento
De uma verdade:
— lembras-te ainda, lembras-te, ardente coração,

Como tinhas sede então? —
Que eu seja banido
De *toda* verdade,
Apenas tolo!
Apenas poeta!

DA CIÊNCIA

Assim cantou o feiticeiro; e todos os que ali estavam caíram inadvertidamente, como pássaros, na rede de sua astuciosa e melancólica volúpia. Apenas o consciencioso do espírito não foi apanhado: ele tirou rapidamente a harpa das mãos do feiticeiro e gritou: "Ar! Deixai entrar o ar puro! Deixai que Zaratustra entre! Tornas abafada e venenosa esta caverna, ó velho feiticeiro mau!

Com tua sedução, ó homem falso e refinado, levas a desejos e ermos desconhecidos. E ai de nós, quando alguém como tu faz tanto caso e tanto barulho em torno da *verdade*!

Ai de todos os espíritos livres que não se acautelam de *tais* feiticeiros! Sua liberdade se foi: tu ensinas e atrais de volta às prisões. —

— velho demônio melancólico, em teu lamento ressoa um chamariz; semelhas aqueles que, louvando a castidade, convidam secretamente às volúpias!"

Assim falou o consciencioso; mas o velho feiticeiro olhou ao seu redor, gozou sua vitória e, assim, pôde engolir o dissabor que o consciencioso lhe causava. "Cala-te!", disse com voz modesta, "as boas canções querem ter um bom eco; após uma boa canção, deve-se manter um longo silêncio.

Assim fazem todos esses, os homens superiores. Mas entendeste pouco da minha canção, não foi? Não há muito espírito mágico em ti."

"Tu me elogias", respondeu o consciencioso, "ao diferençar-me de ti. Muito bem! Mas vós outros, que vejo? Continuais aí sentados, com olhos lascivos —:

Ó almas livres, onde está vossa liberdade? Sois quase, assim me parece, como aqueles que longamente contemplaram malvadas garotas nuas a dançar: vossas almas também dançam!

Em vós, ó homens superiores, deve haver mais daquilo que o feiticeiro chama de seu maligno espírito de engano e sortilégio: — sim, devemos ser diferentes.

E, em verdade, juntos falamos e pensamos o suficiente, antes que Zaratustra voltasse à sua caverna, para eu saber que *somos* diferentes.

Nós também *buscamos* coisas diferentes aqui em cima, vós e eu. Eu busco *mais segurança*,[162] por isso vim a Zaratustra. Pois ele é ainda a mais firme torre e vontade —

— hoje, quando tudo cambaleia, quando toda a terra treme. Mas vós, quando vejo os olhos que arregalais, quase me parece que buscais mais *insegurança*

— mais horrores, mais perigo, mais tremores de terra. Vós desejais, assim presumo, perdoai-me a presunção, ó homens superiores —

— desejais a pior e mais perigosa vida, aquela que mais me assusta, a vida de animais selvagens: florestas, cavernas, montes íngremes e desfiladeiros sinuosos.

E os guias que mais vos agradam não são os que vos conduzem *para fora* do perigo, mas os que vos induzem a abandonar todos os caminhos, os que seduzem. E, ainda que em vós seja real esse desejo, ele me parece *impossível*.

Pois o medo — é o sentimento original e fundamental do homem; pelo medo tudo se explica, pecado original e virtude original. Do medo também nasceu a *minha* virtude, que se chama 'ciência'.

O medo dos animais selvagens — foi o que há mais tempo se inculcou no homem, inclusive o do animal que ele mesmo abriga e teme dentro de si: — Zaratustra o chama 'o animal interior'.

Esse velho e prolongado medo, enfim tornado sutil, espiritual, intelectual — hoje, parece-me, ele se chama '*ciência*'." —

Assim falou o consciencioso; mas Zaratustra, que justamente retornava à sua caverna e ouviu e compreendeu essa última fala, jogou para o consciencioso um punhado de rosas e riu de suas "verdades". "Como?", exclamou, "o que acabo de ouvir? Na verdade, parece-me que és um tolo, ou eu mesmo sou: e tua 'verdade' porei logo de cabeça para baixo.

Pois o *medo* — é a nossa exceção. Mas coragem, aventura, prazer no incerto, no ainda não ousado, — *coragem* parece-me ser toda a pré-história do homem.

As virtudes dos mais selvagens e mais corajosos animais ele invejou e roubou: apenas assim tornou-se — homem.

Essa coragem, enfim tornada sutil, espiritual, intelectual, essa coragem de homem com asas de águia e esperteza de cobra: *ela*, parece-me, chama-se hoje —"

"*Zaratustra!*", gritaram em coro todos os que estavam sentados, e deram uma grande risada; mas uma nuvem espessa como que se levantou deles. Também o feiticeiro riu e falou espertamente: "Muito bem! Ele se foi, meu mau espírito!

Eu mesmo não vos preveni contra ele, quando afirmei que é um impostor, um espírito mendaz e enganador?

E especialmente quando se mostra nu. Mas que faço *eu* contra suas perfídias? Fui *eu* quem o criou, a ele e ao mundo?

Muito bem! Vamos estar novamente bem-dispostos! E, embora Zaratustra tenha o olhar sombrio — olhai para ele, zangou-se comigo! —:

— antes que chegue a noite ele saberá novamente me amar e louvar, ele não pode viver muito tempo sem fazer dessas tolices.

Ele — ama seus inimigos: dessa arte ele entende melhor do que todos que conheci. Mas ele se vinga disso — em seus amigos!"

Assim falou o velho feiticeiro, e os homens superiores o aplaudiram: de modo que Zaratustra deu a volta, apertando as mãos de seus amigos com malícia e amor — como alguém que tem algo a reparar e de que se escusar com cada um. Mas, quando chegou junto à porta de sua caverna, eis que novamente ansiou pelo bom ar lá de fora e por seus animais —, e quis escapulir.

ENTRE AS FILHAS DO DESERTO

1. "Não vás embora!", disse então o andarilho que se denominava a sombra de Zaratustra, "fica conosco, senão pode voltar a nos acometer a velha e surda aflição.

O velho feiticeiro já nos regalou o que tem de pior, e olha: o bom e piedoso papa está com lágrimas nos olhos e novamente se lançou ao mar da melancolia.

Esses reis podem fazer boa cara diante de nós: foram *eles*, de todos nós, que melhor aprenderam isso hoje! Mas, se não tivessem testemunhas, aposto que o triste jogo recomeçaria também com eles —

— o triste jogo das nuvens errantes, da úmida melancolia, do céu carregado, dos sóis roubados, dos uivantes ventos de outono,

— o triste jogo de nossos próprios uivos e gritos de socorro: fica conosco, ó Zaratustra! Aqui há muita miséria oculta que deseja falar, muito anoitecer, muita nuvem, muito ar abafado!

Tu nos nutriste com forte alimento de homem e vigorosas máximas: não permitas que os moles espíritos femininos voltem a nos assaltar no fim da refeição!

Apenas tu tornas claro e forte o ar ao teu redor! Jamais encontrei na terra um ar tão bom como em tua caverna.

Vi muitos países diferentes, meu nariz aprendeu a examinar e avaliar muitos tipos de ar: mas é junto a ti que minhas narinas têm seu grande prazer!

A não ser — a não ser —, oh, perdoa-me uma antiga lembrança! Perdoa-me uma velha canção pós-refeição, que certa vez compus, estando entre as filhas do deserto: —

— pois junto a elas havia igualmente o bom ar claro do Oriente; lá eu estava o mais longe possível da nublada, úmida, melancólica Velha Europa!

Naquele tempo eu amava essas filhas do Oriente e um outro azul reino dos céus, em que não há nuvens nem pensamentos.

Não imaginais como ficavam airosamente sentadas quando não dançavam, profundas mas sem pensamentos, como pequeninos segredos, como enfeitados enigmas, como nozes de sobremesa —

Coloridas e exóticas, é verdade! Mas sem nuvens: enigmas que se deixavam decifrar: para essas garotas concebi, então, um salmo de sobremesa."

Assim falou o andarilho e sombra; e, antes que alguém lhe respondesse, tomou a harpa do velho feiticeiro, cruzou as pernas e olhou, tranquilo e sábio, em torno de si: — mas com as narinas aspirou o ar de modo lento e inquisitivo, como alguém que, em novas terras, saboreia o ar novo e estrangeiro. Então pôs-se a cantar, com uma espécie de rugido.

2.

O deserto cresce: ai daquele que abriga desertos!

Ah! Solene!
Realmente solene!
Um começo digno!
Africanamente solene!
Digno de um leão
Ou de um rugidor macaco moralista —
— mas nada para vós,
Amigas graciosíssimas,
A cujos pés, a mim,
Um europeu sob as palmeiras,
Pela primeira vez
É permitido sentar. *Selá.*[163]

Maravilhoso, em verdade!
Eis-me aqui sentado,
Próximo ao deserto e já
Novamente longe do deserto,
E em nada devastado:
Pois engolido
Por esse pequeno oásis: —
— que agora mesmo abriu, bocejante,

Sua boca encantadora,
A mais cheirosa de todas as bocas:
E então caí nela,
Dentro, através — entre vós,
Amigas graciosíssimas! *Selá.*

Salve, salve aquela baleia,
Se bem tratou
Seu hóspede! — entendeis
Minha erudita alusão?...
Salve o seu ventre,
Se ele foi
Um ventre-oásis agradável
Como este: algo que ponho em dúvida.
Pois venho da Europa,
Que é mais cética do que todas as mulheres casadas.
Que Deus melhore isso!
Amém.

Eis-me aqui sentado
Neste pequenino oásis,
Como uma tâmara,
Castanha, inteiramente doce, gotejante de ouro,
Ávida da boca redonda de uma garota,
Mais ainda, porém, de virginais
Gélidos, brancos como neve, cortantes
Dentes que mordem: pois deles está sedento
O coração de todas as tâmaras quentes. *Selá.*

Semelhante, por demais semelhante
Aos ditos frutos do Sul
Aqui me acho deitado, cercado
De pequenos besouros alados
Farejando e brincando,[164]
Assim como de ainda menores
Mais bobos e pecaminosos

Desejos e pensamentos, —
Sitiado por vós,
Mudas, apreensivas
Gatas meninas
Dudu e Zuleika[165]
— *circum-esfingeado*, para pôr
Numa palavra muitos sentimentos
(Que Deus me perdoe
Este pecado de linguagem!)
— aqui estou sentado, farejando o melhor ar,
Verdadeiramente ar de paraíso,
Ar leve e claro, listrado de ouro,
Ar bom como jamais
Caiu da lua —
Terá sido por acaso
Ou por petulância?
Como contam os velhos poetas.
Mas eu, questionador, ponho isso
Em questão, pois venho
Da Europa,
Que é mais cética do que todas as mulheres casadas.
Que Deus melhore isso!
Amém.

Bebendo este belíssimo ar,
Com narinas dilatadas como taças,
Sem futuro, sem lembranças,
Eis-me aqui sentado, graciosíssimas amigas,
E olho a palmeira,
Como, igual a uma dançarina,
Ela se curva, se dobra e nos quadris se retorce
— fazemos o mesmo, se olhamos muito tempo!
Tal como uma dançarina que, quer-me parecer,
Já por tempo demais, perigosamente
Sempre se manteve apenas *numa só* perna?
— esquecendo então, quer-me parecer,

A *outra* perna?
Em vão, ao menos
Busquei a ausente
Joia gêmea
— isto é, a outra perna —
Na sagrada vizinhança
De sua graciosíssima, formosíssima
Saia em leque, esvoaçante e brilhante.
Sim, se quereis, belas amigas,
Acreditar inteiramente em mim,
Ela a perdeu!
Foi-se!
Foi-se para sempre!
A outra perna!
Oh, que pena por essa outra perna adorável!
Onde — estará ela, chorosa e abandonada,
A perna solitária?
Talvez com medo de um
Furioso monstro-leão
De juba dourada? Ou talvez já
Esburgada, roída —
Lamentável! ai! ai! roída! *Selá.*

Oh, não choreis,
Corações meigos!
Não choreis, ó
Corações de tâmaras! Peitos de leite!
Ó saquinhos de
Coração de alcaçuz!
Não chores mais,
Pálida Dudu!
Sê um homem, Zuleika! Coragem! Coragem!
— Ou seria este o lugar
De algo mais forte,
Que fortifique o coração?
Uma sentença consagrada?

Uma solene exortação? —

Ah! Arriba, dignidade!
Dignidade virtuosa, dignidade europeia!
Sopra, sopra de novo,
Fole da virtude!
Ah!
Rugir mais uma vez,
Rugir moralmente!
Como leão moral
Rugir ante as filhas do deserto!
— Pois o bramido da virtude,
Ó graciosíssimas garotas,
É mais do que tudo
Ardor de europeu, voracidade de europeu!
E aqui estou eu,
Como europeu
Não posso agir de outra maneira, valha-me Deus![166]
Amém!

O deserto cresce: ai daquele que abriga desertos!

O DESPERTAR

1. Após a canção do andarilho e sombra, a caverna se encheu subitamente de barulho e risada; e, como os hóspedes ali reunidos falavam todos ao mesmo tempo, e também o asno, assim encorajado, não mais se manteve quieto, Zaratustra foi tomado de leve repugnância e desdém por suas visitas: embora se alegrasse de seu contentamento. Pois este lhe parecia um sinal de recuperação. Então escapuliu para fora e falou a seus animais.

"Para onde foi a desgraça deles?", falou, e já se sentiu aliviado de seu pequeno desgosto — "parece-me que em minha casa já desaprenderam de gritar por socorro!

— mas ainda não, infelizmente, de gritar." E Zaratustra tapou os ouvidos, pois naquele instante o "I-A" do asno misturou-se estranhamente aos ruídos de júbilo dos homens superiores.

"Eles se divertem", voltou a falar, "e, quem sabe, talvez à custa de seu anfitrião; e, se aprenderam a rir comigo, não foi o *meu* riso que aprenderam.

Mas que importa! São pessoas velhas: recuperam-se à sua maneira, riem à sua maneira; meus ouvidos já suportaram coisa pior e não se tornaram rabugentos.

Este dia é uma vitória: ele já recua, já foge, *o espírito de gravidade*, meu velho arqui-inimigo! Como quer terminar bem este dia, que tão mau e carregado começou!

E ele *quer* terminar. Já vem o anoitecer: vem a cavalo sobre o mar, o ótimo cavaleiro! Como balanceia, o bem-aventurado que retorna ao lar, em sua purpúrea sela!

O céu olha com clareza, o mundo jaz profundo: ó vós todos, singulares que a mim viestes, bem vale a pena viver comigo!"

Assim falou Zaratustra. E novamente chegaram da caverna os risos e gritos dos homens superiores; então ele recomeçou:

"Eles estão mordendo, minha isca faz efeito, também recua diante deles o seu inimigo, o espírito de gravidade. Já aprendem a rir de si mesmos: será que ouço bem?

Meu alimento para homens faz efeito, minhas máximas de sabor e vigor: e, em verdade, não os alimentei com plantas que enchem de ar! Mas sim ração de guerreiros, ração de conquistadores: novos apetites despertei.

Há novas esperanças em seus braços e pernas, seus corações se estiram. Eles acham novas palavras, logo seu espírito vai respirar petulância.

É certo que tal nutrição pode não ser boa para crianças, nem para langorosas mulherezinhas novas e velhas. Suas entranhas são convencidas de outra maneira; não sou seu médico e mestre.

O *nojo* se retira desses homens superiores: muito bem! esta é minha vitória. Em meu reino se tornam mais seguros, todo pudor imbecil vai embora, eles se desafogam.

Eles desafogam seus corações, bons momentos lhes retornam, eles festejam e ruminam de novo — ficam *agradecidos*.

Tomo isso como o melhor sinal: eles ficam agradecidos. Não tardará muito e inventarão festas, e erguerão monumentos a suas velhas alegrias.

São *convalescentes*!" Assim falou Zaratustra a seu coração, alegre, e olhou ao longe; e seus animais se acercaram dele, respeitando sua felicidade e seu silêncio.

2. De repente, porém, assustaram-se os ouvidos de Zaratustra: a caverna, até então cheia de ruídos e risadas, ficou inteiramente silenciosa; — mas seu nariz sentiu um agradável odor de incenso, como de pinhas a queimar.

"Que sucede? Que fazem eles?", perguntou a si mesmo e esgueirou-se rumo à entrada, para poder observar seus hóspedes e não ser notado. Mas, prodígio dos prodígios! o que não teve ele de enxergar com os próprios olhos!

"Todos eles tornaram-se novamente *devotos*, eles *rezam*, estão loucos!" — disse, extremamente admirado. E, de fato, todos aqueles homens superiores, os dois reis, o papa aposentado, o feiticeiro mau, o mendigo voluntário, o andarilho e sombra, o velho adivinho, o consciencioso do espírito e o mais feio dos homens: todos estavam de joelhos, como crianças e velhinhas crédulas, e rezavam em adoração ao asno. E naquele instante o mais feio dos homens se pôs a gorgolejar e bufar, como se algo indizível quisesse dele sair; mas, quando ele finalmente conseguiu expressá-lo, eis que era uma estranha ladainha devota, em louvor do incensado e adorado asno. E essa ladainha soava assim:

Amém! Louvor, e glória, e sabedoria, e ação de graças, e honra, e força ao nosso Deus, para todo o sempre![167]

— Mas a isso o asno respondeu "I-A".

Ele carrega nosso fardo, ele tomou a forma de servo, ele

é paciente de coração e jamais diz Não; e quem ama seu Deus também o castiga.

— Mas a isso o asno respondeu "I-A".

Ele não fala: exceto para dizer sempre Sim ao mundo que criou: assim glorifica seu mundo. É sua esperteza que não fala: assim, raramente está errado.

— Mas a isso o asno respondeu "I-A".

Sem dar na vista anda ele pelo mundo. Cinza é sua cor, na qual envolve sua virtude. Se tem espírito, ele o esconde; todos creem em suas longas orelhas.

— Mas a isso o asno respondeu "I-A".

Que oculta sabedoria é essa, de ele possuir orelhas compridas e dizer apenas Sim e jamais Não? Não criou ele o mundo à sua imagem, ou seja, o mais estúpido possível?

— Mas a isso o asno respondeu "I-A".

Teus caminhos são retos e tortos; pouco te importa o que para nós, homens, é reto ou torto. Além do bem e do mal se acha teu reino. É inocência tua não saberes o que é inocência.

— Mas a isso o asno respondeu "I-A".

Vê como não afastas ninguém, mendigos ou reis. Deixas que vão a ti as criancinhas,[168] e, quando os maus te querem seduzir, dizes singelamente "I-A".

— Mas a isso o asno respondeu "I-A".

Amas as asnas e os figos frescos, não desprezas os alimentos. Um cardo te comicha o coração quando tens fome. Nisso está a sabedoria de um deus.

— Mas a isso o asno respondeu "I-A".

A FESTA DO ASNO

1. Nesse ponto da ladainha, porém, Zaratustra não pôde mais controlar-se e gritou ele mesmo "I-A", ainda mais alto que o asno, e pulou para o meio de seus hóspedes enlouquecidos. "Mas o que fazeis, criaturas?", exclamou ele, fazendo os adoradores se erguerem do chão. “Ai de vós, se alguém mais vos observasse além de Zaratustra:

Qualquer um julgaria que sois, com a vossa nova fé, os maiores blasfemadores ou as mais tolas das velhinhas!

E tu, velho papa, como pode se harmonizar contigo mesmo o fato de adorares assim um asno, como se fosse Deus?”

“Ó Zaratustra”, respondeu o velho papa, “perdoa-me, mas em coisas de Deus sou ainda mais ilustrado do que tu. E com todo o direito.

É melhor adorar Deus assim, nessa forma, do que em forma nenhuma! Reflete sobre essa frase, excelso amigo, e logo verás que ela contém sabedoria.

Aquele que disse ‘Deus é um espírito’ — foi quem até hoje, na terra, deu o maior passo, o maior salto para a descrença: não é fácil remediar essas palavras nesta terra!

Meu velho coração saltita e pula, pois ainda há algo na terra para se adorar. Perdoa isso, ó Zaratustra, a um velho e devoto coração de papa! —”

— “E tu”, perguntou Zaratustra ao andarilho e sombra, “tu dizes e acreditas ser um espírito livre? E participas dessa idolatria padresca?

Em verdade, ages pior aqui do que com tuas péssimas garotas morenas, ó péssimo crente novo!”

“Péssimo realmente”, respondeu o andarilho e sombra, “tu tens razão: mas que posso eu fazer? O velho Deus vive de novo, ó Zaratustra, podes falar o que quiseres.

O mais feio dos homens é o culpado de tudo: ele o ressuscitou. E, se ele diz que certa vez o matou: *morte*, entre os deuses, é apenas um preconceito.”

— “E tu, velho feiticeiro ruim”, falou Zaratustra, “olha o que fizeste! Quem acreditará mais em ti, nesses tempos livres, se acreditas em tais asneiras divinas?

Foi uma estupidez o que fizeste; como pudeste, ó homem sagaz, fazer tal estupidez?”

“Tens razão, ó Zaratustra”, respondeu o feiticeiro sagaz, “foi uma estupidez — e já me pesou bastante.”

— “E tu também”, disse Zaratustra ao consciencioso do espírito, “pondera, com o dedo junto ao nariz! Nada aqui te incomoda a consciência? Teu espírito não é limpo demais para essas rezas e o miasma desses rezadores?”

“Há algo nisso”, disse o consciencioso, aproximando o dedo ao nariz, “há alguma coisa nesse espetáculo que até faz bem à minha consciência.

Talvez não me seja permitido crer em Deus; mas, certamente, nessa forma Deus me parece mais digno de fé.

Deus deve ser eterno, conforme o testemunho dos mais devotos: quem dispõe de tanto tempo não tem pressa. Da maneira mais lenta e mais estúpida possível: *assim* alguém como ele pode ir longe.

E quem possui demasiado espírito bem pode se apaixonar pela estupidez e a tolice. Pondera tu mesmo sobre isso, ó Zaratustra!

Tu mesmo — na verdade, tu também poderias, por superabundância e sabedoria, tornar-te um asno.

Um sábio perfeito não toma de bom grado os caminhos mais tortos? A evidência o demonstra, Zaratustra, a *tua* evidência!”

— “E tu, finalmente”, disse Zaratustra, voltando-se para o mais feio dos homens, que ainda se encontrava no chão e erguia a mão para o asno (dava-lhe vinho para beber). “Fala o que fizeste, ó indescritível!

Tu me pareces transformado, teus olhos ardem, o manto do sublime envolve tua feiura: que fizeste?

É então verdade o que eles disseram, que tu o ressuscitaste? Para quê? Ele não havia sido morto e liquidado com razão?

Tu mesmo pareces esperto: que fizeste? Por que voltaste atrás? Por que te converteste? Fala, ó indescritível!”

“Ó Zaratustra”, respondeu o mais feio dos homens, “tu és um velhaco!

Se *ele* ainda vive ou tornou a viver ou está completamente morto — qual de nós dois sabe mais sobre isso?, eu te pergunto.

Mas uma coisa eu sei — e contigo mesmo aprendi uma vez, ó Zaratustra: quem quer matar mais completamente, *ri*.

'Não com a ira, mas com o riso é que se mata' — assim falaste um dia. Ó Zaratustra, homem oculto, aniquilador sem ira, santo perigoso — és um velhaco!"

2. Então sucedeu que Zaratustra, espantado com essas respostas velhacas, recuou de um salto até a entrada de sua caverna e, voltando-se para todos os hóspedes, gritou fortemente:

"Vós todos, ó bufões, ó palhaços! Por que vos disfarçais e escondeis de mim?

Como se agitou de prazer e maldade o coração de cada um de vós, porque enfim vos tornastes novamente como as criancinhas, ou seja, devotos, —

— porque enfim fizestes novamente como as crianças, ou seja, rezastes, juntastes as mãos e dissestes 'meu bom Deus'!

Mas agora deixai este quarto de crianças, minha própria caverna, em que toda criancice está em casa. Vinde esfriar aqui fora a vossa quente exuberância de crianças e o tumulto de vossos corações!

Sem dúvida: se não vos tornardes como as criancinhas, não entrareis *nesse* reino dos céus. (E Zaratustra apontou com as mãos para cima.)

Mas nós não queremos entrar no reino dos céus: tornamo-nos homens — *assim, queremos o reino da terra*."

3. E de novo Zaratustra se pôs a falar. "Ó meus novos amigos", disse, "ó singulares, homens superiores, como me agradais agora, —

— desde que vos tornastes novamente alegres! Em verdade, todos vós desabrochastes: parece-me que flores como vós necessitam de *novas festas*,

— de um pequeno e ousado absurdo, algum ofício divino e festa asinina, algum velho e alegre bufão-Zaratustra, um vendaval para varrer e clarear vossas almas.

Não esqueçais esta noite e esta festa do asno, ó homens superiores! *Isso* inventastes aqui, isso eu tomo como um bom sinal — só convalescentes inventam coisas assim!

E, se a celebrardes novamente, esta festa do asno, fazei-o por amor a vós, fazei-o por amor a mim! E em *minha* memória!"

Assim falou Zaratustra.

O CANTO ÉBRIO[169]

1. Nesse meio-tempo, um após o outro haviam saído, ao encontro do ar livre e da fria noite pensativa; mas o próprio Zaratustra conduziu o mais feio dos homens pela mão, para mostrar-lhe seu mundo noturno, a grande lua redonda e a prateada cachoeira próxima de sua caverna. Enfim pararam juntos um do outro, todos pessoas velhas mas de coração consolado e valente, e intimamente admirados por se sentirem tão bem nesta terra; a quietude da noite, porém, avizinhava-se cada vez mais de seus corações. E novamente pensou Zaratustra consigo: "Oh, como me agradam eles agora, esses homens superiores!" — mas nada falou, pois respeitava-lhes a felicidade e o silêncio. —

Mas então sucedeu a coisa mais espantosa daquele dia longo e espantoso: o mais feio dos homens começou mais uma vez e pela última vez a gorgolejar e bufar, e, quando conseguiu se expressar, eis que uma pergunta redonda e limpa lhe saltou da boca, uma pergunta boa, clara e profunda, que fez agitar-se no peito o coração de cada um que o escutava.

"Vós todos, meus amigos", disse o mais feio dos homens, "que vos parece? Por causa desse dia — estou contente, pela primeira vez, de ter vivido a vida inteira.

E proclamar apenas isso não me basta. Vale a pena viver na terra: um só dia, uma só festa com Zaratustra me ensinou a amar a terra.

'Foi *isso* — a vida?', direi à morte. 'Muito bem! Mais uma vez!'

Meus amigos, que vos parece? Não direis à morte, como eu: 'Foi *isso* — a vida? Por causa de Zaratustra, muito bem! Mais uma vez!'?" — —

Assim falou o mais feio dos homens; mas não faltava muito

para a meia-noite. E o que pensais que sucedeu naquele instante? Tão logo os homens superiores ouviram essa pergunta, tomaram consciência de sua transformação e recuperação, e de quem a havia proporcionado a eles; então lançaram-se a Zaratustra, agradecendo, afagando, rendendo homenagem, beijando-lhe as mãos, cada qual à sua maneira própria: de modo que alguns riam e outros choravam. Mas o velho adivinho dançava de prazer; e, ainda que ele estivesse cheio de vinho doce, como acreditam alguns narradores, é certo que estava ainda mais cheio de doce vida e havia declinado de todo cansaço. Há também os que contam que até mesmo o asno dançou nessa ocasião: pois não teria sido em vão que o mais feio dos homens lhe havia dado vinho para beber. Seja como tenha sido, tenha ou não dançado o asno nessa noite, o fato é que então ocorreram prodígios maiores e mais raros do que uma dança de asno. Em suma, como diz a máxima de Zaratustra: "Que importa?".

2. Quando aconteceu isso com o mais feio dos homens, Zaratustra estava ali, em pé, e semelhava um bêbado: tinha o olhar apagado, sua língua balbuciava, suas pernas fraquejavam. E quem poderia imaginar que pensamentos lhe andavam então na alma? Mas visivelmente seu espírito o deixava, voava à frente, pairava longe, achava-se, por assim dizer, "em elevado cume", como está escrito, "entre dois mares,

— vagando entre passado e futuro como pesada nuvem". Mas lentamente, enquanto os homens superiores o mantinham nos braços, volveu um pouco a si e rechaçou com as mãos o ajuntamento de hóspedes reverentes e preocupados; porém nada falou. Mas repentinamente voltou a cabeça, pois parecia escutar algo: então levou o dedo aos lábios e disse: "*Vinde!*".

E imediatamente houve silêncio e quietude ao redor; mas da profundeza emergiu lentamente o som de um sino. Zaratustra ouviu com atenção, e assim também os homens superiores; mas então levou novamente o dedo aos lábios e disse outra vez: "*Vinde! Vinde! É quase meia-noite!*" — e sua voz estava mudada. Mas ele não se movia do lugar: houve ainda maior silêncio e quietude, e todos ouviam com atenção, também o asno e os ilustres animais de Zaratustra, a águia e a serpente, assim como a caverna de Zaratustra, a grande lua fria e a noite mesma. Mas Zaratustra levou a mão aos lábios pela terceira vez e falou:

"*Vinde! Vinde! Vamos caminhar agora! É chegada a hora: vamos caminhar dentro da noite!*"

3. "Ó homens superiores, é quase meia-noite: quero vos dizer algo no ouvido, tal como este velho sino me diz, —

— do modo secreto, afável e terrível como me fala este sino da meia-noite, que viveu mais coisas do que qualquer homem:

— que já contou as dores e batidas de coração de vossos pais — ah! ah! como suspira! como ri em sonho! a velha, profunda, profunda meia-noite!

Silêncio! Silêncio! Ouvem-se coisas que não podem se manifestar durante o dia; mas agora, no ar frio, e, quando todo o ruído de vossos corações também se aquietou, —

— agora fala, agora se faz ouvir, agora se introduz em noturnas almas insones: ah! ah! como suspira! como ri em sonho! a velha, profunda, profunda meia-noite!

— não ouves como fala *contigo* de modo secreto, afável e terrível, a velha, profunda, profunda meia-noite?

Ó homem, presta atenção!

4. Ai de mim! Para onde foi o tempo? Não caí em poços profundos? O mundo dorme —

Ah! Ah! O cão uiva, a lua brilha. Preferiria morrer, morrer, a vos dizer o que está pensando meu coração de meia-noite.

Agora já morri. Acabou-se. Aranha, que teces em volta de mim? Queres sangue? Ah! Ah! O orvalho cai, a hora chega —

— a hora em que sinto frio e estremeço, que pergunta, pergunta e pergunta: 'Quem tem coração bastante para isso?

— quem deverá ser o senhor da terra? Quem dirá: *assim* deveis correr, grandes e pequenos rios!?'

— a hora se aproxima: ó homem, homem superior, presta

atenção! esta fala é para ouvidos finos, para os ouvidos teus — *o que diz a profunda meia-noite*?

5. Sou transportado, minha alma dança. O trabalho do dia! O trabalho do dia! Quem deverá ser o senhor da terra?

A lua está fria, o vento cala. Ah! Ah! Já voastes alto o bastante? Dançastes: mas pernas não são asas.

Ó bons dançarinos, agora todo o prazer se foi, o vinho se tornou borra, toda taça ficou quebradiça, os túmulos gaguejam.

Não voastes alto o bastante: agora os túmulos balbuciam: 'Salvai os mortos! Por que é tão longa a noite? A lua não nos embriaga?'.

Ó homens superiores, salvai os túmulos, despertai os cadáveres! Ah, o que escava ainda o verme? Aproxima-se, aproxima-se a hora, —

— estrondeia o sino, range ainda o coração, escava ainda o verme da madeira, o verme do coração. Ah! Ah! *O mundo é profundo!*

6. Doce lira! Doce lira! Amo o teu som, o teu ébrio som de rã! — há quanto tempo, de que distância me vem teu som, de muito longe, dos lagos do amor!

Ó velho sino, doce lira! Toda dor dilacerou-te o coração, dor de pai, dor dos pais, dos ancestrais; tua fala se fez madura, —

— madura como dourado outono e tarde, como meu coração eremita — agora tu falas: o próprio mundo se fez maduro, as uvas amarelecem,

— agora ele quer morrer, morrer de felicidade. Ó homens superiores, não sentis o cheiro? Quietamente sobe um aroma,

— um perfume e aroma de eternidade, um róseo-abençoado, castanho vinho-ouro de velha felicidade,

de ébria, agonizante felicidade de meia-noite, que canta: o mundo é profundo, *mais profundo do que pensava o dia*!

7. Deixa-me! Deixa-me! Sou puro demais para ti. Não me toques! Meu mundo não se tornou perfeito nesse instante?

Minha pele é pura demais para tuas mãos. Deixa-me, ó estúpido, sombrio e grosseiro dia! A meia-noite não é mais clara?

Os mais puros devem ser senhores da terra, os mais ignorados, mais fortes, as almas de meia-noite, que são mais claras e mais profundas que qualquer dia.

Ó dia, tateias à minha procura? Tenteias a minha felicidade? Pareço-te rico, solitário, uma caverna de tesouros, uma câmara de ouro?

Ó mundo, queres *a mim*? Pareço-te mundano? Espiritual? Divino? Mas, ó dia e mundo, sois demasiado rudes, —

— procurai ter mãos mais sagazes, apanhar uma mais profunda felicidade, mais profunda infelicidade, apanhar algum deus, não a mim:

— minha infelicidade, minha felicidade é mais profunda, ó dia singular, porém não sou um deus, nem um inferno de deus: *profunda é sua dor.*

8. A dor de Deus é mais profunda, ó mundo singular! Procura apanhar a dor de Deus, não a minha! Que sou eu? Uma doce e bêbada lira, —

uma lira de meia-noite, um sino-rã, que ninguém compreende, mas que *tem* de falar para surdos, ó homens superiores! Pois não me compreendeis!

Acabou! Acabou! Ó juventude! Ó meio-dia! Ó tarde! Agora veio o entardecer, e a noite e a meia-noite — o cão uiva, o vento:

— o vento não é um cão? Ele gane, ladra, uiva. Ah! Ah, como ela suspira! Como ela ri, como estertora e arqueja a meia-noite!

Como fala sobriamente agora, essa poetisa ébria! Será que afogou no vinho sua embriaguez? ficou sobrealerta? pôs-se a ruminar?

— rumina em sonho a sua dor, a velha, profunda meia-noite; e mais ainda o seu prazer. Pois o prazer, mesmo se é profunda a dor: *o prazer é mais profundo ainda que o pesar.*

9. Ó videira! Por que me louvas? Eu te cortei! Eu sou cruel, tu sangras —: que quer dizer teu elogio de minha ébria crueldade?

'Aquilo que se tornou perfeito, tudo que é maduro — quer morrer!', dizes tu. Abençoada seja a tesoura do vinhateiro! Mas tudo que é imaturo quer viver: ai!

A dor diz: 'Passa! Vai embora, ó dor!'. Mas tudo que é imaturo quer viver, para se tornar maduro, contente e desejoso,

— desejoso do que é mais distante, mais elevado, mais claro. 'Quero herdeiros', assim fala tudo que sofre, 'quero filhos, não quero *a mim*', —

Mas o prazer não quer herdeiros, não quer filhos — o prazer quer a si mesmo, quer eternidade, quer retorno, quer tudo eternamente igual a si mesmo.

A dor diz: 'Quebra, sangra, coração! Caminha, perna! Voa, asa! Para a frente, para o alto, dor!'. Muito bem! Vamos! Ó meu velho coração: *a dor diz: 'Passa!'*.

10. Ó homens superiores, que vos parece? Sou um adivinho? Um sonhador? Um bêbado? Um intérprete de sonhos? Um sino de meia-noite?

Uma gota de orvalho? Perfume e vapor de eternidade? Não ouvis? Não sentis o aroma? Meu mundo se tornou perfeito nesse instante, meia-noite é também meio-dia, —

A dor também é um prazer, a maldição também é uma bênção, a noite também é um sol — ide embora, ou aprendereis: um sábio também é um tolo.

Dissestes alguma vez Sim a um só prazer? Oh, meus amigos, então dissestes também Sim a *todo* sofrimento. Todas as coisas são encadeadas, emaranhadas, enamoradas, —

— e, se um dia quisestes duas vezes o que houve uma vez, se algum dia dissestes 'tu me agradas, felicidade! Vem, instante!', então quisestes que *tudo* voltasse!

— Tudo de novo, tudo eternamente, tudo encadeado, emaranhado, enamorado, oh, assim *amais* vós o mundo, —

— vós, eternos, o amais eternamente e a todo tempo: e

também à dor dizeis: Passa, mas retorna! *Pois todo prazer quer — eternidade!*

11. Todo prazer quer a eternidade de todas as coisas, quer mel, quer borra, quer a bêbada meia-noite, quer túmulos, quer consolo de lágrimas nos túmulos, quer crepúsculos de ouro —

— *o que* não quer o prazer? ele é mais sequioso, afetuoso, faminto, misterioso e terrível do que toda dor, ele quer *a si*, ele morde *a si*, nele peleja a vontade do anel,[170] —

— ele quer amor, quer ódio, é riquíssimo, presenteia, joga fora, suplica que o recebam, é grato a quem o recebe, bem gostaria de ser odiado, —

— tão rico é o prazer, que tem sede de dor, de inferno, de ódio, de ultraje, de aleijão, de *mundo* — pois esse mundo, oh, bem o conheceis!

Ó homens superiores, por vós anseia o prazer, o indomável, o bem-aventurado — por vossa dor, ó malogrados! Por malogrados anseia todo eterno prazer.

Pois todo prazer quer a si mesmo, e por isso quer também pesar! Oh, felicidade, oh, dor! Quebra, coração! Ó homens superiores, aprendei: o prazer quer eternidade,

— o prazer quer a eternidade de *todas as coisas*, *quer profunda, profunda eternidade!*

12. Aprendestes o meu canto? Adivinhastes o que ele quer dizer? Muito bem! Vamos! Ó homens superiores, cantai agora minha canção de roda!

Cantai agora vós mesmos o canto cujo nome é 'Outra vez', cujo sentido é 'por toda a eternidade', cantai, ó homens superiores, a canção de roda de Zaratustra!

Ó homem, presta atenção![171]
Que diz a meia-noite profunda?
'Eu dormia, eu dormia —,
De um sonho profundo acordei: —
O mundo é profundo,

Mais profundo do que pensava o dia!
Profunda é sua dor —,
O prazer — mais profundo ainda que o pesar:
A dor diz: Passa!
Mas todo prazer quer eternidade —,
— quer profunda, profunda eternidade!'"

O SINAL

Na manhã após essa noite, porém, Zaratustra saltou de seu leito, cingiu os lombos[172] e deixou sua caverna, ardente e forte como o sol matinal que surge por trás de escuras montanhas.

"Ó grande astro", falou ele, como outrora havia falado, "ó profundo olho da felicidade, que seria de toda a tua felicidade, se não tivesses aqueles que iluminas?

E se eles continuassem em seus aposentos quando já estivesses acordado e surgisses, brindando e distribuindo: como se irritaria então teu orgulhoso pudor!

Muito bem! Eles ainda dormem, esses homens superiores, enquanto *eu* estou acordado: não são *esses* os meus companheiros certos! Não é por eles que aguardo em minhas montanhas.

Para meu trabalho quero ir agora, para meu dia: mas eles não compreendem os sinais de minha manhã, o meu passo — não é um toque de despertar para eles.

Ainda dormem na minha caverna, seus sonhos ainda bebem de minhas bêbadas canções.[173] — O ouvido que *atenta* para mim, o ouvido *obediente* falta entre os seus órgãos."

— Isso falou Zaratustra ao seu coração, quando o sol nascia: então olhou indagadoramente para cima, pois ouviu o agudo grito de sua águia. "Muito bem!", exclamou, "assim me agrada e me convém. Meus animais estão acordados, pois eu estou acordado.

Minha águia está acordada e, como eu, presta homenagem ao sol. Suas garras de águia se estendem para a nova luz. Sois meus animais certos; eu vos amo.

Mas ainda me faltam meus homens certos!" —

*

Assim falou Zaratustra; mas então ocorreu que de súbito ele foi rodeado por imenso número de pássaros a enxamear e revolutear — e o zumbido de tantas asas e o atropelo sobre sua cabeça eram tão grandes que ele fechou os olhos. Em verdade, era como se uma nuvem caísse sobre ele, uma nuvem de flechas a se derramar sobre um novo inimigo. Mas eis que essa era uma nuvem de amor, que caía sobre um novo amigo.

"Que acontece comigo?", pensou Zaratustra em seu coração espantado, e sentou-se lentamente na grande pedra que ficava junto à saída da caverna. Porém, quando movia as mãos ao redor, e acima e abaixo de si, defendendo-se dos pássaros suaves, eis que uma coisa ainda mais estranha lhe sucedeu: inadvertidamente tocou numa crina espessa e quente; ao mesmo tempo, um rugido ressoou à sua frente — um brando e demorado rugido de leão.

"*Chegou o sinal*", falou Zaratustra, e seu coração se transformou. E, na verdade, quando se fez claro à sua frente, um poderoso bicho amarelo se achava deitado a seus pés e aconchegava a cabeça a seu joelho, e não queria dele se afastar, por amor, fazendo como o cão que torna a encontrar o velho dono. As pombas, porém, não eram menos zelosas em seu amor, e, cada vez que uma delas deslizava sobre o focinho do leão, este meneava a cabeça e ria, admirado.

Vendo tudo isso, Zaratustra falou apenas estas palavras: "*Meus filhos estão próximos, meus filhos*" — depois emudeceu inteiramente. Mas seu coração estava aliviado, e de seus olhos gotejavam lágrimas, que caíam sobre suas mãos. E não atentou mais para nenhuma coisa, ali ficou sentado, imóvel, sem afastar os animais. E as pombas revoavam, pousavam em seus ombros, afagavam seus cabelos brancos e não se cansavam de mostrar ternura e júbilo. Já o forte leão lambia as lágrimas que caíam sobre as mãos de Zaratustra, e rugia e rosnava timidamente. Assim se comportavam esses animais. —

Tudo isso durou muito tempo, ou pouco tempo: pois, a

bem dizer, não existe *tempo* para essas coisas —. Nesse ínterim, porém, os homens superiores haviam despertado na caverna de Zaratustra e se ordenavam num cortejo, para ir ao encontro de Zaratustra e oferecer-lhe a saudação matinal: pois haviam percebido, ao despertar, que ele não se achava entre eles. Mas, quando alcançaram a porta da caverna, antecedidos pelo ruído de seus passos, eis que o leão teve um enorme sobressalto, repentinamente deu as costas a Zaratustra e lançou-se na direção da caverna, rugindo selvagemente. Escutando seu rugido, os homens superiores deram um grito, como se tivessem uma só boca, retrocederam correndo e desapareceram num piscar de olhos.

Já o próprio Zaratustra, aturdido e alheio como estava, levantou-se, olhou ao redor, em pé e espantado, interrogou seu coração, refletiu e percebeu que estava só. "Mas o que ouvi?", falou enfim, bem devagar, "que me aconteceu agora?"

E logo lhe voltou a lembrança, e num relance compreendeu tudo o que sucedera entre aquele ontem e esse hoje. "Aqui está a pedra", falou, cofiando a barba, "a pedra em que eu estava sentado ontem de manhã; e aqui se acercou de mim o adivinho, e aqui ouvi pela primeira vez o grito que acabo de ouvir, o grande grito de socorro.

Ó homens superiores, era a *vossa* necessidade que ontem de manhã me profetizava aquele velho adivinho, —

— era à vossa necessidade que ele queria me conduzir e seduzir: 'Ó Zaratustra', disse-me ele, 'venho para te seduzir a teu derradeiro pecado'.

A meu derradeiro pecado?, exclamou Zaratustra e riu, furioso, de suas próprias palavras: *o que* me ficou reservado como meu derradeiro pecado?"

— E mais uma vez Zaratustra se ensimesmou, e sentou-se de novo na grande pedra e refletiu. De repente, levantou-se num pulo —

"*Compaixão! Compaixão pelo homem superior!*", exclamou, e seu rosto se converteu em bronze. "Muito bem! *Isso* — teve seu tempo!

Meu sofrimento e meu compadecimento — que importam? Desde quando viso a *felicidade*? Eu viso a minha *obra*!

Muito bem! O leão chegou, meus filhos estão próximos, Zaratustra amadureceu, minha hora chegou: —

Esta é a *minha* manhã, o *meu* dia raiou: *sobe*, *então*, *sobe*, *ó grande meio-dia*!" — —

Assim falou Zaratustra, e deixou sua caverna, ardente e forte como o sol matinal que surge por trás de escuras montanhas.

NOTAS

A tradução foi feita com base na edição de Karl Schlechta (*Werke*, Frankfurt: Ullstein, 1979, v. II), sempre cotejada com a edição de G. Colli e M. Montinari (*Kritische Studienausgabe*, 2. ed. rev., Munique/Berlim: DTV/de Gruyter, 1988, v. 4).

As versões consultadas durante a elaboração desta foram: uma em português, assinada por Mário da Silva (3. ed., Rio de Janeiro: Civilização Brasileira, 1983); uma espanhola, por Andrés Sánchez Pascual (Madri: Alianza, 2002, 5. reimpr.); uma italiana, por Sossio Giametta (6. ed., Milão: Rizzoli, 1996); duas francesas, uma assinada por Henri Albert (Paris: Mercure de France, 1952), a outra, por Geneviève Bianquis (Paris: Aubier, s. d., ed. bilíngue); três em inglês, a primeira realizada por Walter Kaufmann (em *The portable Nietzsche*, Nova York: Penguin, 1979 [1954]), a segunda, por R. J. Hollingdale (Harmondsworth: Penguin, 1969 [1961]), a terceira, por Graham Parkes (Oxford University Press, 2005). Agradecimentos são devidos a André Luís Mota Itaparica e Bruno Delbecchi, que tiveram a gentileza de providenciar algumas delas, e a Wiebke Kannengießer, do Instituto Goethe de Salvador, pelo esclarecimento de vários trechos do original. Cabe registrar que a atual edição da tradução de Mário da Silva (a 14ª, de 2005) inclui, numa lista das obras de Nietzsche editadas em português, o livro intitulado *Minha irmã e eu*, que é uma falsificação notória e grosseira, redigida em inglês por um jornalista, por encomenda de um editor norte-americano, e publicada em 1951.

Como nos outros volumes desta coleção de obras de Nietzsche, estas notas não pretendem ser comentários ao texto, mas apenas elucidações de referências, justificações para as escolhas do tradutor e explicações de alguns termos originais. Para redigi-las, foram úteis o volume de variantes e notas de Colli e Montinari (v. 14), as notas do espanhol Sánchez Pascual e, sobretudo, as "Explanatory notes" da tradução de Graham Parkes. Mas as notas da presente edição estão muito longe de serem exaustivas. Os leitores interessados numa maior explicitação das referências devem recorrer aos três livros mencionados: nos dois últimos, por exemplo, as notas ultrapassam o número de quinhentas, e tampouco chegam a esgotar as alusões e peculiaridades.

As citações da Bíblia são feitas, na maioria das vezes, conforme a tradução de João Ferreira de Almeida (Brasília: Sociedade Bíblica do Brasil, ed. revista e corrigida, 1969); mas também foram utilizadas a do Pontifício Instituto

Bíblico de Roma (São Paulo: Paulinas, s. d.) e a chamada *Bíblia de Jerusalém* (São Paulo: Paulus, 1995, 7. impr.).

Foram respeitadas nesta edição as idiossincrasias da pontuação do autor, seu uso bastante pessoal de travessões, dois-pontos, exclamações etc., pois elas estão ligadas aos ritmos de sua prosa e à expressividade do texto. Também algumas liberdades gramaticais, como verbos transitivos empregados de modo intransitivo, foram conservadas; mas elas são poucas. Procurou-se resgatar na tradução, com maior ou menor sucesso, as criações de vocábulos, paronomásias, aliterações etc.; mas nem todos esses jogos de palavras são indicados nas notas.

Outra questão que pede um comentário inicial é a das maiúsculas. Sabe-se que todos os substantivos alemães, tanto os nomes próprios como os substantivos comuns, são grafados com inicial maiúscula, de modo que, quando no texto original aparece *Gott*, em português isso tanto pode significar "Deus" como "deus", segundo o contexto; mas há momentos em que a distinção não é simples. Assim também com *Erde*, que designa tanto a Terra, o planeta, como "terra", a substância, a pátria, localidade natal etc., ou com *Sonne*, que equivale ao Sol, o astro, e também a "sol", no sentido amplo ou no figurado. O mesmo vale para alguns outros termos — e também personagens — que aparecem no livro: se a inicial minúscula fosse a regra nos substantivos alemães, como sucede nas outras línguas europeias, eles provavelmente seriam grafados com maiúscula. Mas decidimos deixá-los em minúsculas, igualados como no original, e confiar aos leitores, agora já informados desse problema, a decisão de quais mereceriam o destaque (uma exceção, porém, são os substantivos evidentemente personalizados, como "Lady Contingência", na página 159).

(1) Esta primeira seção reproduz o aforismo 342 de *A gaia ciência*, com uma única alteração: "o lago de sua pátria", em vez de "o lago de Urmi"; mas aqui ele foi retraduzido, daí algumas pequenas mudanças no texto em relação à nossa tradução do livro (São Paulo: Companhia das Letras, 2001; Companhia de Bolso, 2012). Quando foi publicado, em 1882, esse aforismo representava o final de *A gaia ciência*, a última obra publicada antes do *Zaratustra*. Somente alguns anos depois, quando já havia escrito este, Nietzsche acrescentou a parte V à obra anterior. O lago de Urmi foi o local de nascimento do Zaratustra histórico. Tal como o personagem de Nietzsche, ele abandonou sua terra natal aos trinta anos de idade e retirou-se para as montanhas por dez anos (período em que redigiu o Zend-Avesta, como se acredita). Outros fundadores de religiões que iniciaram sua atividade espiritual aos trinta anos foram Buda e Jesus Cristo (cf. Lucas, 3, 23). Sobre o nome desse protagonista, eis o que diz o próprio autor: "'Zaratustra' é a forma autêntica, não adulterada, do nome 'Zoroastro', ou seja, uma palavra *persa*. Falo dos persas na página 81 [cf. "o povo do qual vem meu nome", na página 56, e nota correspondente]" (carta a Franz Overbeck, 20 de maio de 1883, em *Sämtliche Briefe* [Cartas completas], Munique: DTV/de Gruyter, v. 6, 1986).

(2) "declinar": no original, *untergehen*, que, assim como o verbo português, pode ter significado físico (ex.: o sol "se põe", um navio "afunda") ou moral (um indivíduo ou um povo "decai"). As versões consultadas apresentam: "ter o meu ocaso", *hundirme en mi ocaso*, *tramontare*, *disparaître ainsi que toi*, *me coucher* (o tradutor usa dois verbos), *décliner*, *go down*, idem, *go under*. Algumas linhas adiante aparece o substantivo desse verbo, *Untergang*, "declínio", que os tradutores consultados verteram por "ocaso", *ocaso*, *tramonto*, *déclin*, idem, *began to go under*, *down-going*, *going-under*; sobre esse termo, cf. nota 85 em nossa tradução de *A gaia ciência* (op. cit.). Já o verbo com que tem início a seção seguinte, "desceu", é tradução de *stieg* [...] *abwärts* ("andou para baixo", apenas no sentido físico).

(3) "um despertado": *ein Erwachter* — "despertado" ou "desperto" é um epíteto aplicado ao Buda; é o significado da raiz sânscrita de seu nome, *buddh-*.

(4) Assim como o Ulisses de Homero e o Hipérion de Hölderlin (que muito influiu sobre Nietzsche), frequentemente Zaratustra fala *para* seu coração.

(5) "equilibrista": *Seiltänzer*. O tradutor Mário da Silva prefere "funâmbulo"; nenhum dos dois termos mantém o sabor e o sentido extra do original, formado de *Seil*, "corda", e *Tänzer*, "dançarino". A dança tem papel relevante no mundo de Zaratustra, como se verá adiante — e como já foi insinuado pelo velho santo, quando disse: "Não caminha ele como um dançarino?".

(6) "super-homem": *Übermensch*, formado da preposição *über*, "acima de" ou "além de", e do substantivo *Mensch*, "ser humano". Muito já se falou sobre a dificuldade de traduzir esse famoso termo nietzschiano e a insuficiência da tradução costumeira, aqui adotada. Em sua versão de trechos de *Assim falou Zaratustra*, no volume da Coleção Os Pensadores dedicado a Nietzsche (2. ed., São Paulo: Abril, 1978), o poeta, professor e tradutor Rubens Rodrigues Torres Filho oferece a alternativa "além-do-homem", acompanhada de uma erudita nota sobre a questão. Mas esse neologismo, diferentemente do original alemão e assim como outra opção que ele descarta, "sobre-homem", parece-nos muito artificial para uma obra que é também — alguns diriam: sobretudo — literária. Além disso, nele se perde a relação com o corriqueiro adjetivo *übermenschlich*, "sobre-humano". Por isso nos atemos ao tradicional "super-homem", sem relevar suas deficiências. O termo sempre foi o mais comumente usado para o conceito nietzschiano em língua portuguesa, embora o primeiro divulgador de Nietzsche no Brasil, o jornalista e crítico João Ribeiro, empregasse "sobre-homem" (talvez influenciado pela versão francesa, *surhomme*). Já em 1916 ele é mencionado numa saborosa passagem do romance *Vida e morte de M. J. Gonzaga de Sá*, de Lima Barreto, em que um personagem se refere maldosamente a outro como "Um super-homem!", ao que um de seus interlocutores pergunta: "Que diabo chamam vocês super-homem?", e obtém a resposta: "Um cidadão que fica além do bem e do mal — é simples" (esse diálogo está no capítulo IX). Mais recentemente, o termo achou guarida no *Dicionário eletrônico Houaiss da língua portuguesa* (Rio de Janeiro: Objetiva, 2002), que assim

o define, de maneira não tão simples: "no *nietzschianismo*, cada um dos indivíduos que um dia serão capazes de desenvolver plenamente a condição humana, criando novos valores e sentidos para a realidade, e afirmando intensamente a vida, a despeito do inevitável sofrimento que a cerca". Por fim, registremos o que dizem as versões do *Zaratustra* que consultamos: "super-homem", *superhombre*, *superuomo*, *Surhumain*, idem, *overman*, *Superman*, *Overhuman*; cf. também nota 31 de *Ecce homo* (São Paulo: Companhia das Letras, 1995) e nota 48 de *A gaia ciência* (op. cit.). Acrescentemos, ainda, que a primeira aparição do termo *Übermensch* na literatura alemã ocorre, segundo o tradutor Henri Albert, no primeiro ato do *Fausto* de Goethe, na cena em que surge o Espírito da Terra (verso 509).

(7) Alusão a dois ditos de Heráclito: "O mais belo dos macacos é feio, se comparado à raça dos homens" e "O mais sábio dos homens parece, em relação à divindade, macaco em sabedoria, em beleza e em tudo o mais" (fragmentos 82 e 83 na edição Diels-Kranz).

(8) "uma passagem e um declínio": *ein Übergang und ein Untergang* — o substantivo *Gang* é como que modulado pelos prefixos *über-*, "por sobre, para além", e *unter-*, "para baixo", dando origem a esses outros dois, que são termos usuais; cf. nota sobre "declínio", acima. Na frase seguinte, "quem declina" é tradução de *Untergehende*, gerúndio substantivado de *untergehen*, e "os que passam" é uma versão literal de *die Hinübergehenden*, feito com o gerúndio do verbo *gehen*, "ir, andar", mais a preposição *hinüber*, "daqui para lá", que já apareceu no início desta seção: "um perigoso para-lá".

(9) "perecer": *zu Grunde gehen*, literalmente "ir ao fundo, para o chão", ou seja, sucumbir, perecer.

(10) Inversão do que diz são Paulo numa epístola: "Porque o Senhor corrige o que ama, e açoita a qualquer que recebe por filho" (Hebreus, 12, 6). Poucas linhas adiante, há a reminiscência de uma frase dita por Napoleão Bonaparte, encontrada nas anotações de Nietzsche: "O coração faz parte das entranhas" (*KSA* [*Kritische Studienausgabe*], v. 10, 3 [1] 130).

(11) "cultura": *Bildung*, que também pode ser entendido como "formação, educação"; estará no título de uma seção da terceira parte do livro, "Do país da cultura".

(12) "manso": *zahm* — alguns tradutores, julgando estranho o adjetivo nesse caso, buscaram alternativas: "esgotado", *manso*, *addomesticato*, *stérile*, *avare*, *domesticated*, *weak*, *poor from cultivation*.

(13) "primeiro discurso" (ou primeira fala): *erste Rede* — do verbo *reden*, "falar"; "prólogo": *Vorrede*, formado de *Rede* e do prefixo *vor-*, equivalente a "pre-" ou "pro-" em português.

(14) Esta famosa cena inspirou-se em episódios da infância de Nietzsche, conforme as reminiscências de sua irmã. Um equilibrista costumava se apresentar no centro da cidadezinha de Naumburg, onde eles viviam, e perfazer esse mesmo ato de atravessar uma corda entre duas torres. E ele tinha um

parceiro que lhe vinha ao encontro, do outro lado, e sobre ele pulava, mas sem fazer com que caísse — algo difícil de imaginar, sem dúvida (cf. Julian Young, *Friedrich Nietzsche: A philosophical biography*, Cambridge University Press, 2010, pp. 368 e 607).

(15) Cf. Mateus, 4, 19, em que Jesus Cristo vê dois irmãos que pescam no lago da Galileia e diz: "Vinde comigo, e eu vos farei pescadores de homens".

(16) "que subitamente vê terra": uma anotação dos chamados "fragmentos póstumos" diz: "Descobri uma nova terra dentro do ser humano/ onde a alma transborda" (*KSA*, v. 10, seção 4 [234]).

(17) Cf. Êxodo, 32, 19, em que Moisés, enfurecido, quebra as tábuas da Lei.

(18) Cf. Mateus, 9, 37: "A seara é realmente grande, mas poucos os ceifeiros".

(19) "eremitas": *Einsiedler*; "eremitas a dois": *Zweisiedler*; este segundo termo foi cunhado por Nietzsche, meramente substituindo *ein*, "um", por *zwei*, "dois"; as versões consultadas oferecem: "vivem solitários ou em solidão a dois"; *eremitas solitários o en parejas*; *ai solitari e ai solitari a due*; *aux solitaires ou à ceux qui sont deux dans la solitude*; *à ceux qui se sont retirés seuls ou à deux dans la solitude*; *lonesome, twosome*; *lone hermits, hermits in pairs*; *solitaries, dualitaries*. Mais adiante, na seção "Do novo ídolo", aparecerá *Einsame und Zweisame*, que traduziremos por "solitários e sozinhos a dois".

(20) Segundo informa o tradutor Graham Parkes, baseado no historiador Friedrich von Hellwald, autor de *História da civilização em seu desenvolvimento natural*, de 1874 (fonte dos conhecimentos de Nietzsche sobre o Zaratustra histórico), o nome "Zaratustra" significava originalmente "aquele que possui bravos camelos", sendo questionável o sentido de "estrela dourada", que antes lhe atribuíam. Poucas linhas adiante, a frase "Subir a altos montes, a fim de tentar o tentador" alude a Mateus, 4, 8-10, em que o Demônio leva Jesus a um "monte altíssimo" e o tenta, oferecendo-lhe todos os reinos do mundo.

(21) Cf. Apocalipse, 12, 9, em que aparece "o grande dragão, a serpente antiga". No parágrafo seguinte, "Não-farás" é tradução de *Du sollst*, que literalmente se traduziria por "Tu deves"; mas é preciso levar em conta que vários dos Dez Mandamentos têm início com essa fórmula: *Du sollst nicht töten*, "Não matarás", *Du sollst nicht ehebrechen*, "Não cometerás adultério", *Du sollst nicht stehlen*, "Não roubarás", de modo que o seu equivalente, em linguagem bíblica, seria "Não farás" — o que também é justificado pela oração seguinte, uma adversativa: "Mas o espírito do leão diz: 'Eu quero' [*Ich will*, que também pode significar "Eu farei"]". No outro parágrafo, "animal de escamas" é também uma referência bíblica: escamas fazem parte do Leviatã, em Jó, 41, 15.

(22) A expressão "Assim falou Zaratustra" é, provavelmente, ressonância daquela encontrada em muitos dos sermões de Buda: "Assim falou o Sublime"; também as palavras "meus irmãos" ou "ó irmãos" aparecem com frequência nas escrituras budistas. "A Vaca Malhada" (*die bunte Kuh*, em alemão) é tradu-

ção do nome de uma cidade que o Buda teria visitado em suas andanças. Mas há quem a relacione a uma passagem de Platão em que o mesmo adjetivo é usado para descrever pejorativamente a *polis* democrática (*República*, 558c).

A versão *Assim falava Zaratustra*, encontrada em algumas edições desta obra em português, baseia-se na suposição equivocada de que o passado simples do verbo alemão (*sprach*, no caso) corresponderia ao imperfeito do verbo português, porque tem a denominação de *Imperfekt* na gramática alemã e pelo fato de o passado composto ser geralmente traduzido pelo nosso perfeito. Mas não existe essa correspondência; a escolha de um ou outro tempo verbal, na tradução para uma língua que dispõe dos dois, depende do contexto em que surge o verbo e do registro da linguagem (o passado simples alemão é mais frequente na linguagem literária do que na coloquial).

(23) As três últimas indagações se referem, claramente, a alguns dos Dez Mandamentos; cf. Êxodo, 20, 14-17. Poucas linhas adiante, "obediência à autoridade" e "leva suas ovelhas ao prado mais verde" remetem a passagens da Epístola aos Romanos (13,1) e dos Salmos (23,1-2), enquanto "Bem-aventurados etc." é citação de Mateus, 5, 3.

(24) "trasmundanos": *Hinterweltler* — nas versões consultadas: "trasmundanos", idem em espanhol, *coloro che abitano un mondo dietro il mondo*, *visionnaires* [também usa *hallucinés*] *de l'au-delà*, *visionnaires de l'au-delà*, *afterwordly*, *afterworldsmen*, *believers in a world behind*. Em sua já mencionada versão de trechos do *Zaratustra*, na Coleção Os Pensadores, Rubens Rodrigues Torres Filho prefere "ultramundanos" — que é sinônimo do termo aqui empregado, assim como "ultramontano" equivale a "trasmontano" — e chama a atenção, numa nota, para a ascendência grega do conceito, pois os trasmundanos são os metafísicos (de *meta*, "atrás de", e *physis*, "natureza"). Ele também recorda a semelhança fonética entre *Hinterweltler* e *Hinterwäldler*, "os que vivem atrás ou no fundo da floresta", ou seja, indivíduos rústicos e alheios ao mundo.

(25) A expressão idiomática *mit dem Kopf durch die Wand wollen*, literalmente "querer passar com a cabeça pela parede", significa "querer fazer o impossível". Na frase seguinte, "desumanado mundo inumano" é tradução de *entmenschte unmenschliche Welt*.

(26) "um corpo superior": *ein höherer Leib*. O adjetivo é, propriamente, o comparativo de *hoch*, "alto, elevado"; mantemos a tradução já adotada em outras versões que fizemos de obras de Nietzsche — como no capítulo de *Humano, demasiado humano* (São Paulo: Companhia das Letras, 2000; Companhia de Bolso, 2005) intitulado "Sinais de cultura superior e inferior" — e chamamos a atenção para o seu sentido literal. Essa palavra é frequente em *Assim falou Zaratustra*, em especial no capítulo "Do homem superior", na parte IV. As versões em línguas latinas também empregam "superior" no título desse capítulo e aqui nesse ponto, com exceção da italiana, que usa *uomo superiore* mas, curiosamente, *corpo migliore*. As de língua inglesa recorrem a *higher body* e *higher man*, mas a mais recente, de G. Parkes, utiliza *higher body* e *superior human*.

(27) “trasmundos”: *Hinterwelten*, “os mundos atrás ou além”, são, naturalmente, objeto da crença dos “trasmundanos”; “gotas de sangue redentoras” alude a uma passagem da Primeira Epístola de Pedro, 1, 18-19; e “coisa em si”, à célebre noção kantiana da *Ding an sich*, elaborada na *Crítica da razão pura*.

(28) “quadrado”: *rechtwinklig*, que significa “de ângulos retos”. Como o adjetivo não é geralmente usado nesse sentido em alemão, Nietzsche deve tê-lo tomado dos gregos, possivelmente de Aristóteles, que afirma, na *Retórica*: “dizer que um homem bom é quadrado [*tetragonon*] é uma metáfora, pois tanto o homem como o quadrado são completos e perfeitos” (1411b, 26-27). As versões consultadas oferecem: “quadrado”, *cuadrado*, *squadrato*, *carré de la tête à la base*, *bati à l’équerre*, *perpendicular*, *square-built*, *four-square*. Essa palavra tornará a surgir mais adiante, na seção “Dos filhos e do matrimônio”.

(29) “sentido”: *Sinn* — o termo alemão admite vários “sentidos” ou nuances de sentidos, e numa prosa poética e exortativa como essa torna-se mais difícil circunscrevê-los do que numa prosa discursiva ou reflexiva; as traduções consultadas recorrem a: “sentidos”, *sentido*, *senso*, *les sens*, *l’intelligence*, *sense*, idem, *senses* [no plural, em inglês, significa antes “juízo” que “sentidos”]. Na mesma frase, tampouco o verbo *erkennen* — em “o espírito conhece” (*der Geist erkennt*) — tem significado realmente inequívoco, como atestam as outras versões, que dizem: “conhece”, *conoce*, *conosce*, *reconnaît*, idem, *knows*, *perceives*, *knows*. No parágrafo seguinte, “Si-mesmo” traduz *Selbst*, que equivale a *self*, em inglês.

(30) “petulante”: *übermütig*, que pode ter outros sentidos, como se percebe nas versões consultadas: “temerária”, *altanera*, *superba*, *impétueuse*, *présomptueuse*, *prankish* [travessa], *arrogant*, *exuberant*; o mesmo se dirá de “maldade”, também nessa frase: o substantivo original, *Bosheit*, tem as seguintes versões nos tradutores consultados: “malvadeza”, *maldad*, *cattiveria*, *méchanceté*, idem, *sarcasm*, *wickedness*, idem.

(31) “percebe”: *errät* — o verbo *erraten*, em geral traduzido por “adivinhar”, admite alguns outros significados, como se nota pelas versões consultadas: “adivinha”, *adivina*, *sa scoprire*, *dévine*, idem, *detects*, *divines*, idem.

(32) “vacas”: versão literal de *Kühe*; mas cabe registrar que o sentido pejorativo dessa palavra, em alemão, não corresponde àquele que temos em português, de mulher “fácil”; ela designa, isto sim, uma pessoa “tapada”, de pouca inteligência.

(33) Adotou-se aqui a variante de Colli e Montinari para esse título, na qual “uma” é grafado com inicial maiúscula, enfatizando que se trata de uma só meta, além das mil que já houve. Isso vai ao encontro do que diz esta seção, diferentemente da forma mais comum do título (“mil e uma metas”), adotada na edição de Karl Schlechta.

(34) “valores”: *Güter*, que também significa “bens”; nas versões consultadas: “tudo o que é bom”, *valores*, *valori*, *biens*, *valeurs*, *the good*, *values*, *things held to be good*.

(35) Isto é, o povo persa; cf. *Ecce homo*, "Por que sou um destino", § 3: "Falar a verdade e *atirar bem com flechas*: eis a virtude persa"; e Heródoto: "Eles [os garotos persas] aprendem somente três coisas: montar a cavalo, usar o arco e falar a verdade" (*História*, I, 136). No parágrafo seguinte, "Honrar pai e mãe" é referência a Êxodo, 20, 12, e o povo aludido é o judeu. No outro parágrafo, alguns comentadores acreditam que Nietzsche se refere ao povo alemão, mas segundo Graham Parkes, que nisso se apoia em Laurence Lambert (*Nietzsche's teaching*, Yale University Press, 1986), é mais provável que se trate do povo romano, tal como esse é apresentado na *Eneida* de Virgílio.

(36) Transcrevemos, quanto a isso, a nota de Rubens Rodrigues Torres Filho: "*Mensch, das ist: der Schätzende*: na origem da palavra *Mensch*, *mannisco*, substantivação do velho alto-alemão *mennisc* ('humano'), encontra-se o radical indo-germânico *men-* ('pensar'), o mesmo que em latim deu *mens* ('mente') e *mensurare* ('medir'). Talvez Nietzsche se refira a esse último sentido, tanto mais que 'pensar' guarda lembrança de: tomar o peso, ponderar". No mais, "o estimador" traduz *der Schätzende*, gerúndio substantivado de *schätzen*, "avaliar, estimar, apreciar"; o termo para "tesouro" é *Schatz*.

(37) Referências ao episódio do canto VIII da *Odisseia*, em que Hefesto, "o deus coxo", surpreende sua esposa Afrodite em adultério com Ares e os prende numa "rede celeste"; já as últimas palavras, "que não uniu", seriam alusão e antítese de Mateus, 19, 6.

(38) "uma gansa": tradução literal de *eine Gans*, mas em alemão a palavra tem também o sentido figurado, pejorativo, de "mulher burra"; provavelmente por isso o tradutor Mário da Silva preferiu "burrega"; mas os outros recorreram à versão literal.

(39) *Selbstsucht*, normalmente traduzido por "egoísmo" nas línguas neolatinas e por *selfishness* em inglês; cf. nota 26 em *Ecce homo* (op. cit.).

(40) "senso": *Sinn*; cf. nota 29, sobre "sentido"; nesse ponto as versões consultadas recorrem a: "mente", *sentido*, *animo*, *sens*, *esprit*, *sense*, *mind*, *sense*.

(41) "esse afastamento de toda necessidade se chama necessidade para vós": *diese Wende aller Not euch Notwendigkeit heisst*. "Necessidade, penúria, apuros, urgência, emergência, perigo, calamidade": eis alguns dos sentidos da palavra *Not*. Por isso também variam os significados dos termos compostos em que ela entra: *Notwehr*, "defesa de emergência", isto é, "legítima"; *Notwohnung*, "alojamento provisório"; *Notlandung*, "aterrissagem forçada"; *Notschrei*, "grito de socorro" são alguns exemplos (esse último é o título de uma seção da quarta parte deste livro). O outro substantivo, *Notwendigkeit*, também deriva de *Not*, mas seu adjetivo, *notwendig*, significa "imprescindível, indispensável", necessário para afastar a necessidade no primeiro sentido do termo, conforme a etimologia: *die Not wendend*, "afastando a *Not*". Em português há uma só palavra para os dois grupos de sentidos, que podem ser expressos em dois exemplos simples: "passar necessidade" e "dormir é uma necessidade". Outra dificuldade dessa frase se encontra no termo *Wende*, que traduzimos por "afas-

tamento", segundo a etimologia, mas que pode ter outros sentidos, como atestam as versões consultadas: "essa transmutação de todas as necessidades" — "o indispensável", *ese viraje de toda necesidad, questa svolta di ogni fatalità, ce changement de toute peine, ce tournant de toute nécessité, this cessation of all need, this dispeller of need, this turning of all need.* Cf. notas 39 e 126 em nossa tradução de *Humano, demasiado humano* (op. cit.).

(42) Cf. Lucas, 4, 23: "E ele [Jesus] lhes disse: 'Sem dúvida me direis este provérbio: Médico, cura-te a ti mesmo'". Pouco adiante, nesta seção, "povo eleito" é referência a Isaías, 43, 20.

(43) Esta passagem contém alusões a João, 13, 36 ("Para onde eu vou não podes agora seguir-me"), João, 16, 32 ("Eis que chega a hora [...] em que vos dispersareis"), e Mateus, 10, 33 ("Aquele que me tiver renegado...").

(44) Cf. Aristóteles, *Poética*, 1452, onde ele menciona o episódio em que a estátua de Mítis, em Argos, matou o assassino de Mítis ao cair sobre ele, que a contemplava.

(45) Cf. a parábola do joio e do trigo, em Mateus, 13, 24-30; já no início desta seção houve referência à parábola do semeador, no mesmo capítulo de Mateus (13, 3-9).

(46) Cf. Hölderlin, *Hyperion*, 1.1.7, onde o protagonista compara sua alma e a de seu amigo Alabanda a "duas torrentes que descem da montanha" e afinal se juntam "num rio majestoso a caminho do mar".

(47) Numa carta a Heinrich Köselitz (por ele denominado "Peter Gast"), Nietzsche se referiu desta forma a Ischia, a ilha próxima de Nápoles, que fora atingida por um terremoto: "Essa ilha sempre esteve comigo: quando você tiver lido *Zaratustra II* por inteiro, verá claramente onde situei minhas ilhas bem-aventuradas" (em 16 de agosto de 1883). Na Antiguidade grega, as "ilhas dos bem-aventurados" eram lugares míticos onde reinava a felicidade: cf. Hesíodo, *Os trabalhos e os dias*, 166-173; Píndaro, *Odes olímpicas*, II, 70 ss.; Platão, *República*, 519c-d.

(48) "homens do conhecimento": *Erkennende*, do verbo *erkennen* (cf. nota 29). Observe-se que não se trata de homens *de* conhecimento, isto é, que o possuem; uma alternativa seria "cognoscente", mas, embora se trate de um gerúndio substantivado como o termo original, pertence a um registro mais elevado (mais erudito) do que este. As versões consultadas oferecem: "que buscais o conhecimento", *hombres del conocimiento, uomini della conoscenza, qui cherchez la connaissance, disciples de la Connaissance, you lovers of knowledge, you enlightened men, you who understand*; cf. nota 64 em *Além do bem e do mal* (São Paulo: Companhia das Letras, 1992; Companhia de Bolso, 2005) e nota 20 em *A gaia ciência* (op. cit.).

(49) "Tudo intransitório — é apenas símile": *Alles Unvergängliche — das ist nur ein Gleichnis* — trata-se de uma paródia dos célebres versos com que tem início o "Coro místico", no final do *Segundo Fausto*, de Goethe. Nietzsche inverteu o adjetivo, que originalmente é *vergänglich*, "transitório". Quanto aos

vários possíveis significados da palavra *Gleichnis*, ver notas 75 e 130 do tradutor em Nietzsche, *Além do bem e do mal* (op. cit.).

(50) "assim o martelo é impelido para a pedra" e "na pedra dorme uma imagem": o termo alemão para "imagem" é *Bild*, e para "escultor", *Bildhauer*, aquele que talha ou cinzela (o verbo é *hauen*) uma imagem; cf. nota 67 em *A gaia ciência* (op. cit.).

(51) Cf. Emerson: "O frio e desembaraçado ar dos objetos naturais os torna invejáveis para nós, irritadas e irascíveis criaturas de faces vermelhas" (*The cool disengaged air of natural objects, makes them enviable to us, chafed and irritable creatures with red faces*, em "Nature", *Essays* I, 1841).

(52) Cf. Emerson: "Não perdoamos facilmente um doador. A mão que nos alimenta corre o perigo de ser mordida" (*We do not quite forgive a giver. The hand that feeds us is in some danger of being bitten*, em "Gifts", op. cit.).

(53) "remorsos ensinam a morder": *Gewissensbisse erziehen zum Beißen*, literalmente "remorsos educam para o morder" — a afirmação é mais compreensível quando se tem presente o sentido literal de *Gewissensbisse* ("mordidas da consciência") ou a etimologia do seu correspondente em português: ele vem da forma verbal latina *remorsus*, particípio passado do verbo *remordere*, que significa "tornar a morder"; cf. *Genealogia da moral*, II, 15, sobre Spinoza e o *morsus conscientiae*.

(54) Cf. o principal tema da ópera *Parsifal*, de Wagner: "Tornou-se sábio por compaixão,/ O puro tolo"; ver nota 15 de *Ecce homo* (op. cit.). Algumas linhas adiante, ressonância de Mateus, 22, 39; "Amarás o teu próximo como a ti mesmo".

(55) Cf. o pós-escrito de *O caso Wagner* (São Paulo: Companhia das Letras, 1999; Companhia de Bolso, 2016), em que Nietzsche inverte ironicamente a inscrição da coroa mortuária depositada no túmulo do mestre pela Sociedade Wagner de Munique: "Redenção *do* Redentor!", diz ele. A inscrição reproduz as palavras finais do *Parsifal*, "Redenção para o Redentor". Também numa carta a Heinrich Köselitz, reproduzida no apêndice à nossa edição do *Caso Wagner* (p. 102), ele fala dessa inscrição.

(56) Numa carta escrita ao amigo Franz Overbeck, vê-se o espanto que Nietzsche sentiu ao presenciar, em Roma, devotos que subiam de joelhos a escadaria de São Pedro (carta de 20 de maio de 1883). A descrição (ou paródia) dos ambientes de adoração cristã, feita nesta passagem, seria retomada e desenvolvida em *Genealogia da moral*, I, 14.

(57) "a verdade se prova com o sangue": cf. a crítica dessa ilusão em *O Anticristo* (São Paulo: Companhia das Letras, 2007; Companhia de Bolso, 2016), § 53, onde também são reproduzidas esta e as duas frases seguintes.

(58) "Vossa virtude é o mais querido em vós mesmos": *Es ist euer liebstes Selbst, eure Tugend* — literalmente: "É vosso mais querido Si-mesmo, a vossa virtude". Do mesmo modo, "O fato de vossa virtude ser vós mesmos", algumas linhas adiante, seria, numa tradução literal: "O fato de vossa virtude ser vosso

Si-mesmo" (*Dass eure Tugend euer Selbst sei*). Algumas linhas antes, "uma relha de arado serei para vós": cabe lembrar que "A relha de arado" (*Die Pflugschar*) foi o título que Nietzsche pensou inicialmente em dar ao livro que se chamaria *Aurora*, publicado em 1881.

(59) As duas afirmações têm a mesma pronúncia em alemão: "sou justo": *ich bin gerecht*; "estou vingado": *ich bin gerächt*. Na frase seguinte, há alusão ao final da parábola do fariseu e do publicano, em Lucas, 18, 14, e a Mateus, 23, 12.

(60) Perde-se inevitavelmente o jogo de palavras que fundamenta essa frase, pois "igualdade" é tradução de *Gleichheit*, e "imagens", de *Gleichnisse*, que na seção "Nas ilhas bem-aventuradas" foi traduzido por "símile" (lá está no singular) e perto do final desta aparecerá como "símbolo"; cf. nota 75 em *Além do bem e do mal* (op. cit.). Quanto ao tema e título desse capítulo, "Tarântulas", ver *Genealogia da moral*, III, 9, em que Nietzsche cita e subscreve a declaração de Carlos, o Temerário: "Eu combato a aranha universal".

(61) Cf. o canto XII da *Odisseia*, em que Ulisses se faz prender ao mastro do navio, para não ouvir o canto funesto das sereias. "Turbilhão" é, provavelmente, alusão a Caríbdis, o tremendo redemoinho que, ao lado da monstruosa Cila de seis cabeças, também ameaça Ulisses e os companheiros, no mesmo canto da Odisseia. "Estilita" designa o eremita cristão que habitava o topo de uma coluna em ruína, na época do Império Bizantino.

(62) "dançará a tarantela": no original, *Tarantel-Tänzer*, que pode designar tanto um "dançarino de tarantela" como o indivíduo que antigamente era afetado pelo tarantismo ou tarantulismo — segundo o *Houaiss*, "manifestação histérica coletiva de tipo convulsivo, atribuída, segundo a crença popular, à substância tóxica da picada da tarântula". Etimologicamente, os nomes da dança e da aranha parecem vir da cidade de Taranto, no sul da Itália, onde havia muitas tarântulas.

(63) Alusão a Édipo, o protótipo do sábio para Nietzsche, que fita o sol em *Édipo em Colona*, de Sófocles; cf. *O nascimento da tragédia*, § 9. Na linha seguinte, "mover montanhas" é expressão do Novo Testamento, como se sabe; cf. Mateus, 17, 20, e 1 Coríntios, 13, 2.

(64) Cf. Apocalipse, 3, 16: "Assim, porque és morno, nem quente nem frio, vomitar-te-ei da minha boca".

(65) Cf. Atos dos Apóstolos, 20, 35: "[...] e recordar as palavras do Senhor Jesus, que disse: 'Mais bem-aventurada coisa é dar do que receber'".

(66) Jesus Cristo se refere ao Demônio como "príncipe deste mundo" em João, 12, 31; cf. também Efésios, 6, 12. Sobre o canto que se segue, eis o que comentou Nietzsche, numa carta a Köselitz que já foi mencionada: "'Cupido dançando com as moças' é imediatamente compreensível apenas em Ischia (as moças nativas dizem 'Cupedo'). Mal havia concluído o poema, a ilha desmoronou" (carta de 16 de agosto de 1883). Nesse canto, a relação entre Zaratustra e a vida lembra aquela entre Hipérion e Diotima, na obra de Hölderlin (cf. *Hyperion*, 1.2.17).

(67) As duas afirmações entre aspas vêm de uma frase de Emerson que Nietzsche usou como epígrafe na primeira edição de *A gaia ciência* (extraída de "History", *Essays I*): "*To the poet, to the philosopher, to the saint, all things are friendly and sacred, all events profitable, all days holy, all men divine*". Na segunda edição do livro, essa frase (por ele citada em alemão) foi substituída pelo breve poema "Inscrição sobre a minha porta".

(68) "agora o enoja": *nun ekelt ihn*; mas na edição de Colli e Montinari o verbo está no passado: *nun ekelte ihn*, e por isso os tradutores espanhol e italiano, que seguem aquela edição, escrevem *y él sintió náuseas* e *e allora egli si nauseò*, ignorando ou mudando o advérbio *nun*, que normalmente se traduz por "agora" (observe-se, no entanto, que essas duas traduções do livro são muito boas em geral; observe-se também que o substantivo *Ekel*, que costumamos verter por "nojo", pode igualmente ser entendido como "náusea"). Não se deve descartar a hipótese de um erro de impressão, pois há alguns nesse volume da *KSA*. Seria preciso recorrer à edição crítica das obras completas (a *KGA*, *Kritische Gesamtausgabe*, em capa dura) que serviu de base para a *KSA*. Mas poucas bibliotecas e raros indivíduos a possuem; é uma edição caríssima.

(69) "Como pude suportar isso?": *Wie ertrug ich's nur?* — citação de *Tristão e Isolda*, de Wagner, que durante muito tempo foi a ópera favorita de Nietzsche (ato II, cena 2). Algumas linhas adiante: "Invulnerável sou apenas em meu calcanhar" — ou seja, o oposto de Aquiles, segundo a mitologia grega.

(70) "Vontade de tornar pensável tudo o que existe": *Wille zur Denkbarkeit alles Seiende* — nas versões consultadas: "de que todo o existente possa ser pensado", *de volver pensable todo lo que existe*, *di rendere pensabile tutto ciò chi è*, *d'imaginer l'être*, *de rendre concevable tout ce qui est*, *to the thinkability of all beings*, *to the conceivability of all things*, *to the thinkability of all beings* [como o penúltimo antes deste]. Nossa tradução-paráfrase — semelhante às das outras línguas latinas, salvo a primeira das francesas — torna redundante a afirmação da frase seguinte, mas não desejamos recorrer a "vontade de pensabilidade", como fizeram os tradutores de expressão inglesa.

(71) "maneira": tradução que aqui nos pareceu melhor para o termo *Art*, que também pode significar "espécie, gênero, tipo, natureza, índole"; nas versões consultadas encontramos: "modo de ser", *índole*, *natura*, *coutume*, *nature*, *nature*, *nature*, *way* (com nota).

(72) "impulso para a finalidade": *Trieb zum Zweck* — os dois substantivos admitem mais de um significado, como se vê pelas versões consultadas: "impulso no rumo da finalidade", *instinto de finalidad*, *istinto dello scopo*, *instinct du but*, *instinct de finalité*, *drive to an end*, *impulse towards a goal*, *drive for a purpose*.

(73) "Vontade de existência" (*Wille zum Dasein*) é expressão de Schopenhauer.

(74) "A graça é parte da magnanimidade de uma grande alma": *Die Anmut gehört zur Großmut des Großgesinntes*. Eis o que dizem as versões consultadas;

ao transcrever todas elas, o risco da redundância é compensado pela beleza do pensamento: "O garbo faz parte da generosidade das grandes almas", *El encanto forma parte de la magnanimidad de los magnánimos*, *La grazia si appartiene alla magnanimità del generoso*, *La grâce fait partie de la générosité de ceux qui ont la pensée elevée*, *La grâce fait partie de la magnanimité des magnanimes*, *Gracefulness is part of the graciousness of the great-souled*, *The generosity of the magnanimous man should include gracefulness*, *Gracefulness belongs to the generosity of the great--hearted.*

(75) Provável alusão a Lucrécio, o poeta e filósofo romano, que em *Da natureza das coisas* (*De rerum natura*, III, 33 ss.) reage com "uma espécie de divino deleite e tremor" à revelação do cosmos; cf. também Goethe, *Segundo Fausto*: "Os tremores são o melhor do ser humano" (*Das Schaudern ist der Menschheit bestes Teil*, v. 6272).

(76) "escrutador de rins": tradução literal de *Nierenprüfer*, expressão de origem bíblica — cf. Salmos, 7, 10: "vós, Deus justo, que perscrutais o coração e as entranhas" (na versão de Lutero se acha especificamente "rins": *denn Du, gerechter Gott, prüfst Herzen und Nieren*; a edição da Bíblia de Lutero utilizada nos cotejamentos foi a da Württembergische Bibelanstalt, Stuttgart, 1928). Logo acima, no texto, a palavra *Zeichen* foi traduzida por "signos", mas também se poderia usar "sinais". Algumas linhas abaixo, a referência já não é bíblica, mas clássica: "Preferiria ser trabalhador diarista..." remete às amargas palavras de Aquiles a Ulisses, quando este o visita no mundo dos mortos: "Não tentes reconciliar-me com a morte, ó glorioso Ulisses./ Eu preferiria estar na terra, como servo de outro,/ até de homem sem terra e sem grande sustento,/ do que reinar aqui sobre todos os mortos" (*Odisseia*, canto XI, vv. 488-91, citados na bela tradução de Frederico Lourenço, Lisboa: Biblioteca Editores Independentes, 2008). Nietzsche parodia essa declaração, juntando o pior dos dois mundos.

(77) "Tudo é digno de perecer": citação do *Fausto*, vv. 1339-40: "[...] pois tudo o que aparece/ É digno de perecer" ([...] *denn alles, was entsteht/ Ist wert, dass es zu Grunde geht*). Em seguida, há uma clara referência à criação de Eva a partir de uma costela de Adão, em Gênesis, 21, 2.

(78) Em alemão, *Von der unbefleckten Erkenntnis*: paródia, baseada na semelhança fonética, de *unbefleckte Empfängnis*, a "imaculada concepção" da Virgem Maria. Para manter o jogo de palavras original, e considerando que *Erkenntnis* também pode significar "entendimento, reconhecimento, percepção", os tradutores de língua inglesa usaram *immaculate perception*; coerentemente, recorreram a *perceivers*, "percebedores", para traduzir *Erkennenden*, que surge pouco adiante (e que costumamos verter por "homens do conhecimento"). Na segunda frase, em seguida: "o homem da lua" é *Mann im Mond*; em alemão, "lua" é masculino, assim como "homem", e a expressão talvez se refira também à imemorial crença de que se enxerga um rosto humano na lua. Pode ser pertinente observar, por outro lado, que "sol" é feminino em alemão.

(79) Referência a Mateus, 12, 34; "Do que está cheio o coração, a boca transborda" (na versão de Lutero; Nietzsche usa o mesmo verbo, ausente nas versões em português); logo em seguida, as referências são a Salmos, 119, 141, Mateus, 15, 27, e Marcos, 7, 28.

(80) "doutos": *Gelehrte*, a mesma palavra que no título desse capítulo — e em outras obras de Nietzsche — vertemos por "eruditos"; aqui no *Zaratustra*, de linguagem mais poética e frequentemente mais elevada, permitimo-nos "doutos". Nas versões consultadas, a brasileira, a espanhola e a italiana também usam "doutos", as duas francesas usam *savants* e as três em inglês, *scholars*.

(81) Perde-se inevitavelmente o jogo de palavras com *Fehler*, "erro", e *Fehlboden*, "piso de duas camadas" (em antigas casas alemãs).

(82) Outra alusão ao "Coro místico" do final do *Segundo Fausto*, já parodiado em "Nas ilhas bem-aventuradas"; aqui a referência tem alguns prolongamentos, em vários trechos desta seção: "eterno-feminino", "símiles de poeta, artimanhas de poeta" (*Dichter-Gleichnis, Dichter-Erschleichnis*; em que a segunda expressão é acréscimo e paródia) e "o insuficiente" (*das Unzulängliche*). Esta cena final do *Segundo Fausto* é minuciosamente analisada e refinadamente traduzida por Haroldo de Campos em *Deus e o Diabo no Fausto de Goethe* (São Paulo: Perspectiva, 1981). Outra paródia nietzschiana desses versos é o poema "A Goethe", em "Canções do príncipe Vogelfrei", apêndice de *A gaia ciência*.

(83) Cf. em Platão, *Teeteto*, 197-200, a imagem da mente como um viveiro de pássaros. Algumas linhas adiante, paródia de Marcos, 16, 16: "Quem crer e for batizado, tornar-se-á bem-aventurado; quem não crer, será condenado" (na versão de Lutero). Mas há uma ironia extra na citação, pois o adjetivo *selig* significa "bem-aventurado, feliz" e "falecido", mas também, secundariamente, "meio embriagado, tolo" (é ligado etimologicamente ao inglês *silly*).

(84) "até os motivos no fundo": *bis zu den Gründen* — o termo alemão significa tanto "motivos, razões" (assim foi traduzido acima, nesta mesma seção) como "fundamentos" ou "chão" (no singular), e foi possível empregar os dois significados nesse ponto; em inglês, o termo *grounds*, etimologicamente afim ao alemão, também transmite os dois sentidos; cf. nota 176 em *Além do bem e do mal* (op. cit.).

(85) Cf. Mateus, 7, 9: "E qual dentre vós é o homem que, pedindo-lhe pão o seu filho, lhe dará uma pedra?".

(86) O cenário e alguns episódios aqui narrados derivam de Julius Kerner, *Blätter aus Prevorst* [Folhas de Prevorst], de 1833. Foi C. G. Jung quem chamou a atenção para isso, pois constatou que Nietzsche havia lido essa obra na biblioteca do avô materno, quando jovem, e cogitou que no *Zaratustra* ele teria reproduzido vários detalhes da história sem lembrar-se deles conscientemente, num caso de "criptomnésia" (Jung, *Obras completas*, v. 1, *Estudos psiquiátricos*, trad. Lúcia M. E. Orth, Petrópolis: Vozes, 1994). Mas não há por que excluir a possibilidade de uma recordação consciente e não creditada (afinal, não cabem referências bibliográficas num livro desse gênero). Já no primeiro parágrafo, as

duas afirmações lembram perguntas do livro de Kerner: "Existe relação entre esse fogo infernal e nossos vulcões? [...] As crateras das montanhas de fogo são portas para esse inferno de fogo?". O autor também reproduz o diário de bordo de um navio inglês que andava pelo Mediterrâneo em 1686 e aportou na ilha de Stromboli, onde alguns oficiais desceram para caçar coelhos. Dois homens teriam passado voando acima deles, em direção à cratera do vulcão, e um capitão (havia mais de um) reconheceu num dos homens o sr. Booty, seu vizinho na cidade inglesa de Wapping. Quando voltaram para a Inglaterra, a esposa desse capitão lhe contou que o velho sr. Booty havia morrido; ao que ele respondeu: "Nós o avistamos indo para o inferno!".

(87) "Tudo é vazio, tudo é igual, tudo foi!": variante de Eclesiastes, 1, 2, 9, presente aqui e em várias outras passagens do *Zaratustra*: "Vaidade das vaidades, tudo é vaidade"; "O que já foi, isso será. O que já se fez, isso se fará; nada há de novo debaixo do sol". O início desta seção lembra o começo de muitos versículos do Apocalipse de João: "E vi...". O personagem do adivinho é baseado, ao que tudo indica, em Schopenhauer; isso torna-se mais claro quando ele retorna, na parte IV do livro.

(88) "Alpa": não há explicação segura para esse termo, que parece ser um nome próprio, talvez relacionado à palavra alemã para "pesadelo", *Alptraum*, em que *Alp* designa o fantasma que, na crença popular, comprime o peito da pessoa que dorme e assim produz um sonho (*Traum*) ruim. De acordo com a reminiscência de um amigo de Nietzsche, toda essa frase se originou num sonho: "Nietzsche me contou, rindo, que num sonho tivera que subir uma infindável trilha na montanha; lá em cima, abaixo do cume, ele ia passando pela entrada de uma caverna, quando uma voz lhe gritou da escuridão: 'Alpa, Alpa — Quem está trazendo suas cinzas para o monte?'" (Richard von Seydlitz, *Wann, warum, was und wie ich schrieb* [Quando, por que, o que e como escrevi], Gotha, 1900, p. 36; citado numa nota de Graham Parkes).

(89) Esta seção pode ser vista como desenvolvimento e paródia de Mateus, 11, 5, e Mateus, 15, 29-31, em que muitos cegos e aleijados acorrem a Jesus Cristo. No parágrafo seguinte, "uma senhora oportunidade" é tradução de *eine Gelegenheit mit mehr als Einem Schopf*, que literalmente significa "uma oportunidade com mais de uma trança de cabelos", em referência à expressão *eine Gelegenheit beim Schopf fassen*, "agarrar uma ocasião pelos cabelos", isto é, não perder uma oportunidade.

(90) Cf. Emerson: "*Among the multitude of scholars and authors, we feel no hallowing presence* [nenhuma presença digna de reverência] [...] *their talent is some exaggerated faculty, some overgrown member* [algum membro hipertrofiado], *so that their strength is a disease* [de modo que sua força é uma doença]" (em "The Oversoul", *Essays* I); em seguida, "Uma orelha do tamanho de um homem" alude provavelmente a uma conhecida caricatura de Wagner, aparecida num jornal parisiense em 1869, que o representava como uma orelha gigante.

(91) Cf. Hölderlin: "[Não se veem] homens — é como um campo de

batalha em que mãos, braços e membros de todo tipo se acham dispersos em montes" (*Hyperion*, 2.2.7), e mais uma vez Emerson: "O estado da sociedade é aquele em que os membros foram amputados do tronco, e muitos monstros ambulantes passeiam empertigados — um dedo bom, um pescoço, um estômago, um cotovelo, mas nunca um homem" (em "The American scholar", 1837). Mas é provável que terríveis lembranças pessoais também contribuíssem para essa imagem, pois Nietzsche foi enfermeiro militar durante a Guerra Franco-Prussiana, em 1870.

(92) "todo o meu engenho e esforço": *all mein Dichten und Trachten* — nas versões consultadas: "tudo a que aspira o meu poetar", *todos mis pensamientos y deseos*, *tutto il mil poetare e affaticarmi*, *toutes mes pensées*, *tout mon rêve et tout mon effort*, *all my creating and striving*, *all my art and aim*, *all my composing and striving*. Como se depreende dessas versões, o verbo *dichten* (aí substantivado, por isso com maiúscula) significa "imaginar, poetar, compor", sendo cognato de *Dichter*, "poeta", que apareceu logo acima; e *trachten* significa "aspirar, ambicionar". A expressão *Dichten und Trachten* é uma das muitas locuções da Bíblia de Lutero que adquiriram curso na língua alemã; é empregada em Gênesis, 6, 5: "O Senhor viu que [...] todo o *Dichten und Trachten* do seu coração [dos homens] era continuamente mau". A expressão está ausente nas Bíblias não luteranas, onde se acha, por exemplo: "toda a imaginação dos pensamentos" (Ferreira de Almeida), "todos os instintos e propósitos" (Paulinas), "todo desígnio" (Jerusalém). Também na versão francesa de Osty e Trinquet (Paris: Seuil, 1973) encontramos simplesmente *pensées*, "pensamentos".

(93) "com alunos podemos falar pelos cotovelos": *mit Schüler darf man schon aus der Schule schwätzen* — expressão idiomática que significa, mais precisamente, "ser indiscreto, contar segredos". O corcunda respondeu, na mesma moeda, à afirmação de Zaratustra de acordo com a qual "podemos falar de maneira torta (*bucklicht*) com corcundas (*Bucklichten*)". Já a pergunta que ele faz a Zaratustra é reminiscente de Mateus, 13, 10-11.

(94) A palavra *Klugheit* significa primariamente "sagacidade, inteligência"; seu adjetivo, *klug*, corresponde ao inglês *clever*. Mas aqui preferimos vertê-la por "prudência", considerando uma célebre passagem bíblica em que surge o adjetivo, que na tradução de Lutero diz: *seid klug wie die Schlangen* ("sejam *klug* como as cobras"), e que nas Bíblias católicas assim aparece (citando o versículo todo): "Vede que eu vos envio como ovelhas para o meio dos lobos. Sede, portanto, prudentes como as serpentes e simples como as pombas" (Mateus, 10, 16). A maioria das versões consultadas do *Zaratustra* adota essa mesma palavra, talvez também com espírito bíblico: "prudência", *cordura*, *accortezza*, *sagesse*, *prudence*, e, nas três em inglês, *prudence*. No entanto, em pelo menos outra ocasião a traduzimos por "esperteza", e seu adjetivo, por "esperto": no capítulo "Das moscas do mercado", na parte I, encontra-se "a esperteza dos covardes" e "os covardes são espertos"; nesse último caso, os demais tradutores recorreram a: "espertos", *astutos*, *accorti*, *rusés*, *malins*, *clever*, *prudent*, *clever*.

(95) "doze pés de largura e três meses de duração": *zwölf Schuhe breit und drei Monate lang* — a expressão é obscura, embora possamos compreender seu sentido pelo contexto. Segundo um comentador contemporâneo de Nietzsche, citado por G. Parkes, seria originária da antiga linguagem legal alemã; o segundo advérbio, *lang*, normalmente pode ter significado espacial também, tal como seu equivalente inglês, *long*.

(96) Cf. Emerson: "Um homem verá seu caráter expresso [*emitted*] nos eventos que parecem encontrá-lo, mas que dele derivam [*exude*] e o acompanham", do ensaio "Fate", em *The conduct of life*, 1860; cf. também *Além do bem e do mal*, § 70.

(97) "razões exteriores": *vordere Gründe* — nas versões consultadas: idem, *motivos superficiales*, *primi motivi*, *les idées de premier plan*, *leurs premiers plans*, e *their foregrounds* nas três em inglês. Na frase seguinte, "a razão e o pano de fundo" é tradução de *Grund und Hintergrund*. Pouco acima, "terra em que mel e manteiga — fluem" é referência a Êxodo, 3, 8.

(98) Cf. Mateus, 26, 75: "E [Pedro], saindo dali, chorou amargamente"; a expressão já apareceu antes, em "Da árvore na montanha".

(99) "tenteadores, tentadores": *Sucher, Versucher*. É frequente, nos textos de Nietzsche, a aproximação — já oferecida pela língua — entre *suchen*, "buscar", e *versuchen*, "tentar, experimentar"; outras nuances de sentidos se acham nas versões consultadas: "buscadores e tentadores de mundos por descobrir" [!], *buscadores e indagadores*; *cercatori e sperimentatori*; *chercheurs hardis* [com o adjetivo "ousados"] *et aventureux*; *chercheurs hardis* [idem], *explorateurs*; *searchers, researchers*; *venturers and adventurers*; *searchers, tempters, experimenters*. Nessa última se vê que duas palavras foram empregadas para verter uma só, o que é justificado pelo tradutor G. Parkes na seguinte nota: "Usei 'tentadores' e 'experimentadores' para traduzir *Versucher*, pois Nietzsche frequentemente se refere a sua filosofia como *versucherisch* no duplo sentido de 'experimental' (no espírito de Montaigne e Emerson, algo a ser experimentado [*tried out*] ou testado na própria experiência do leitor) e também 'sedutora' (sobretudo em seu estilo poético)". Em português, "tentador" já traz a nuance de "sedutor", e "tentear" é sinônimo de "sondar, tatear, experimentar, ensaiar". Cf. nota 77 de *Além do bem e do mal* (op. cit.) e nota 31 de *A gaia ciência* (op. cit.).

(100) Segundo Sánchez Pascual, é grande a semelhança entre essa árdua subida de Zaratustra, carregando o "espírito de gravidade", e um trecho das *Mil e uma noites*, na quinta viagem de Simbá, o Marujo, em que ele tem de carregar um ancião que o perturba continuamente. E para G. Parkes haveria um paralelo entre esse encontro com um ser "meio anão, meio toupeira" e aquele do herói Siegfried com o anão Mime, na ópera *Siegfried*, de Wagner.

(101) "pensamentos e intenções ocultas": *Gedanken und Hintergedanken* — o segundo termo, que contém a preposição *hinter*, "atrás", corresponde ao francês *arrière-pensée*, encontrável também nos dicionários de língua portuguesa; as versões consultadas dizem: "os que eles ocultavam", *sus trasfondos*, *pensieri*

che vi stavano indietro, *mes arrière-pensées*, idem, *thoughts behind my thoughts*, *the motives behind them*, *reservations*.

(102) "seus túmulos": *ihre Gräber*; incompreensivelmente, talvez por erro de impressão, o texto da edição Colli e Montinari traz *ihm* ("a ele", isto é, "rompeu-lhe, quebrou-lhe os túmulos") *Gräber* nesse ponto.

(103) "entendimento": *Einsicht* — nas versões consultadas: "entendimento", *conocimiento*, *visione*, *intelligence*, *pensée*, *insight*, idem, idem; cf. nota 67 de *Além do bem e do mal* (op. cit.).

(104) "por causa da tolice": *um der Narrheit willen*. O termo *Narrheit* pode ser entendido como "tolice" ou "loucura"; assim também seu adjetivo, *narr*: "tolo, bobo, louco". A expressão *um* [...] *willen* significa "por causa de, em nome de, por amor a"; essa última solução foi a adotada pelos tradutores brasileiro, espanhol e italiano, entre aqueles consultados; os dois franceses preferiram *c'est à cause de* e *c'est pour qu'elles soient plus folles*, e os de língua inglesa não tiveram dificuldade, pois dispõem de um equivalente exato: *for the sake of*. Um belo exemplo do uso dessa expressão se acha numa declaração do ensaísta Walter Benjamin: *Nur um den Hoffnungslosen willen ist uns die Hoffnung gegeben* ("Somente em nome dos desesperançados nos é dada a esperança").

(105) "aranha e teias de aranha da razão": cf. *O Anticristo*, § 11, sobre Kant como "aranha nefasta", e *Crepúsculo dos ídolos*, IX, 23; cf. também notas ao capítulo "Das tarântulas", acima.

(106) "bem-estar": *Behagen*, que também pode ser vertido por "comodidade" ou "satisfação", como preferiram alguns tradutores: "bem-estar", *comodidad*, *comodità*, *aises*, idem, *contentment*, *ease*, *contentment*.

(107) Aqui citamos a nota do tradutor R. J. Hollingdale: "*Es gibt sich*, além de significar 'é dado', é empregado idiomaticamente para significar 'sairá bem', ou simplesmente como o equivalente verbal de um dar de ombros. *Es nimmt sich*, 'é tomado', não tem conotação idiomática, é usado pelo autor apenas como uma antítese (intraduzível) de *es gibt sich*". Assinalemos também a relação entre o verbo *geben*, "dar", e o substantivo que traduzimos por "entrega", *Ergebung*.

(108) "línguas de fogo": cf. Atos dos Apóstolos, 2, 3; o título da seção seguinte, "No monte das oliveiras", é, naturalmente, alusão ao local por onde Jesus Cristo chegou a Jerusalém, segundo Mateus, 21, 1.

(109) "travessas": *mutwillig* — "galhardas", *petulantes*, *prepotenti*, *folâtres*, *à l'humeur allègre*, *prankish*, *wanton*, *wilful*. Cf. nota 30 sobre *übermütig*, com que o presente adjetivo tem afinidades: o substantivo do qual derivam, *Mut*, significa "ânimo, coragem, intrepidez"; o prefixo *über-* tem grande importância em Nietzsche, e comparece também nas palavras *Übermensch* e *Übergang*, por exemplo (cf. notas 6 e 8).

(110) Cf. Isaías, 45, 8: "Gotejai, ó céus, lá do alto, derramem as nuvens a justiça" (Bíblia de Jerusalém). Na frase anterior, "deus dos exércitos" remete a Salmos, 103, 21, e as expressões "capachismo crédulo, puxa-saquismo sédulo" traduzem *Speichel-Leckerei*, *Schmeichel-Bäckerei*, em que a primeira palavra sig-

nifica "catarro" (*Speichellecker*, literalmente "lambedor de saliva", é o nosso "puxa-saco"), e é a mesma que surge nessa frase, em "benigna saliva". "Sédulo" é sinônimo de "ativo, zeloso, diligente".

(111) "Ai dessa grande cidade" e "colunas de fogo": cf. Apocalipse, 18, 16, e Êxodo, 13, 21. Na seção seguinte, "a solidão me engoliu como uma baleia" é referência a Jonas, 2, 1, e Mateus, 12, 40.

(112) "aranha-de-cruz": *Kreuzspinne* — espécie de aranha que tem no dorso um desenho branco em forma de cruz; a existência dessa aranha reforça a ironia nietzschiana; cf. notas à seção "Das tarântulas", acima.

(113) Alusão ao espiritismo, uma novidade na época. Nietzsche presenciou uma sessão em Leipzig, em outubro de 1882, e mencionou o fato em dois postais que enviou a Heinrich Köselitz. O segundo deles diz: "Caro amigo, o espiritismo é uma lamentável impostura, que entedia após meia hora".

(114) Cf. Êxodo, 20, 3-5. Também a admoestação com que termina essa fala, "Quem tem ouvidos, que ouça", é citação bíblica, do Novo Testamento: Mateus, 11, 15; Marcos, 4, 9; Lucas, 8, 8 e 14, 35. A frase já apareceu antes, em "Da visão e enigma". Já o termo "crepúsculo", um pouco antes, é certamente alusão à ópera *Crepúsculo dos deuses*, a última do ciclo do *Anel*, de Wagner.

(115) Aqui há um jogo de palavras difícil de recriar em outras línguas com exceção da inglesa, por sua afinidade com o alemão. Os verbos traduzidos por "compreender" e "acometer" são *begreifen* e *angreifen*; os dois derivam de *greifen*, "agarrar", e significam "apreender, entender" e "atacar", respectivamente. As versões consultadas oferecem: "aprender", "meter a mão em"; *comprender, atacar*; *comprendere, tastare*; *comprendre, prendre*; *comprendre, s'ataquer*; *grasp, grapple*; *understand, touch*; *grasp, grapple*.

(116) "fachada": *Vordergrund* — as demais versões em línguas latinas preferem "primeiro plano", com exceção da italiana, que também usa *facciata*, e aquelas em inglês se beneficiam, mais uma vez, do parentesco com o alemão: usam *foreground*; cf. notas 11 e 176 de *Além do bem e do mal* (op. cit.) e 29, 40 e 68 de *Aurora* (São Paulo: Companhia das Letras, 2004; Companhia de Bolso, 2016); cf. também, acima, nota sobre "razões exteriores".

(117) "quebra-nozes": *Nüsseknacker*; referência à expressão idiomática *eine harte Nuß knacken*, literalmente "quebrar uma noz dura", significando "resolver uma questão difícil"; também se usa o verbo *knacken* em relação a enigmas, no mesmo sentido. Entre as versões estrangeiras consultadas, apenas as duas francesas preferem dar diretamente o significado, escondendo o idiomatismo alemão: *amateurs de problèmes* e *déchiffreurs d'énigmes*, dizem elas; o tradutor brasileiro acompanha a segunda, com "decifradores de enigmas".

(118) "maldoso moscardo": *boshafte Bremse* — o sentido mais comum do substantivo é "freio", mas também significa "moscardo, tavão" — daí as divergências entre as versões consultadas: "maldoso freio", *maligna traba, morso* [freio] *crudele, frein méchant, taon* [moscardo] *cruel, malicious gadfly, wicked fly, wicked gadfly*. "Sepulcros caiados", poucas linhas adiante, é alusão a Mateus,

23, 27: "Ai de vós, escribas e fariseus, hipócritas! pois que sois semelhantes aos sepulcros caiados, que por fora realmente parecem formosos, mas interiormente estão cheios de ossos de mortos e de toda a imundícia".

(119) O termo alemão traduzido por "ânsia de domínio" é *Herrschsucht*, composto de *herrschen*, "dominar" (cognato de *dominus*, "senhor", assim como *herrschen* se liga a *Herr*, também "senhor"), e de *Sucht*, "ânsia, vício, mania, doença" (etimologicamente ligado a *siechen*, "definhar", mas associado a *Suche*, "busca", na concepção popular). Ao destacar a palavra *Sucht*, pondo-a entre aspas, Nietzsche chama a atenção para seu significado mais negativo de "doença", e afirma que "nada há de malsão" nesse desejo e descenso.

(120) "prazer-consigo": *Selbst-Lust*; próximo ao final desta seção há *Selbstsucht*, "egoísmo" (cf. nota sobre esse termo alemão, acima), e o adjetivo *selbstlos*, traduzido ao pé da letra ("sem-ego"), que corresponde ao inglês *selfless*, "altruísta, desinteressado" — sendo que *selbstlos* já apareceu acima, substantivado e entre aspas, no capítulo "Do amor ao próximo" (parte I), onde foi traduzido por "desinteresse".

(121) Cf. Lucas, 2, 35: "[...] e uma espada te traspassará a alma, para que se revelem os pensamentos de muitos corações".

(122) Manteve-se aqui a forma como é representado o relincho do asno, "I-A" (com as duas letras maiúsculas), pois ela corresponde foneticamente à palavra "Sim" em alemão, *Ja*. Esta semelhança será bastante aproveitada em "O despertar", na quarta parte do livro.

(123) Cf. 2 Coríntios, 3, 3: "[...] vós sois carta de Cristo, escrita não com tinta, mas com o Espírito de Deus vivo, não em tábuas de pedra, mas nas tábuas de carne que são os corações"; cf. também Ezequiel, 11, 19: "[...] tirarei da sua carne o coração de pedra e lhes darei um coração de carne". É evidente que todo esse capítulo remete, sobretudo, aos episódios do recebimento e da quebra das tábuas da lei por Moisés, em Êxodo, 24 e 32.

(124) *Erstling* significa tanto "primogênito" como — no plural — "primícias", os primeiros frutos de uma colheita. Naquele sentido aparece em Gênesis, 4, 4; neste, em Êxodo, 23, 19. Na Bíblia de Lutero, a palavra é a mesma nos dois casos. No final da presente seção, "aqueles que declinam" e "passam para o outro lado" traduzem *die Untergehenden* e *gehen hinüber*, palavras recorrentes e importantes neste livro, já discutidas acima.

(125) "Tudo flui": *Alles ist im Fluss*, que significa "tudo está em fluxo, em movimento", mas também "tudo está no rio (*Fluss*)". Esta seção alude às divergentes concepções da natureza de Heráclito, para quem tudo se acha em devir e a permanência é uma ilusão, e de Parmênides, para quem a realidade é firme, *é*, afinal, enquanto a mudança é ilusória ("No fundo está tudo parado"). Nietzsche ressalta essa contraposição no mundo moral, lembrando que atualmente (ou desde sempre?) "o vento do degelo sopra", como um touro furioso que tudo destrói. E faz isso recorrendo a imagens e expressões populares como *das Wasser hat keine Balken*, "a água não tem tábuas" (ou seja, nela não há onde

se segurar), e *ins Wasser fallen*, "ir por água abaixo". Ele abordou as concepções de Heráclito, Parmênides e outros filósofos "pré-socráticos" num trabalho que não se empenhou em concluir e publicar, intitulado "A filosofia na época trágica dos gregos", de 1873 (do qual há excertos no mencionado volume da Coleção Os Pensadores).

(126) "criadas pela preguiça, a podre": *welche die Faulheit schuf, die faulige* — em alemão, a paronomásia levou à aproximação entre o adjetivo e o substantivo, incompreensível em português.

(127) "os cachorros lambem seu suor": cf. Lucas, 16, 21; e também Diógenes Laércio, *Vidas e opiniões dos filósofos*, 9, 4, sobre a morte de Heráclito. Em seguida, "ainda tereis de puxá-lo pelos cabelos até seu céu!" é alusão a Ezequiel, 8, 3.

(128) As palavras "prelúdio", "intérpretes" e "exemplo" fazem um jogo intraduzível: *Vorspiel*, *Spieler* e *Beispiel*; elas se relacionam ao verbo *spielen*, "jogar, brincar, tocar (um instrumento), encenar", equivalente ao inglês *to play*; a segunda entre elas, *Spieler*, foi assim traduzida nas versões consultadas: "executantes", *jugadores*, *musicanti*, *joueurs*, *acteurs*, *players*, idem, idem.

(129) "Deveis": o pronome desse verbo é *Ich*, "eu", na edição de Colli e Montinari (ao menos na *Kritische Studienausgabe* que utilizamos), o que é evidentemente um erro. Na edição de Schlechta se acha *Ihr* ("vós"), assim como em todas as traduções consultadas (que geralmente não indicam a edição original que utilizaram).

(130) Esta seção sobre o casamento se baseia em vários jogos de palavras: primeiramente, tira partido de dois significados diferentes do verbo *schliessen*, em *Eheschliessen*, literalmente "contrair matrimônio", *schlechtes Schliessen*, "mal concluir"; depois recorre à polissemia de *brechen* (sentido primário: "quebrar"), em *Ehebrechen*, "romper o casamento", e *ich brach die Ehe, aber zuerst brach die Ehe — mich*, "traí o matrimônio, mas antes ele — me destruiu". Também os substantivos traduzidos por "promessa" e "erro" constituem uma paronomásia em alemão: *Versprechen* e *Versehen*.

(131) "buscas, conjecturas, fracassos, aprendizados e novos ensaios": *Suchen und Raten und Missraten und Lernen und Neu-Versuchen*; cf. nota sobre "tenteadores, tentadores", acima. *Raten* significa "aconselhar" e "conjecturar, adivinhar" (esse último sentido também se aplica ao seu cognato *erraten*, frequentemente empregado por Nietzsche; cf. nota sobre esse termo, acima, e *Crepúsculo dos ídolos* [São Paulo: Companhia das Letras, 2006; Companhia de Bolso, 2017], nota 142). *Missraten* significa "malograr, fracassar, não vingar"; o oposto de algo *missgeraten*, "malogrado", é *wohlgeraten*, "que deu certo, que vingou"; cf. nota 7 à nossa tradução de *Ecce homo* (op. cit.), sobre *Wohlgeratenheit*, ali traduzido por "a vida que vingou".

(132) Alusão à ideia do contrato social, de Rousseau. Na seção seguinte, "São os fariseus" alude a Mateus, 5, 20.

(133) Segundo o livro *Buddha: his life, his doctrine, his order*, de H. Oldenberg,

cuja tradução alemã Nietzsche leu enquanto escrevia a parte IV do *Zaratustra* (cf. suas anotações em *KSA*, v. 11, 26 [220-5]), o Buda passava períodos de sete dias em meditação, para alcançar a iluminação, e quando criança, na propriedade rural de seu pai, ficava "imerso em contemplação, na fresca sombra de um aromático jambeiro" (apud Graham Parkes).

(134) "grande ano": momento em que os astros e constelações voltam a suas posições anteriores em relação aos equinócios, mais ou menos a cada 26 mil anos; também chamado de Ano Platônico.

(135) "ciranda": *Reigen*, "dança de roda"; essa palavra é usada na Bíblia de Lutero (no salmo 149, por exemplo), e nas Bíblias católicas em português aparece como "dança". Já os salmos 103 e 104 começam com uma apóstrofe à alma, como se dá em boa parte desse capítulo. E o seu título original, mudado apenas na versão final do manuscrito, era "Ariadne", ligado às referências dionisíacas nele presentes. A terceira seção do capítulo "Os sete selos", adiante, intitulava-se "Dionísio".

(136) "Os sete selos": cf. Apocalipse, 5, 1; "Sim e Amém": Apocalipse, 1, 7.

(137) "breu": *Pech*, que também significa "má sorte, azar"; já o termo português empregado tem também o sentido figurado de "escuridão".

(138) Citação de Píndaro, *Odes píticas*, 2, 72: "Torna-te o que és, tendo aprendido o que é isso"; o subtítulo do ensaio autobiográfico de Nietzsche, *Ecce homo*, alude a esse verso. No parágrafo seguinte, a palavra "descida" é tradução de *Niedergang*, mas "desço" traduz a primeira pessoa do verbo *untergehen*, normalmente vertido por "declinar" neste livro.

(139) Uma anotação da época em que foi escrita essa parte do livro diz: "Eu tinha que dar a Zaratustra, um *persa*, essa honra; os persas foram os primeiros a *pensar* a história como um grande todo. Uma série de desenvolvimentos, um profeta presidindo a cada um. Cada profeta tem seu *hazar*, seu reino de mil anos" (*KSA*, v. 11, 25 [148]). Também no Apocalipse, cap. 20, há várias menções a períodos de mil anos. No parágrafo seguinte, "chão" traduz *Grund*, que também significa "razão, fundo", como se viu na nota sobre o termo, acima.

(140) "Então estou seco?": a expressão usada é *auf dem Trockenen sitzen*, literalmente "estar sentado no seco", que significa "estar em apuros".

(141) "estranho cortejo": cf. em *Parsifal*, de Wagner, os cortejos dos reis ao Gralsburg; em Hollinrake, *Nietzsche, Wagner e a filosofia do pessimismo* (trad. Álvaro Cabral, Rio de Janeiro: Zahar, 1986), caps. 10 e 11, há uma síntese da paródia de *Parsifal* contida nessa parte IV de *Zaratustra*. Quanto ao "jumento carregado", na frase seguinte, cf. Mateus, 21, 5.

(142) "Sibila": nome da primeira pitonisa do templo de Apolo em Delfos, depois usado para todas as sacerdotisas de Apolo com o dom da profecia e, mais recentemente, para as profetisas em geral. "Roma [...] prostituta": cf. Isaías, 1, 21.

(143) "ciência e consciência": *Wissen-Gewissenschaft*. O segundo termo foi cunhado fundindo *Wissenschaft*, "ciência (no sentido mais amplo)" e *Gewissen*,

"consciência moral"; *Wissen* é "saber", o verbo substantivado; *-schaft* é o sufixo substantivador, de modo que *Gewissenschaft* talvez pudesse ser entendido como "conscienciosidade", o que é próprio do indivíduo consciencioso. Entendemos que houve uma justaposição dos dois termos, e não a qualificação do segundo pelo primeiro, como é norma nas palavras compostas alemãs, e que isso também poderia ser expresso por algo como "cons-ciência", ou "sapiência e consciência". Como era de esperar nesse caso, as versões consultadas divergem bastante: "consciência do saber", *ciencia concienzuda*, *scienza coscienziosa*, *science consciencieuse*, *conscience scientifique*, *conscience of science*, *conscientious knowledge*, *science of conscience*.

(144) "mau buscador, por que — me tentas?": *schlimmer Sucher, was — versuchst Du mich?*; cf. nota anterior sobre "tenteadores, tentadores": *Sucher*, *Versucher*. Sobre o título e o teor deste capítulo, cf. uma carta a Köselitz, em que Nietzsche se refere a Wagner como "o velho feiticeiro" (1º de agosto de 1882).

(145) "Falando entre três olhos": referência à expressão idiomática *unter vier Augen sprechen*, literalmente "falar entre quatro olhos", ou, no nosso dizer, "cá entre nós".

(146) Cf. Isaías, 45, 15: "Tu és um Deus que se esconde, Deus de Israel e Salvador". A noção de *deus absconditus* é essencial na teologia de Lutero.

(147) "esse oleiro": cf. Gênesis, 2, 7, Isaías, 45, 9, e Romanos, 9, 20-21.

(148) Na "Segunda viagem de Simbá, o Marujo", das *Mil e uma noites*, Simbá encontra um vale semelhante, com muitas serpentes "gordas".

(149) "Imaginaste" e (na frase anterior) "Adivinhei": o mesmo verbo, *erraten*, foi traduzido dessas duas formas, pois admite as duas significações (e mais algumas); cf. nota 24 em *A gaia ciência* (op. cit.) e nota 142 em *Crepúsculo dos ídolos* (op. cit.). Mais adiante, nesta mesma seção, "Eu — sou a verdade" remete a João, 14, 6: "Eu sou o caminho, a verdade e a vida".

(150) Esse capítulo tem várias referências ao Sermão da Montanha, em Mateus, 5-7; há ainda outras a Mateus, 18, 3, Mateus, 16, 26, Lucas, 6, 20, João, 1, 11, e Provérbios, 25, 16.

(151) Cf. Ovídio, *Amores*, III, 4: "lançamo-nos ao que é proibido [*nitimur in vetitum*]" — uma das citações favoritas de Nietzsche: cf. *Além do bem e do mal*, § 227, e *Genealogia da moral*, III, 9. A conversa de Zaratustra com a sombra é reminiscente do diálogo preliminar de "O andarilho e sua sombra", em *Humano, demasiado humano II* (São Paulo: Companhia das Letras, 2008; Companhia de Bolso, 2017). Próximo ao início desse capítulo, "meu reino não é mais deste mundo" se refere a João, 18, 36.

(152) "Nada é verdadeiro, tudo é permitido": afirmação atribuída a Hassan I Sabbah, o primeiro grão-mestre da Ordem dos Assassinos, na Pérsia do século XI; cf. *Genealogia da moral*, III, 24.

(153) Cf. Lucas, 10, 41-2: "Marta, Marta, estás ansiosa e afadigada com muitas coisas. Mas uma só é necessária"; segundo Elisabeth Foerster-

-Nietzsche, em sua biografia do irmão, era uma frase favorita de sua avó paterna.

(154) "em alemão e claramente": *deutsch und deutlich*. A expressão *mit jemandem deutsch reden*, literalmente "falar alemão com alguém", equivale ao nosso "dizer em bom português", isto é, falar sem rodeios; em seguida, a paródia "em alemão e toscamente" (*deutsch und derb*) traz uma crítica aos alemães que é habitual em Nietzsche.

(155) O título diz apenas *Das Abendmahl*, "a ceia", que é como em alemão se designa a última ceia de Cristo. Tal como nesta, o número de comensais é doze, se incluirmos a águia, a serpente e o asno; cf. Mateus, 26, 20-9.

(156) Cf. Êxodo, 12, 3-9, sobre a preparação do cordeiro para a Páscoa; na frase anterior, citação de Mateus, 4, 4.

(157) "nozes e outros enigmas para se quebrar": *Nüsse und andere Rätsel zu knacken*; cf. nota sobre "quebra-nozes", acima.

(158) "felicidade da maioria": alusão ao princípio básico do utilitarismo, "a maior felicidade para o maior número de pessoas", conforme Jeremy Bentham e John Stuart Mill.

(159) Cf. Lucas, 10, 29, em que um doutor da lei pergunta a Jesus Cristo: "Quem é o meu próximo?".

(160) "naquilo que vingou": *an Wohlgeratenem*; cf. nota sobre *missraten*, acima. Na seção seguinte, "muito choro e ranger de dentes" é referência a Lucas, 13, 28.

(161) "adversário": o termo usado por Nietzsche, *Widersacher*, é o mesmo empregado por Lutero para designar o Demônio em 1 Pedro 5, 8. Algumas linhas adiante, "envolto em faixas num berço" é, naturalmente, alusão a Lucas, 2, 12: "Achareis o menino envolto em panos, e deitado numa manjedoura".

(162) "segurança": *Sicherheit*, que também significa "certeza"; da mesma forma, "insegurança", que surge em seguida, pode ser entendida como "incerteza". No título desse capítulo, a palavra alemã traduzida por "ciência", *Wissenschaft*, tem sentido mais abrangente que o do termo português, como já se observou acima.

(163) "*Selá*": palavra hebraica que aparece com frequência nos salmos bíblicos, possivelmente uma marcação musical. Em algumas versões da Bíblia encontramos *Selá* (cf. a de Ferreira de Almeida); em outras, usa-se "Pausa" (cf. as das editoras Vozes e Paulinas). Como diz o tradutor Mário da Silva, Nietzsche pretendeu, ao utilizar esse termo, "acentuar o sabor de paródia de salmo". Quanto a "Um europeu sob as palmeiras" etc., cf. Goethe, *As afinidades eletivas*, II, 7, a anotação de Ottilie em seu diário, sobre aqueles que viajam para terras exóticas: "Ninguém passeia impunemente sob as palmeiras".

(164) "Farejando e brincando": na edição de Colli e Montinari o primeiro verbo, *umschnüffeln*, foi substituído por *umtänzeln*, que significa "andar em volta com passos de dança", e dois versos adiante o adjetivo *sündhafteren*, "mais pecaminosos", deu lugar a *boshafteren*, "mais maldosos".

(165) Dudu é uma odalisca, personagem do *D. Juan* de Byron (no canto VI), uma das obras prediletas de Nietzsche na juventude. Zuleika é personagem importante do *West-östlicher Diwan*, ciclo de poemas de Goethe. No verso seguinte, o feio neologismo "circum-esfingeado" é apenas a tradução literal daquele cunhado por Nietzsche, *umsphinxt*, ou "rodeado de esfinges"; as versões consultadas também não tiveram muita opção: "esfingeado", *circumesfingeado*, *circosfingiato*, *ensphinxé*, idem, *ensphinxed*, *sphinxed round*, *ensphinxed*.

(166) Palavras que Lutero teria dito na assembleia de Worms (1521), quando instado a renegar suas novas ideias; uma das citações favoritas de Nietzsche.

(167) Citação literal de Apocalipse, 7, 12, apenas com a omissão de uma palavra (*Kraft*, "força, poder") entre "honra" (*Preis*) e "força" (*Stärke*). Duas linhas adiante, alusão a Salmos, 68, 20 (na tradução de Lutero), Filipenses, 2, 7, e Hebreus, 12, 6.

(168) Cf. Mateus, 19, 14. Em seguida, a alusão é a Provérbios, 1, 10; a expressão usada é *böse Buben*, "maus garotos", conforme a Bíblia de Lutero, mas nas Bíblias católicas se acha geralmente "pecadores" nesse ponto. Nesse capítulo há vários elementos da Festa do Asno (ou Banquete dos Loucos), um festival carnavalesco da Idade Média, simultaneamente cristão e blasfemo, que tinha por centro esse animal (cf. Julian Young, op. cit., pp. 384-5); o capítulo seguinte apenas leva esse título.

(169) A edição de Colli e Montinari traz outro título para esse capítulo: *Das Nachtwandler-Lied*, "A canção — ou canto — do noctívago".

(170) "nele peleja a vontade do anel": *des Ringes Wille ringt in ihr*; o verbo *ringen*, "lutar, pelejar", é aqui aproximado de *Ring*, "anel, aro, círculo, ringue, rua circular" etc., ao qual se relaciona etimologicamente (já que dois lutadores descrevem círculos lutando). No contexto, o sentido é figurado, o tempo circular do eterno retorno: "eternamente fiel a si mesmo permanece o anel do ser", disseram os animais de Zaratustra no capítulo "O convalescente", na parte III. Em quase todas as versões consultadas a tradução é também literal nesse ponto; apenas a segunda das traduções francesas diz: *en elle se renferme la volonté du cycle éternel* ("nele se fecha a vontade do ciclo eterno").

(171) Esse poema, composto das frases finais de algumas seções anteriores a ele, já apareceu no capítulo "O outro canto da dança", na parte III; ele é inteiramente rimado no original.

(172) Cf. 1 Reis, 18, 46. Poucas linhas adiante, "ainda dormem": cf. Mateus, 26, 40.

(173) "seus sonhos ainda bebem de minhas bêbadas canções"; é como se acha na edição de Karl Schlechta: *ihr Traum trinkt noch an meinen trunkenen Lieder*; mas em Colli e Montinari há uma mudança: ali se lê *ihr Traum käut noch an meinen Mitternächten*, "seus sonhos ainda mastigam minhas meias-noites". As diferenças entre as duas edições, no tocante ao texto do *Zaratustra*, vêm do fato de Colli e Montinari terem reproduzido estritamente o texto da primeira

edição da obra, enquanto Schlechta incorporou as mudanças que Nietzsche fez, a caneta, no seu exemplar dessa edição — que também foram consideradas na primeira coleção das obras completas do filósofo, publicada na década de 1890.

POSFÁCIO

Os títulos das obras de Nietzsche são peculiares em relação aos dos textos filosóficos em geral: na maioria deles não encontramos termos como "crítica", "ensaio" ou "tratado", mas expressões ou substantivos pregnantes, por vezes de natureza poética: *Aurora*, *Humano, demasiado humano*, *A gaia ciência*, *Crepúsculo dos ídolos* etc. Mesmo entre esses títulos, *Assim falou Zaratustra* tem sua peculiaridade própria.

Primeiro, quem é esse personagem? Ele se baseia numa personalidade histórica, da qual, porém, sabe-se muito pouco. Zaratustra ou Zoroastro — seu nome grego — viveu em algum momento entre os séculos XII e VI a.C., na Pérsia, atual Irã. A ele se atribui uma concepção do universo em que o mal ou a escuridão se acha em perene conflito com o bem ou a luz, doutrina que depois seria registrada no Zend-Avesta. Numa passagem de *Ecce homo*, Nietzsche justifica da seguinte maneira a escolha desse personagem: "Zaratustra foi o primeiro a ver na luta entre o bem e o mal a roda motriz na engrenagem das coisas — a transposição da moral para o plano metafísico, como força, causa, fim em si, é obra sua. [...] [Ele] criou esse mais fatal dos erros, a moral; em consequência, deve ser também o primeiro a reconhecê-lo".

Sabemos que no século XIX havia grande interesse por temas orientais na Europa: o orientalismo, e especialmente o zoroastrismo, estava em voga. Nos cinquenta anos antes da publicação do Zaratustra, apareceram mais de vinte livros sobre o Zend-Avesta e seu inspirador. E, sendo Nietzsche um filólogo clássico, que tinha amigos especializados em culturas orientais, era inevitável que se interessasse pelo tema. Num desses livros, que ele leu e possuía, encontramos a seguinte passagem: "Zaratustra [...] nasceu na cidade de Urmi, no lago do mesmo nome. Aos trinta anos de idade, ele deixou sua terra natal e foi para o leste, para a província de Ária, onde passou dez anos na solidão das montanhas". Com ligeiras modificações, estas seriam as linhas iniciais de *Assim falou Zaratustra*, já presentes no aforismo final do livro IV de *A gaia ciência*, o livro que o precedeu.

Também o subtítulo dessa obra tem sua peculiaridade: "Um livro para todos e para ninguém". Numa carta que escreveu a seu editor, enquanto trabalhava no livro, Nietzsche afirmou que este era "acessível a qualquer pessoa"; ao mesmo tempo, podemos dizer que é "para ninguém" por sua natureza intensamente pessoal: assim, em outra carta do mesmo ano, ele diz que nesse livro "há um incrível montante de experiência e sofrimento pessoal que é compreensível apenas para mim — muitas páginas me parecem quase *sangrentas*". Mas nessa formulação contraditória não deixa de se manifestar o gosto pelo paradoxo, que é característico do autor.

Algo que também chama a atenção, ainda no título, é o fato de ele constituir uma frase, pois contém um verbo. A expressão "Assim falou" indica outra fonte religiosa oriental para o personagem, pois muitos sermões de Buda terminam com a fórmula "Assim falou o Sublime". E, tal como Zaratustra, Buda iniciou sua atividade espiritual aos trinta anos de idade — o mesmo se deu com Jesus Cristo, como se sabe. Já o verbo pode nos lembrar outra afinidade: assim como o Sócrates de Platão, Zaratustra não escreveu — falou.

De fato, o livro consiste sobretudo em falas do protagonista; os acontecimentos são poucos, e se concentram mais no prólogo. Vamos proceder a um resumo do seu "enredo", de modo a facilitar o percurso do leitor.

Parte I. Prólogo: Depois de passar dez anos nas montanhas, Zaratustra desce para o meio dos homens; encontra um velho eremita que ainda não soube da morte de Deus e entra numa cidade onde um equilibrista está para cruzar uma corda estendida entre duas torres da praça. Zaratustra diz ao povo que Deus morreu e lhe fala do que é mais desejável, o "super-homem", e do que é mais desprezível, o "último homem". O equilibrista começa seu ato, mas um palhaço o segue na corda, ameaça pular sobre ele e o faz se desequilibrar e cair. Zaratustra carrega o cadáver e o sepulta. No dia seguinte aparecem seus animais, a águia e a serpente, que o acompanham.

Seguem-se 22 discursos, cujos temas são apenas em parte indicados nos títulos. Eis uma síntese — inevitavelmente precária — desses temas (apenas alguns dos títulos são reproduzidos, e os números são acrescentados): 1. *Das três metamorfoses*: a educação do espírito; 2. a antivirtude; 3. o mundo metafísico; 4. a relação entre carne e espírito: "alma é apenas uma palavra para um algo no corpo"; 5. *Das paixões alegres e dolorosas*: a natureza da virtude; 6. o criminoso por sentimento de culpa; 7. máximas sobre o sentido da literatura, o riso e a leveza; 8. conselhos a um jovem; 9. os pessimistas; 10. viver perigosamente: "é a boa guerra que santifica toda causa"; 11. o Estado; 12. a massa e seus ídolos; 13. volúpia e castidade; 14. "qual de vós é capaz de amizade?"; 15. os mil diferentes valores ou metas: "Valores foi o homem que primeiramente pôs nas coisas, para se conservar"; primeira menção da "vontade de poder"; 16. crítica da noção de amor ao próximo; 17. necessidade e perigo da solidão; 18. a natureza da mulher; 19. *Da picada da víbora* — justiça, injustiça e ressentimento; 20. *Dos filhos e do matrimônio* — os bons e maus casamentos; 21. a boa morte; 22. *Da virtude dadivosa* — o egoísmo doente e o egoísmo sagrado. Em vários desses discursos é repetida a afirmação de que "o homem é algo que deve ser superado". No final do último deles, Zaratustra se despede dos discípulos que o acompanhavam, dizendo que todos deverão prosseguir sós, e retoma a exortação do prólogo: "Mortos estão todos os deuses: agora queremos que viva o super-homem".

Parte II. O primeiro capítulo corresponde ao prólogo da parte I: 1. Zaratustra retorna aos seus discípulos, anos depois; 2. *Nas ilhas bem-aventuradas* — reelaboração do tema da ausência de Deus e reintrodução do super-homem; 3. sobre a compaixão e o ressentimento; 4. a religião instituída e a classe sacerdotal; 5. as diferentes concepções da virtude; 6. o nojo da humanidade e como evitá-lo; 7. sobre a justiça: "que o homem seja redimido da vingança"; 8. *Dos sábios famosos* — os filósofos do passado e os preconceitos do povo; 9. *O canto noturno*: "Luz eu sou: ah, quisera eu fosse noite!"; 10. *O canto da dança* — "para dançar e zombar do espírito de gravidade"; 11. *O canto dos sepulcros* — "Como ressurgiu desses sepulcros minha alma?"; 12. *Da superação de si mesmo* — primeira longa discussão da vontade de poder; 13. *Dos sublimes* — "A graça é parte da magnanimidade de uma grande alma"; 14. *Do país da cultura* — sátira do ecletismo e "colorido" contemporâneo; 15. crítica do "puro conhecimento"; 16. crítica da vida acadêmica, claramente autobiográfica; 17. "mentem demais os poetas"; 18. episódio dramático dos navegadores e do vulcão; a caça aos coelhos e o homem voador: Zaratustra indo para o "inferno"; 19. a feia profecia de um adivinho entristece Zaratustra; por fim, ele adormece e tem um sonho ruim, que é interpretado por seu discípulo favorito; 20. *Da redenção* — encontro com os aleijados e mendigos, que faz Zaratustra discorrer sobre "o homem destroçado e disperso" e a redenção da vontade; 21. *Da prudência humana* — "Esta providência se acha sobre o meu destino: que eu tenha de existir sem precaução"; 22. Zaratustra é incapaz de querer ou mesmo expressar a ideia do eterno retorno, e à noite vai embora sozinho, deixando os amigos.

Parte III: 1. *O andarilho* — Zaratustra parte das ilhas bem-aventuradas, ainda abatido; 2. *Da visão e enigma* — no barco, ele exprime o pensamento do eterno retorno em forma enigmática; 3. vagueia pelo mar, ainda hesitando ante aquele pensamento; 4. canta uma ode filosófica à luz e ao céu; 5. de volta a terra firme, anda entre a "pequena gente virtuosa"; 6. *No monte das oliveiras* — a solidão invernal de Zaratustra; 7. encontro com o louco no portão da grande cidade; 8. sobre os que renegam a luz e voltam à devoção; 9. Zaratustra retorna à sua caverna: louvor da solidão; 10. sobre a volúpia, a ânsia de domínio e o egoísmo; 11. *Do espírito de gravidade* — exortação à leveza e alegria; 12. *De velhas e novas tábuas*: sumário dos ensinamentos de Zaratustra, mas sem chegar ao pensamento do eterno retorno; 13. *O convalescente* — após sete dias de prostração, Zaratustra ouve enfim esse pensamento, explicitado por seus animais, e o aceita; 14. hino de júbilo à sua própria alma; 15. *O outro canto da dança* — a vida e a sabedoria como mulheres; 16. declaração de amor à eternidade.

A parte IV se compõe de vinte capítulos, que são maiores que os anteriores, o que a torna a mais extensa do livro. Diferentemente das outras, não é uma coleção de falas entremeada de alguma ação, mas a narrativa dos encontros de Zaratustra com vários outros personagens. Passaram-se muitos anos, Zaratustra tem cabelos brancos e está em sua montanha. Aparece-lhe o adivinho de outrora e, ao mesmo tempo, ele escuta um grito de socorro, que o adivinho diz ser do homem superior. Zaratustra sai em busca desse, e depara com dois reis e um jumento. Depois vem a encontrar o homem mordido por sanguessugas, o feiticeiro, o último papa, o mais feio dos homens, o mendigo voluntário, sua própria sombra. Com cada um deles tem diálogos muito interessantes e os envia para sua caverna, para que lá se hospedem naquela noite. Ao meio-dia, deitando-se sob uma árvore, percebe misticamente a perfeição do mundo naquele instante. Voltando para casa, ao anoitecer, ouve novamente o grito de socorro, partindo de sua caverna: ele vem daqueles que havia encontrado, que agora estão ali reunidos; eles são os homens superiores. Ele tem de evitar sentir pena ou compaixão — há um só termo em alemão para essas duas palavras — dos homens superiores; essa é a "tentação de Zaratustra" (título que Nietzsche pensou em dar à parte IV). À noite fazem todos a "última ceia", em que culmina a paródia do Novo Testamento que permeia toda a obra. Durante a ceia Zaratustra faz o discurso *Do homem superior*, que, como o capítulo 12 da parte III, é uma espécie de resumo de sua doutrina. O feiticeiro e a sombra entoam canções, Zaratustra deixa momentaneamente a caverna e, ao retornar, vê que seus hóspedes têm uma recaída na velha fé e adoram o asno como Deus. Mas parece que eles tornam a despertar. Segue-se *O canto ébrio*, um hino ao prazer e à alegria. Zaratustra acorda, após a noite da festa do asno, e depara enfim com o sinal que aguardava: o leão que ruge e o bando de pássaros. Percebe que venceu o perigo da compaixão pelos homens superiores e os abandona, partindo ao encontro do "grande meio-dia".

Esse é o conjunto do livro. Mas deve-se ter presente que ele foi escrito e publicado por partes, e que Nietzsche ainda pensou em escrever mais duas, no fim das quais Zaratustra morreria ("Tenho que dar a meu filho Zaratustra uma bela morte, ou ele não me deixará em paz", escreveu à irmã). Em meados de 1883 apareceu a parte I, incluindo o prólogo e os 22 discursos, mas sem indicação de que era apenas a primeira. No fim do mesmo ano foi publicada a segunda, e em 1884 a terceira, que ele acreditava ser a última. Mas já no ano seguinte fez imprimir, numa edição de apenas 45 exemplares, a "quarta e última parte", e disse aos amigos que não pensava em torná-la realmente pública. Em 1887, juntou as três primeiras num só volume. O livro tal como o conhecemos hoje foi publicado em 1892, quando Nietzsche já se encontrava demente.

A ideia fundamental do livro, a do eterno retorno das coisas, surgiu-lhe em agosto de 1881, como ele relata no extraordinário capítulo que dedicou ao *Zaratustra* em *Ecce homo*, o ensaio autobiográfico de 1888. Passava o verão no povoado de Sils-Maria, nos Alpes suíços, e num de seus passeios pelos arredores lhe veio esse pensamento, junto a uma enorme pedra piramidal à beira do lago, "6 mil pés acima do homem e do tempo", segundo registrou no mesmo dia. As três primeiras partes foram redigidas em erupções criativas de apenas dez dias cada, ainda conforme seu depoimento; mas em seu espólio literário (os chamados "fragmentos póstumos") encontram-se muitas anotações preliminares das versões finais.

"Em que rubrica deve realmente ficar esse *Zaratustra*?", perguntou ele ao amigo Heinrich Köselitz (a quem deu o pseudônimo "Peter Gast") depois de escrever a primeira parte; "Talvez entre as 'sinfonias'", respondeu ele próprio (carta de 2 de abril de 1883). Mas o amigo foi além: "Talvez entre os textos sagrados", disse ele. Esse curioso diálogo nos conduz a três questões: a da musicalidade do texto, da estrutura ou composição da obra, e a de sua natureza.

Nietzsche tinha uma preocupação extrema com a sonoridade das frases, e sempre recordava que ler, para os antigos gregos, significava ler em voz alta. Um de seus alunos afirmou que ele costumava declamar o que havia escrito, "a fim de experimentar a cadência, a tonalidade e a métrica, e também para testar a clareza e a precisão da ideia expressa" (conforme C. P. Janz, no primeiro volume de sua monumental biografia de Nietzsche). No *Zaratustra* esse pendor é intensificado, a ponto de ele dizer: "Meu estilo é uma dança; um jogo de simetrias de toda espécie e um 'saltar por cima' e escarnecer dessas simetrias. Isso vai até a escolha das vogais" (carta ao amigo Erwin Rohde, 22 de fevereiro de 1884). Essa afirmação condiz notavelmente com a seguinte, de um grande poeta-pensador português: "Há prosa que dança, que se declama a si mesma. Há ritmos verbais que são bailados, em que a ideia se desnuda sinuosamente, numa sensualidade translúcida e perfeita" (Fernando Pessoa, em *O livro do desassossego*).

A arquitetura de *Assim falou Zaratustra* tem alguma afinidade com obras musicais. Não tanto porque as quatro partes corresponderiam aos movimentos de uma sinfonia — seus temas não são ordenados e modulados como na sinfonia clássica —, mas pelas proporções numéricas exatas entre as partes e o empenho em dar expressão a muitos tons e sentimentos. A primeira característica é documentada pelos números de páginas da primeira edição, em que, após a introdução, a primeira parte tinha 86 páginas, a segunda, 102, a terceira, 118, e a quarta, 134; ou seja, cada uma possuía dezesseis páginas a mais que a anterior, seguindo a "lei das partes crescentes", conhecida desde a Antiguidade. Já a segunda característica talvez permita designá-lo como um "poema sinfônico". Seja como for que o denominemos, essa afinidade é inquestionável: o compositor Gustav Mahler, por exemplo, disse que o *Zaratustra* "nasceu completamente dentro do espírito da música". O que não chega a surpreender, sendo Nietzsche o filósofo que mais intensamente se envolveu com a música e tendo sido ele próprio um (modesto) compositor. Veja-se, a propósito, a entrevista com C. P. Janz, que foi também musicólogo, no apêndice à nossa tradução de *O caso Wagner* (São Paulo: Companhia das Letras, 1999; Companhia de Bolso, 2016).

Seria o *Zaratustra* um livro sagrado, como tendia a acreditar

"Peter Gast"? Na verdade, o que nele mais chama a atenção — e que veio a contribuir bastante para a sua notoriedade — é a sua natureza híbrida: filosofia, religião e literatura nele se juntam de maneira complexa e atraente. Ao publicar *Além do bem e do mal*, o livro imediatamente posterior, Nietzsche revelou ao ex-colega professor da Universidade da Basileia, Jacob Burckhardt, que a nova publicação continha "as mesmas coisas que havia dito antes pela boca de Zaratustra, mas de modo diferente, bem diferente". De fato, o leitor reconhecerá, na linguagem metafórica e alegórica dos discursos e diálogos de Zaratustra, muitas das ideias que seriam desenvolvidas em prosa reflexiva nas obras posteriores — ou que já haviam sido abordadas em *Aurora* e *A gaia ciência*, livros aos quais ele chegou a se referir como "comentários ao Zaratustra *antes* que ele aparecesse".

Ao mesmo tempo, a reverência ante os problemas fundamentais da vida, a intensidade da indagação, a proposta de redenção da humanidade, os conceitos de "sobre-humanidade" e de eterno retorno das coisas, e ainda mais o tom em que tudo isso é expresso, são manifestações de um sentimento profundamente religioso, e remetem a um tempo em que religião, poesia e pensamento mal se distinguiam um do outro, ao período pré-clássico da Antiguidade, tão estimado por Nietzsche.

A qualificação de "quinto evangelho", por ele também aplicada ao livro (carta a E. Schmeitzner, 13 de fevereiro de 1883), confirmaria o caráter "sagrado" do *Zaratustra*. Mas, se lembrarmos como a Bíblia é nele parodiada e até mesmo satirizada, a afirmação pode ser vista como autoirônica e questionadora de si mesma. A paródia e as citações, além disso, configuram — prefiguram, no caso — um procedimento atual, que os teóricos denominam "intertextualidade"; ou seja, a incorporação de alusões, fragmentos e referências abertas ou ocultas à tradição literária — algo que viria a caracterizar os modernismos do século XX (os poetas T. S. Eliot e Ezra Pound sendo exemplos notórios). A hibridez mencionada também se evidencia no conteúdo: poucas obras exibem tal mistura do ridículo e do sublime, de farsa e tragédia, "do mais sério e do mais alegre", nas palavras do próprio autor. Deve-se reconhecer que há outro tipo de mistura ou desigualdade no livro, não relacionada com a anterior: capítulos ou trechos de grande força e beleza se alternam com outros menos "conseguidos", como se diz em Portugal.

Por fim, a natureza mestiça do *Zaratustra* se mostraria na junção que faz entre aspectos de duas diferentes tradições filosóficas: as do Ocidente e do Oriente. Ao lançar um olhar "transeuropeu" (sua expressão) sobre a filosofia, Nietzsche aproximou-se em alguma medida da Ásia: "Tenho que aprender a pensar mais orientalmente sobre a filosofia e o conhecimento", diz uma anotação de 1884 (*KSA*, v. 11, 26 [317]). Ele ainda vivia, em 1898, quando foi publicado, no Japão, um ensaio relacionando o ideal do "super-homem" com o Buda. Pouco depois, dois famosos romancistas japoneses revelaram-se muito impressionados com ele, sendo que um deles registrou nas margens de seu exemplar do *Zaratustra* vários paralelos com Buda e Confúcio: "Isso é oriental. Estranho achar essa ideia na obra de um europeu", escreveu em certo ponto. A partir de 1911, foram publicadas cinco traduções do *Zaratustra* em japonês. Durante trinta anos, de 1919 até a instauração do comunismo na China, surgiram nove traduções do livro em mandarim. Considerando as imensas tiragens feitas naquele país, provavelmente foram vendidos mais exemplares do *Zaratustra* em chinês do que em qualquer outra língua, observa Graham Parkes (ver seu ensaio "Nietzsche and East Asian Thought", em B. Magnus e K. Higgins, *The Cambridge Companion to Nietzsche*, de 1996, além da introdução à sua bela tradução de *Assim falou Zaratustra*, citada nas notas da presente tradução).

Em suma: nesse raiar do século XXI, Nietzsche aparece como o mais "globalizado" dos pensadores modernos. Se ele ficaria satisfeito com esse adjetivo e com o próprio fenômeno que designa — isso é outra questão.

Paulo César de Souza

ÍNDICE REMISSIVO

abismo(s), 14, 100-1, 146, 149, 151, 156-8, 207-8, 224-5, 228, 263, 272-3, 283
abnegação, 205
acontecimentos, 125-6
adivinhos, 128-9, 132, 139, 193, 219, 228-30, 242, 264, 269-70, 279, 295, 301, 305, 309
adultério, 27, 247
aflição, aflições, 27, 59, 87, 93, 106, 129, 134, 159, 174, 197, 227-8, 230, 244, 255, 278-9, 288
água, 138, 165, 167, 192, 215, 225, 250, 269-70
águia(s), 10, 23, 78, 81, 94, 100, 184, 207, 212, 244, 257, 264, 273, 280, 28-4, 287, 302, 307
alegria(s), alegre(s), 25, 34-5, 39, 42, 73, 82, 117, 134, 136, 166, 175, 184, 220, 229, 245, 256, 265, 282, 295, 299
aleijado(s), 18, 93, 132-4, 150, 275
além do bem e do mal, 159, 217, 248, 296; *ver também* bem, o; mal, o
alimento(s), 13, 94, 129, 164, 207, 227, 271, 288, 294, 296
alma(s), 13, 15, 18-9, 21, 25, 27, 33, 35, 37, 40, 42-3, 46-9, 51-3, 55-6, 62-3, 66, 68, 70-3, 78-9, 82, 84, 87-90, 94-7, 100-2, 108, 111-4, 119-20, 124, 126, 130, 139, 149, 154, 157-8, 160-1, 167-70, 174, 176, 178-9, 182-4, 186-7, 191, 199-200, 205, 208, 211-5, 224, 228, 230, 249-51, 254, 261-4, 268, 273, 276, 283, 286, 299, 301-4
altivez, 25
alturas, 40-2, 53-4, 60, 87, 93, 95, 97, 119, 141, 147, 182, 188, 229, 266, 274
amargura, 27, 148, 154
amizade, amigo(s), amiga(s), 19, 23, 25, 49-50, 52-6, 58-9, 62, 70, 74-5, 78-81, 83-5, 91, 93-4, 96-7, 105, 112, 125-6, 129-30, 133-5, 137, 140, 142-3, 149, 154, 158, 164, 166, 172, 257, 275, 287, 297, 299-300, 305, 308
amor, 11, 17, 26, 36, 39, 42, 45-7, 54-5, 57-9, 61-3, 65, 67, 71, 73-4, 78-81, 85-6, 89, 96, 101, 105, 110-1, 117-9, 123, 125, 149, 155-7, 165-6, 171, 173, 180, 182, 185, 187, 191-2, 195, 202, 208, 216-7, 223, 240, 246-7, 252-3, 261, 265, 268, 275, 278, 287, 300, 303, 306, 308
andarilho, 11, 128, 146, 155, 235, 245, 258, 260-1, 288-9, 293, 295, 297
animal, animais, 12, 14, 19, 21, 23, 26, 36, 41, 43, 52, 57, 66-7, 75, 79, 83, 92, 98-9, 112, 127, 150-1, 163, 176-7, 187, 201, 206-12, 224-5, 227, 230, 233, 235-6, 244-5, 249, 253-5, 257, 265, 269, 276, 279, 280, 286-7, 293, 295, 302, 307-8
ânimo, 63, 70, 140, 266, 270
anseio(s), 14-7, 37, 41, 54, 68, 70, 101-

-2, 107, 113, 116, 148-9, 154, 180, 189, 197, 205, 213-4, 266-9, 274, 281, 284
ânsia de domínio, 181-2
antipatia, 42
apóstatas, 172-3
arte(s), 27, 69, 119, 126, 167, 185-6, 196, 199, 241-3, 255, 287
asco, 196
asno(s), asnas, 39, 98-9, 175, 187, 233, 271, 293-302
astro(s), 10, 116, 307
astrólogos, 193
aurora, 10, 21, 78-9, 119, 180
avareza, 14, 55
avestruz, 185

baixeza, 36, 52, 60
bêbado(s), 177, 273, 301, 305
beleza, 83, 87, 89, 97, 101, 112-4, 118, 124, 127, 156-7
bem, o, 13, 22, 30, 35, 38, 47, 55-7, 59, 65, 72, 91, 108-9, 111, 114, 159, 163, 186, 189-90, 193, 217, 220, 248
bem-aventurança, 79, 81, 96, 154, 157, 187, 195, 205, 212, 215, 221, 284
bem-estar, 162, 164-5, 273
bicho(s), 15, 198, 206, 215, 231, 233, 246, 249, 253, 282, 308; *ver também* animal, animais
blasfêmia, 70, 159, 262
bondade, 44, 113, 139, 163, 186, 214, 254-5
bosque(s), 10, 105, 112, 171, 183, 201, 230
brinquedos, 33, 91, 119, 160, 213

cadáver(es), 19-20, 22, 43, 87, 150, 173, 177, 271, 303
camponês, 231
canção, canções, canto, 12, 23, 39, 49, 100, 102-3, 105, 165, 174, 185, 194, 206, 209, 211, 214-5, 219, 230, 266, 280, 285, 288, 293, 300, 306-7
cansaço, 27, 43, 47, 82, 95, 116, 131, 197-9, 228, 301
caos, 16
carne, 53, 58, 170, 184, 187, 191-2, 256, 270
carvão, 14, 205
casamento, 67-8, 181, 202
castidade, 52, 53, 276, 285
castigo(s), 11, 65, 89, 91, 97, 135-6, 247
cautela, 121, 155
cavalo, 182, 184, 275, 294
cego(s), 93, 99, 107, 132, 137, 206-7, 237, 247, 273
certeza, 156, 159, 160, 204
César, 233
céus *ver* reino dos céus, 14
ciência, 192, 236, 242, 286
ciúme(s), 36, 90, 113, 166, 180, 217
claridade, 40, 130
comedimento, 163
compaixão, 14, 36, 44-5, 53-5, 67, 83, 85-6, 88, 107, 151, 163, 168-9, 178-9, 194, 209, 223, 246-7, 250-4
concupiscência, 209
conhecimento, 25, 32, 45, 53, 72-5, 81-3, 87, 99, 100, 110, 112-3, 117-9, 147, 155, 168, 172, 187, 192-3, 208, 243, 275
consciência, 19, 47, 49, 52, 57, 59, 117, 135, 154, 173, 192, 196, 203, 236-7, 242, 298, 301
convalescente(s), 32, 206, 210-1, 295, 299
coração, corações, 10, 12, 16, 18-21, 23, 28-9, 41, 45, 47, 53-4, 58-9, 69, 71-2, 78, 80-1, 85, 87-8, 91-3, 95, 98, 101-2, 105-6, 108, 110-1, 114, 116, 118, 128-9, 137-8, 140, 142, 146-7, 149, 154, 156-7, 164, 172-5, 178, 180-3, 185, 191-2, 196, 203-5, 215, 221, 225, 227-8, 231-3, 235,

238-41, 244-6, 249, 253-61, 263, 265-6, 269, 272, 274, 277-80, 282, 284, 290, 292, 294-7, 299-300, 302-3, 305-9
coragem, corajoso(s), 39, 45, 60, 147, 150-1, 172, 177, 198, 273-4, 287; *ver também* valente, valentia
corpo(s), 11, 13, 19, 21, 30-4, 37, 39, 66, 71-3, 85, 94, 117, 122, 181, 183, 212, 221, 234-5, 237, 268
costumes, 47, 115, 231-2
covardia, covarde(s), 51, 69, 118, 138, 149, 163-4, 172-3, 183-4
crença, crendice, 115, 126, 259
crente(s), 20, 22, 74, 173, 297
crepúsculo, 62, 70, 129, 131, 149, 175, 205, 210, 281
criação, 17, 26, 49, 57, 81
criança(s), 11, 25-7, 33, 63, 67, 70, 82, 91, 113, 120, 130-1, 141-2, 152, 160-1, 168, 277, 294-5, 299
crime, criminoso, 36-8, 259, 260
crueldade, cruel, cruéis, 13, 53, 99, 182, 192, 200, 209, 237, 305
cruz, 14, 87, 172, 174, 184, 195, 209, 219, 246
cultura, 16, 48, 114
Cupido, 103

dança(s), dançarino(s), dançarina(s), 11, 40, 97, 102-4, 107, 160, 172, 183, 189, 202, 208, 215-6, 221, 229-30, 261, 265, 278-80, 291, 301, 303
declínio, 10, 14-6, 23-4, 41, 57, 110, 188, 212, 272
delírio, 26, 32, 73, 95, 135-6
"demasiado humano", 88, 210
Demônio, demônio(s), 18-20, 28, 35, 53, 61, 78, 85, 90, 126, 139, 150, 164, 173, 190, 223, 281, 285
desconfiança, 35, 108, 157, 183, 192, 274-5
descrença, 98, 248, 297
desejo(s), 10, 28, 32, 43, 47, 61, 66, 74, 90, 95-6, 105, 114, 117-9, 128, 133, 155-7, 198, 216, 226, 233-4, 259, 285-6
deserto, 25, 35, 70, 80, 92, 99, 186, 276, 288-9, 293
desprezo, 13, 16, 34, 36, 41, 60, 112-3, 127, 165, 171, 182, 253
destino, 35, 82, 84, 120, 138, 146-8, 154, 172, 186, 193, 205, 211, 213, 226, 233, 248, 272
desventura, 48, 101
Deus, deus(es), 11-3, 15, 26, 28-30, 32, 35, 38-40, 47, 50-1, 54, 61, 67, 75, 81-3, 85, 87-8, 90, 98-9, 103, 116, 119, 123-4, 140, 157, 164-5, 170, 173-6, 183, 189-90, 194, 207, 219-20, 223, 225-6, 233, 239-41, 245-52, 262, 267-8, 271-3, 281, 283-4, 290-1, 293, 295-9, 304
devoto(s), 172-4, 196-7, 248, 295, 297-8
Diabo, 54, 103, 125-6, 184, 245, 259
diamante, 205
diligência, 44, 272
dinheiro, 48
distração, 17
doença(s), doente(s), 25, 31-2, 36-7, 43, 48, 71, 73, 84, 126, 150, 168, 179, 192, 198, 204, 209, 210-1, 231-2, 242, 276, 278-9, 284
domínio *ver* ânsia de domínio, 181
dor, 30, 33-4, 38, 59, 64, 78-9, 82, 84, 86-7, 135, 143, 148, 151, 154, 156-7, 191, 209, 218, 220, 235, 241-2, 276, 303-7; *ver também* sofrimento
doutos, 120-1; *ver também* eruditos
Dudu, 291, 292
duendes, 39

egoísmo, 71, 117, 181-4, 275
elevação, 39, 72, 145, 253

emoções, 123
engano, 73, 167, 202, 281, 286
enigma(s), 62, 111, 129, 134, 136, 149, 153, 180, 190, 250, 252, 270, 289
enlevo, 10, 72, 107, 221
envenenadores, 13; *ver também* veneno(s)
equilibrista(s), 12, 14, 18, 271
eremita(s), 11, 21, 23, 53-4, 65-6, 169, 225, 229, 231, 245, 258, 266, 270, 271, 273, 303
eruditos, 119, 275; *ver também* doutos
escárnio, 56, 116, 219, 227
escuridão, 19, 40, 103, 137, 183, 238
esmola(s), 11, 93, 251
espaço, 102, 221; *ver também* tempo
espasmo, 31, 90
esperança, 16, 42, 46, 56, 63, 74-5, 81, 84, 95, 107-8, 154, 172, 181, 201, 267, 269, 272, 277
espírito de gravidade *ver* gravidade, 40
espírito(s), espiritual, 10, 15-6, 25-7, 30, 33-4, 36, 37-40, 42, 49, 51-3, 69-70, 72-3, 78-9, 87-8, 92-5, 98-100, 103, 108, 112, 117, 120, 122-5, 132, 135-6, 138, 150-1, 169, 172, 174, 179, 184-7, 190, 192, 194-7, 203, 213, 219-21, 236-7, 242-3, 249, 254, 260, 264, 279, 281, 285-7, 294-8, 301, 304
Estado, 46-9, 127
estômago, 17, 27, 82, 174, 184, 197, 256
eternidade, 55, 89, 151-2, 159, 209, 219-22, 263, 303, 305-7; *ver também* tempo
eterno-feminino, 123
eterno retorno, 210-2, 219-22
Eu, 30-1, 33-4, 36, 57, 58, 184
Europa, 288, 290-1
existência, 13, 19, 43, 51, 57, 111, 135-6, 167

fadiga, 30, 199
falsidade(s), 121, 196, 274
fantasma, 12, 25, 30, 39, 58, 60, 96, 106, 124, 128, 152-3, 187, 258-9
fé, 20, 22, 32, 47, 50, 54, 81, 87, 107, 115-6, 122, 128, 132, 137-8, 175, 247, 259-60, 297-8
feiticeiro(s), feiticeira, 38, 61, 238, 241-5, 264, 280-1, 285-9, 295, 297
feiura, 112, 250-2, 298
felicidade, feliz(es), 10, 13, 17, 23, 30, 37, 39, 48, 63, 79-80, 94, 99, 100-1, 113, 117, 138, 154, 155-7, 160, 162-3, 166, 168, 181, 183, 214, 224-5, 227, 229, 234, 236, 241, 254, 257, 262-3, 265, 273, 278-9, 283, 295, 300, 303-7, 310
floresta(s), 11-2, 20-1, 23, 49, 52, 61, 98, 102-3, 177, 225, 234, 243, 245-6, 249, 283, 286
fogo, 11, 61, 92, 94, 125-9, 158, 161, 165-6, 172, 181, 196, 220
fome, 20-1, 25, 35, 71, 101, 112, 158, 196, 269, 296

gentalha, 92-3, 181, 201, 232, 256; *ver também* plebe
glória, 69, 295
graça, 98, 113
gratidão, 15, 181
gravidade, 40, 103, 150-1, 184-6, 190, 294
guerra(s), guerreiro(s), 33, 35, 39, 44-6, 63, 96-7, 202, 233-4, 268, 270, 294

hebreu, 69, 70
herege(s), 38, 96
herói(s), 25, 42, 67, 86, 113-4, 199
hipocrisia, hipócrita(s), 117-8, 127, 163
homem, homens, 10-20, 23, 29-31, 36-43, 46-7, 49-50, 52-8, 62-3, 67-8, 70, 73-5, 78, 81-8, 91, 95-7, 99, 103, 105, 110, 112, 114-21, 125-6, 128, 133-41, 147, 149-51, 153-4,

159, 161, 163, 165, 167, 173, 176-8, 180, 182-3, 185-92, 196, 199-204, 208-12, 218, 223, 225-30, 232-3, 235-8, 242-6, 248-57, 264, 267-8, 270-4, 277-8, 280-1, 284-8, 292, 294-300, 302, 306; *ver também* super-homem, super-homens; último homem
homem superior, homens superiores, 229-30, 232-3, 238, 253, 264, 267-8, 271-7, 279-81, 285-7, 294-5, 299-307, 309
honestidade, honesto(s), honesta, 29, 32, 84, 117, 202, 274
humanidade, 57, 73; *ver também* "demasiado humano"; ser humano
humildade, 86, 141
humilhação, 30

idolatria, ídolo(s), 46-8, 99, 166, 192, 297
ignorância, 73, 237
Igreja, 127, 245
igrejas, 87, 127, 220
igualdade, 95-6
ilusão, 29-30, 32, 88, 193, 260
impaciência, 78, 245
impotência, 30, 95
impulso(s), 42, 96, 110
imundície, 13-4, 107, 121, 171, 196
incerteza, 156
incuráveis, 198
infância, 152
infelicidade, infeliz(es), 28, 44, 138, 155, 157, 163, 235-6, 279, 304
inferno, 19, 53, 85, 125, 169, 209, 223, 246-7, 272, 304, 306
inimizade(s), inimigo(s), inimiga, 20, 26, 36, 44-6, 54-5, 61, 65, 74, 78-80, 82, 86, 90, 92, 94, 96-8, 103, 106, 131, 150, 166, 185, 190, 194, 200-1, 233, 235, 241, 279, 284, 287, 294, 308
injustiça, 51, 55, 61, 65, 90, 201
inocência, 51-2, 82, 118-9, 157, 179, 181, 191, 259, 296
insegurança, 286
inteligente(s), 17, 262
inveja, invejoso(s), invejosa, 10, 34-5, 41, 45, 50, 52, 54, 56, 61, 95, 101, 127, 133, 161, 168, 256, 284
inverno, 156, 166-8, 193
isolamento, 59, 66

Jesus Cristo, 70
júbilo, 18, 79, 126, 221, 294, 308
judeu, 231, 233, 258
justiça, 14, 38, 60, 62, 65, 90-1, 95-8, 121, 135, 163, 184, 201
juventude, 69, 105-8, 142, 304

ladrão, ladrões, 12, 20, 22, 27-8, 62, 68, 71, 153, 194, 239-40, 256
lágrimas, 32, 39, 62, 70, 99, 102-3, 105, 176, 191, 214, 241, 282, 288, 306, 308
lascívia, lascivo(s), lasciva(s), 53, 92, 117-9, 171, 256, 285
lealdade, 56
lei, 35, 56, 60, 109, 127, 135, 270
liberdade, 25-6, 41-2, 66, 80, 82, 87-8, 120, 126, 159, 172, 179, 181, 190, 193, 213, 222, 285-6
limpo(s), limpa(s), 20, 84, 89, 92, 124, 138, 177, 206, 224, 236, 268, 298, 300
língua(s), 14, 18, 47, 79, 93, 117, 133, 149, 156, 165, 184, 187, 209, 216, 301
linguagem, 101, 291
loucura, louco(s), 14, 30, 37-9, 48, 56, 58, 73, 88, 135, 169, 171-2, 189, 194, 196, 206, 238, 282, 284, 295
lua, 71, 117-9, 129, 152, 170, 284, 291, 300, 302-3
luta, 35, 45, 47, 68, 89, 96-7, 110, 112, 156

luz, 10, 16-7, 20-2, 29, 44, 55, 63, 80, 87, 89, 97, 101-2, 117-9, 129, 152, 154, 157-9, 172-5, 177, 187, 203, 207, 213, 219, 222, 230, 274, 276, 284, 307

mal, o, 14, 22, 30, 35, 38, 40-1, 47, 55-7, 59-60, 65, 72, 84-5, 91, 108-9, 111, 114, 139, 159, 163, 186, 189-90, 193, 217, 220, 248, 273
maldade, 39, 46, 56, 79, 93, 101, 106-7, 120, 139, 166-7, 179, 221, 227, 242, 265, 282, 299
maldição, 106, 118, 135, 305
matrimônio, 66-7, 202
médico(s), 73, 79, 134, 138, 198, 208, 242, 294
mediocridade, 163
medo, 25, 58, 63, 114, 126, 273, 286-7, 292
mel, 10, 70, 84, 96, 107, 147, 172, 224-5, 227, 230, 256, 257, 265-6, 306
melancolia, 43, 70, 87, 138, 214-5, 248, 280-1, 288
mendigo(s), 84, 107, 132, 251, 253, 255-8, 264, 270, 295-6
mentira(s), 46-7, 50, 65, 67, 81, 89, 95, 117-8, 126, 138, 162, 175, 178-9, 204, 208, 242-3, 259, 282
mercado, 49-50, 178, 271, 275
meta(s), 16, 23, 33, 35, 42, 55, 57, 69-70, 189, 199, 258, 260, 275, 278
metamorfose(s), 25, 27
modéstia, 100, 138, 149, 272
montanha(s), 10, 18, 38, 40-1, 78-9, 99, 125, 141, 146-8, 150, 155, 158, 160, 168-9, 179, 182, 186, 189, 224-8, 245-6, 249, 254-6, 258, 266, 270, 272-3, 279, 307, 310
montes, 11, 18, 25, 30, 39-40, 80, 116, 128, 145-6, 179, 199, 219, 227, 231, 258, 267-8, 286
morte, 32, 36, 43-4, 46-8, 68-70, 96, 110, 118, 130-1, 151, 175, 185, 194-5, 197-8, 203, 210, 246-7, 249, 297, 300
Morte das Serpentes, 249
mulher(es), 39, 52, 55, 62-4, 67, 103, 117, 123, 125-6, 157, 161-2, 174, 182, 184, 186, 198, 202, 219-22, 256, 271, 275-6, 281, 290-1
multidão, 18, 20, 251
mundo, 10, 17, 26, 29-32, 37-8, 49-50, 59, 63, 81, 85, 90, 95-6, 103, 108, 115, 125, 127, 139, 142, 159-60, 179-81, 184, 186, 189, 196-8, 203, 207-8, 210, 218, 220, 223-5, 227-8, 233, 237-8, 245, 247, 254, 258, 261-2, 263, 268-9, 276, 287, 294, 296, 300, 302-6; *ver também* trasmundos, trasmundanos
música, 279

negação, 205, 213
nobreza, 46, 194-5, 231
nojo, 11, 13, 38, 92-3, 107, 112, 153, 164, 204, 207, 210, 232, 237, 242-3, 255-6, 267-8, 272, 281, 294
novas tábuas *ver* tábua, 22

obstinação, 155
oceano, 10, 13
ódio, 36, 45, 70, 88, 90, 92, 153, 158, 216, 250, 256, 306
opinião, opiniões, 90, 122, 170, 183
orgulho, orgulhoso(s), orgulhosa, 16, 23-4, 31, 33, 39, 46, 51, 60, 84, 90, 100, 109, 120, 138, 142, 182, 200, 237, 240, 250, 253, 256, 264, 266, 273, 307
Oriente, 247, 267, 288
ouro, 26, 35, 70-1, 128, 158, 168, 170, 180, 187, 195, 201, 215, 221, 229, 290-1, 304, 306
outono, 69, 81, 134, 288, 303

paixão, paixões, 34, 35, 113
palhaço(s), 18-20, 173, 191, 299
pântano(s), 20-1, 90, 120, 124, 129, 171, 174, 234-6, 278-9
pão, 21, 55, 92, 201, 270
papa, 245-8, 264, 288, 293, 297
paraíso(s), 35, 291
parasita(s), 187, 199-200
passatempo, 38, 244
pastor(es), 16-8, 22-3, 28, 33, 80, 88, 153, 207, 216-7, 231, 249, 262
paz, 22, 28, 33, 45, 129, 156, 173, 196, 233-4
pecado, 14, 17, 32, 44, 47, 84, 213, 228, 248, 273, 277, 286, 291, 309
penitência, 16, 87, 132
pensamento(s), 19, 28-9, 33, 37-8, 45-6, 60, 72, 81, 84-5, 97, 115, 118, 120-1, 136, 149, 150-2, 154, 156, 161, 166, 169, 182, 206-7, 217, 238-9, 241, 246, 256-7, 271, 274, 288, 291, 301
perigo, 19, 20, 23, 39, 41-2, 62, 72, 78, 101, 109-10, 137, 146, 149, 177-8, 194, 203, 204, 211, 260, 271-2, 286
planta(s), 12, 15, 256, 266, 294
plebe, 38, 191, 194, 231, 233, 244, 255-6, 268, 271, 274-5, 278-9
pobreza, pobre(s), 10-1, 13, 14, 16-7, 28, 30, 37, 48, 55, 66, 71, 84, 96, 101, 116, 123, 165-6, 168, 179, 186, 191, 232, 253, 255-6, 260, 269, 270, 272, 278
poder, 26, 48, 55, 57, 72, 93, 95-7, 109-10, 131, 142, 182, 232, 251
poesia, poeta(s), 82, 100, 122-4, 134, 172, 189-90, 198, 209, 242, 276, 282, 284-5, 291
polícia, 91
povo(s), 14, 16, 18-9, 22-3, 32, 34, 46-7, 49-50, 55-7, 74, 88, 93, 98-100, 109, 115, 123, 125, 132-3, 161-3, 165, 169-70, 182, 184, 196, 201-3, 244
prazer(es), 17, 30, 34, 37, 42-3, 57, 82, 84, 92-4, 103, 110, 118, 164, 167, 183, 197-8, 200, 209, 218-9, 221, 232, 251, 256, 276, 287-8, 299, 301, 303-7
presunção, 95, 188, 189, 286
primavera, 93, 155, 234
prisão, prisões, 42, 58, 83, 198, 260, 285
profundeza, 10, 19, 40, 48, 63, 80, 112, 126, 129, 157-8, 206-7, 229, 301
prudência, 23, 35, 137-8, 140, 272, 275
pseudossabedoria, 184

raiva, 95, 135, 149, 189
razão, 13-4, 28, 32-3, 35, 37, 39, 54, 64-5, 73, 81, 104, 122, 147, 159-60, 197, 217, 251, 264, 297, 298
realidade, 115-6
rebanho(s), 17, 22, 33-4, 46, 57, 59, 88, 251
recompensa, 89, 91, 249
reconciliação, 136
redenção, 36, 132, 134-5, 190, 209
Redentor, 86-8
refúgio, 98, 146, 250-1, 276
reis, 127, 187, 201, 232-4, 270, 288, 295, 296
remorsos, 84
resignação, 39, 163-4
retribuição, 89, 91, 191
riqueza(s), rico(s), 10, 16-7, 47-8, 65, 71, 96, 105, 112, 166, 179, 191, 225, 251, 255-6, 261, 269, 304, 306
riso, 18, 40, 70, 78, 89, 104, 112, 128, 131, 139, 154, 172, 190, 221, 227, 258, 280, 294, 299
Roma, 233

sabedoria, sábio(s), 10, 12, 21, 25, 27, 29, 33, 39, 43, 48, 78, 80, 97-100,

104, 106, 108-11, 120, 123, 139, 150, 157, 159, 161, 169, 172, 177, 179-80, 183, 189, 195-7, 202, 213, 217-8, 222, 233, 236, 242-3, 250, 267, 269, 271, 273-4, 279, 289, 295-8, 305
sacerdote(s), 86-7, 184, 192, 247
sacrifício(s), 48, 63, 71, 99, 107, 110, 192
sagrado, 26, 56, 70-1, 89, 107, 184, 194, 226, 248
sangue, 31-2, 37-8, 50-2, 56, 86, 88, 141, 165, 170-1, 187, 224, 231, 234-7, 302
santidade, santo(s), santa, 11-2, 23, 45, 61, 67, 189, 195, 231, 243, 245, 252, 258, 260, 276, 278, 280-1, 299
satisfação, 13, 14, 38, 66
saúde, 17, 74, 270
segurança, 50, 180, 260, 265, 286
selvagem, selvagens, 35, 37, 42, 80, 100, 103-4, 112, 139, 153, 174, 176, 189, 245, 276, 279, 286-7
sem-sentido, 29, 73, 228
sensualidade, 52-3
sentido(s), 13, 29, 31-3, 56, 66-7, 73, 125, 129, 189, 306; *ver também* sem-sentido
sentidos, 20, 33, 50, 52, 66, 81, 89, 113, 266, 281; *ver também* espírito, visão
sentimento(s), 33, 60, 124, 169, 176, 202, 286, 291
sepulcro(s), 32, 105, 108, 129, 182, 219, 220; *ver também* túmulo(s)
ser humano, 82-3, 87, 151, 153, 160, 178
Sibila, 233
silêncio, 21, 79, 86, 102-3, 112, 123, 130, 142, 147, 150, 156, 161, 167, 171, 178, 212-3, 224, 227-9, 244, 246, 251, 256, 261-2, 265, 280, 285, 295, 300-1
Si-mesmo, 33-4, 38
simplicidade, 61, 120
sociedade, 203, 231
sofrimento, 30, 43, 82, 85, 99, 135, 207, 214, 223, 305, 310; *ver também* dor
sol, 10, 12, 23, 47, 62, 71-2, 75, 89, 94, 98-9, 101-2, 105, 112-3, 117, 119-20, 138-9, 150, 156-8, 160, 163, 167-8, 189, 191, 199, 206, 212-3, 234-5, 257, 261, 263, 282, 305, 307, 310
soldados, 45
solidão, solitário(s), solitária(s), 10-1, 19-20, 25, 41, 49-50, 52, 55, 58-62, 74, 78-80, 94, 99, 101-2, 105, 123, 130, 133-5, 140, 142, 146, 147, 149-50, 153, 155, 157, 166, 168, 172, 176-7, 181-2, 235, 240-1, 253-4, 258, 261, 266, 276, 292, 304
sombra, 83, 97, 112-3, 120, 125, 128, 142, 155, 156, 159, 183, 226-7, 257-60, 264, 284, 288, 289, 293, 295, 297
sono, 21, 27-9, 129, 148, 199, 206, 261, 263
sorriso, 68, 92, 106, 157, 163, 214, 256
sublime, 36, 45, 60, 112-4, 298
super-homem, super-homens, 12-6, 18, 20, 23, 34, 36, 49, 54, 59, 63, 68, 74-5, 81, 83, 88, 96, 123, 137, 139, 190, 202, 212, 272-3; *ver também* homem superior, homens superiores
superstição, 98
tábua(s), 22, 56, 57, 155, 188, 191-2, 194-7, 199, 204-5, 219
tarântula(s), 94-7
tempo, 81, 114, 128, 135, 151, 159, 177, 194, 213, 221, 263, 302; *ver também* eternidade; eterno retorno
ternura, 32, 255, 308
terra, 11, 13, 15, 17, 21, 30-2, 34, 40, 43-4, 47, 48, 52, 55-7, 59, 67, 70, 73-4, 89, 113-4, 116-21, 123, 125-8, 132-4, 147, 154, 160-1, 171, 181-2, 185, 189, 195, 198-9,

202-5, 209-10, 212, 220, 233, 238, 248, 254, 257, 259, 262, 266, 276-8, 282, 286, 288, 297, 299, 300, 302-4
tesouro(s), 11, 28, 48, 57, 62, 71, 169, 185, 229, 304
tirania, tirano, 55, 194
tolice(s), tolo(s), tola(s), 10, 17, 20, 24-5, 29, 34, 36, 39, 43, 53, 61, 63, 67, 72, 79, 85, 88, 91, 105, 127, 135-6, 148-9, 159, 173, 178, 184, 200, 208, 217-8, 223, 226, 235-6, 240, 244, 248, 258, 262, 265, 271, 276, 279, 282, 284-5, 287, 297-8, 305
tormento, 30, 35, 60, 81, 239
trabalho, 17-8, 44-5, 129, 201, 257, 303, 307
tragédia(s), 39, 53, 138, 145, 209
tranquilo, 10, 45, 260, 289
transitoriedade, transitório, 81-2
trasmundos, trasmundanos, 29-30, 32, 181, 196
tristeza, 36, 89, 105, 128-9, 131, 147-9, 158, 161, 210, 260, 262, 279
túmulo(s), 130-1, 156, 189, 206, 210, 219, 267, 272, 303, 306; *ver também* sepúlcro(s)

último homem, 16-8, 204, 229, 245

Vaca Malhada, A, 27, 40, 71, 176
valentia, valente(s), 63, 172, 199, 200, 273, 300; *ver também* coragem, corajoso(s)
valores, 22, 26, 49-50, 56-7, 71, 86, 97, 109, 111, 127, 186, 193, 204, 259, 276
velhas tábuas *ver* tábua(s), 188
veneno, 17, 31, 35, 48, 64, 94, 121, 129, 181
verão, 69, 93, 120, 166
verdade, 19, 21, 23, 25, 38, 44, 50, 53, 64, 87, 98, 126, 151, 176, 188, 192, 196, 202, 237, 242, 252, 271, 274-5, 282-5, 287
vergonha, 12, 65, 83, 84, 87, 117, 142, 160, 173, 234, 249, 251-3, 259
vertigem, 82, 137, 151
víbora, 64
vício(s), 52, 90, 133, 164, 170, 276
vida, 13, 17, 19, 29, 34, 36, 39, 43-4, 46-9, 68-70, 73-4, 81-2, 92-3, 96-7, 99, 103-5, 108-12, 115, 117, 119, 127, 130-1, 135, 138, 140, 145, 151, 154-6, 166, 185-6, 189, 191, 194, 197, 207, 209, 212, 215, 217-8, 234, 236-7, 249, 269, 278, 286, 300-1
vida eterna, 43-4
vingança, 36-7, 50, 52, 65, 89, 91, 94-7, 101, 135-6, 171, 250, 256
vinho, 21, 122, 129, 177, 181, 234, 262, 269-70, 298, 301, 303-4
violência, 111, 130, 143, 256
virtude(s), 13, 15, 27-9, 32, 34-6, 38, 42-3, 48, 51-3, 57-8, 61, 63, 66-7, 70-3, 77, 89-91, 95, 99, 101, 104-5, 107, 109, 114, 121, 127, 138, 160-4, 170, 182-4, 188-9, 201, 203, 213, 221, 233-4, 251, 259, 272, 274-6, 286-7, 293, 296
visão, 55, 65, 113, 132, 138, 149, 153, 265, 266
volúpia, 13, 31, 42, 44, 53, 124, 181-2, 200, 209, 213, 215, 285
vontade, 13, 15, 26, 31, 34, 38, 44, 47, 56, 60, 66, 68, 71-3, 75, 81-2, 95, 98-100, 102, 108-11, 113, 117-8, 134-7, 155, 158-9, 164, 167, 181, 190, 195, 203, 205-6, 225, 247, 251, 259-60, 266, 269, 276, 286, 306
vontade de poder, 108-11, 136

zombaria, 17, 90, 142, 190, 216, 250
Zuleika, 291-2

Friedrich Wilhelm Nietzsche nasceu no vilarejo de Roecken, perto de Leipzig, na Alemanha, em 15 de outubro de 1844. Perdeu o pai, um pastor luterano, aos cinco anos de idade. Estudou letras clássicas na célebre Escola de Pforta e na Universidade de Leipzig. Com 24 anos foi convidado a lecionar filologia clássica na Universidade da Basileia (Suíça). Em 1870 participou da Guerra Franco-Prussiana como enfermeiro. No período em que viveu na Basileia foi amigo de Richard Wagner e escreveu *O nascimento da tragédia* (1872), *Considerações extemporâneas* (1873-6) e parte de *Humano, demasiado humano*. Em 1879 aposentou-se da universidade, devido à saúde frágil. A partir de então levou uma vida errante, em pequenas localidades da Suíça, Itália e França. Dessa época são *Aurora*, *A gaia ciência*, *Assim falou Zaratustra*, *Além do bem e do mal*, *Genealogia da moral*, *O caso Wagner*, *Crepúsculo dos ídolos*, *O Anticristo* e *Ecce homo*, sua autobiografia. Nietzsche perdeu a razão no início de 1889 e viveu em estado de demência por mais onze anos, sob os cuidados da mãe e da irmã. Nessa última década suas obras começaram a ser lidas e ele se tornou famoso. Morreu em Weimar, em 25 de agosto de 1900, de uma infecção pulmonar. Além das obras que publicou, deixou milhares de páginas de esboços e anotações, conhecidos como "fragmentos póstumos".

Paulo César de Souza fez licenciatura e mestrado em história na Universidade Federal da Bahia e doutorado em literatura alemã na Universidade de São Paulo. Além de muitas obras de Nietzsche e de Freud, traduziu *O diabo no corpo*, de Raymond Radiguet, *Poemas (1913-1956)* e *Histórias do sr. Keuner*, de Bertolt Brecht. É autor de *A Sabinada: A revolta separatista da Bahia* e *As palavras de Freud: O vocabulário freudiano e suas versões*, entre outros livros. Coordena as coleções de obras de Nietzsche e Freud publicadas pela Companhia das Letras.

1ª edição Companhia das Letras [2011] 3 reimpressões
1ª edição Companhia de Bolso [2018] 10 reimpressões

Esta obra foi composta pela Verba Editorial em Janson Text
e impressa em ofsete pela Gráfica Bartira sobre papel Pólen
da Suzano S.A. para a Editora Schwarcz em abril de 2025

FSC
www.fsc.org
MISTO
Papel | Apoiando o manejo florestal responsável
FSC® C105484

A marca FSC® é a garantia de que a madeira utilizada na fabricação do papel deste livro provém de florestas que foram gerenciadas de maneira ambientalmente correta, socialmente justa e economicamente viável, além de outras fontes de origem controlada.